How the ELL Brain Learns

미국으로 유학 간 윤서는 영어를 어떻게 배울까?

미국 학교에서 영어를 배우는 학생들

How the ELL Brain Learns

미국으로 유학 간 윤서는 영어를 어떻게 배울까?

미국 학교에서 영어를 배우는 학생들

글쓴이 데이빗 소우사
옮긴이 이준용, 김성현 제임스

뉴로사이언스러닝

목차

제1장

모국어 학습

역자 서문

　　최근 들어 언어 교육에 획기적인 전기가 마련되고 있다. 두뇌 과학의 성과와 기술 발전에 힘입어 강력한 이론과 학습 도구를 갖추게 된 것이다. 특히 인간의 사고와 기억, 학습 과정에서 변화되는 두뇌 속 뉴런의 움직임을 언어 교육과 연결 지을 수 있게 되었다. 두뇌 과학을 통해 입증되고 있는 여러 연구 결과들은 향후 언어 교육이 지향해야 할 귀중한 나침반이 되고 있다. 나아가 두뇌 속 뉴런 연결을 보다 더 효율적으로 만들어 주는 과학 기술 또한 눈부시게 발전하고 있다.

　　그러나 주지하는 바와 같이 우리의 영어 교육 현장은 시험, 문법, 해석 중심의 수업 등 눈 앞에 닥친 현실을 온전히 떨쳐내기에는 여전히 힘이 부족하다. 음성 언어 기술 습득, 지속적인 연습과 훈련의 중요성이 강조되지만 실천에 이르기까지 갈 길은 멀다. 전문가를 비롯한 여러 방송 매체에서도 현재의 학습 과정은 소요된 시간과 경비에 상응하는 효과를 보여주지 못한다고 말한다. 영어교육 무용론이 등장하는가 하면, 다른 한편에서는 지금의 영어교육을 보다 강화하자는 주장도 있다. 교육 당국은 다양한 요구에 따라 교육 제도에 여러 가지 변화를 시도하지만, 대부분 시험과 평가 영역에 국한된 변화 없는 변화라는 인상을 지우기 힘들다. 근본적인 치유책이 제시되고 실현되기까지는 아직도 갈 길이 멀어 보인다.

역자는, 우리 사회가 당면한 영어 습득의 과제를 해결하는 핵심 실마리를 두뇌 과학에서 찾을 수 있다고 믿는다. 아울러 영어 능력을 실질적으로 향상시키기 위한 방법으로 전문가들이 공통적으로 말하는 충분한 연습 기회 제공에 대한 필요성이 더욱 더 강조되어야 한다고 생각한다. 미국 학교에서 영어를 배우는 학생들(ELL)의 사례를 그대로 번역하여 출간하는 이유다.

본 책자는 일찌감치 두뇌 과학의 중요성을 알고 이를 교육에 접목하면서, 15권 이상의 책자들을 저술한바 있는 David A. Sousa의 'How English Language Learner Brain Learns'를 번역한 것이다. (Sousa의 이전 책들이 '소우사'로 출간되어 여러 편의상 '소우사'로 표기했다.)

본 책자의 초반부에서는 모국어와 목표어 습득에 관련된 내용, 즉 오랫동안 인간의 두뇌에 내재되어 있는 언어 유전자와 그 특징, 나아가 두뇌 안의 각 영역별 활동 상황에 관해 설명한다. 최근 발달된 각종 첨단 장비를 이용하여 듣기, 말하기, 읽기 등 학습자가 수행하는 언어 기능에 따라 두뇌 활동이 어디에서 어떻게 발생하고 연결되며 어느 정도의 강도와 속도로 진행되는지를 많은 실험 결과와 함께 설명한다.

나아가 어린 아이들은 소리나 그림을 어떻게 인식하는지, 어떤 방법으로 음소와 알파벳 원리를 인지하며 유창성을 확보해 나가는지를 보여준다. 관련된 여러 가지 사례를 들고, 문장이나 문단의 의미 이해 원리를 두뇌의 각 영역에서 나타나는 특징과 더불어 설명한다. 뿐만 아니라 두뇌가 소리 인식을 못하면, 그 다음 단계인 리터러시 학습으로 발전되기 어려운 이유를 두뇌 과학의 실험 결과와 연결시켜 설명한다.

후반부에서는 듣기와 말하기 지도, 읽기와 쓰기에 대한 활동을 어떻게 진행해 나갈 것인지 구체적으로 보여준다. 또한 각 단원의 말미에서는 현장 교실에서 유용하게 사용될 수 있는 여러 가지 구체적인 수업 관련 활동과 목록을 제시한다. 저자는 비약적으로 발전하는 과학 기술을 언어 학습에 적극 활용하자고 제안하고 있다.

마지막 부분에서는, "학생들에게 더 오랜 시간 영어 수업을 받게 하면, 그만큼 더 영어를 빠르게 배울 수 있을까?" 등과 같이 본 책자의 도입부에서 제시하는 몇 가지 질문에 대해 저자가 명쾌한 답안을 제시한다.

본 책자는 영어 교육을 책임지는 지도자들에게 영어 학습에 대한 기존 시각을 다시 한번 더 숙고해 볼 수 있는 기회를 제공하고자 미국의 사례를 그대로 번역한 책이다. 실제 현장에서 직접 활용할 수 있는 훌륭한 전략들도 제시한다. 모쪼록 본 책자가 대한민국의 영어교육 담당자, 그리고 학부모들에게 도움 되기를 기원한다. 특히 영어 교육의 정책과 방향을 결정할 수 있는 책임자들이 '짐은 줄이고, 성과는 높이는 영어 교육 제도'를 마련하는 계기가 되기를 바란다.

덧붙여, 두뇌 과학의 연구 성과와 과학 기술을 폭넓게 활용하는 지도자가 늘어나기를 희망한다. 충분한 연습을 통한 기본적 구두 언어의 확보로부터 유창한 리터러시 수준에 이르기까지, 언제나 실질적인 의사소통 능력이 강조되는 교육현장이 실현되기를 기원한다.

이준용, 김성현 제임스

영어학습자
English Language Learner

이 책에서 지칭하는 영어 학습자(ELL, English language learner)란 영어를 외국어로 배우는 다양한 학습자들을 말한다. 이들은 자주 서로 다른 이름으로 사용되고 있다. 공식 문서에서는 제한된 영어 능력자(LEP, limited English proficient), 소수 언어 사용자(language-minority), 이중 언어 사용자 (bilingual) 라는 용어로 사용된다.

'제한된 영어 능력자'라는 용어에는 문제가 있다. 학습을 할 수 없거나, 영어에 긍정적으로 접근하기 어렵다는 점이 지나치게 강조된 것이라고 보이기 때문이다. 흔히 사용되고 있는 제2언어 학습자(ESL, second-language learner)라는 용어도 마찬가지다. 이 또한 영어를 제3언어 혹은 제4언어로 배우는 학습자를 지칭하는 경우가 더러 있어서 그 의미를 확실하게 전달하지 못하고 있다. 이러한 명칭상의 문제를 야기하지 않도록 하기 위해 다른 용어들이 사용되기도 한다. 즉 새로운 언어로서의 영어(ENL, English as a new language) 학습자, 또는 자신의 모국어에 추가하여 영어를 배우는 학습자임을 명확히 하기 위해 추가 언어로서의 영어(EAL, English as an additional language) 학습자라는 용어들이 대표적인 사례들이다. 이러한 유사한 용어들은 계속 만들어지고 있다.

영어를 학습하는 아이들 가운데 취학 적령기에 있는 이들은 대략 5백만 명에 이른다(NCES, 2015). 놀라운 점은 미국 내의 각급 학교에서 영어를 배우는 학생들(ELLs) 대부분이 미국에서 태어난 아이들이라는 사실이다. 이 비율은 초등학교에서 약 76%, 중등학교에서는 약 56%로 나타나고 있다.

표 1.1 미국 학생 중 가정에서 사용하는 언어에 따른 영어를 배우는 학생 구성(2015, U.S. Department of Education, National Center for Education Statistics)

가정에서 사용하는 언어	영어를 배우는 학생 수	영어를 배우는 학생 중 차지하는 비중	미국 전체 학생 중 비중
Spanish, Castilian	3,741,066	77.1	7.6
Arabic	114,371	2.4	0.2
Chinese	101,347	2.1	0.2
Vietnamese	81,157	1.7	0.2
English2	80,333	1.7	0.2
Somali	34,813	0.7	0.1
Hmong	34,813	0.7	0.1
Russian	33,057	0.7	0.1
Haitian, Haitian Creole	30,231	0.6	0.1
Tagalog	27,277	0.6	0.1
Korean	27,268	0.6	0.1

(역자 주 : 2015년 최신 자료로 게재)

이 학생들의 부모들 가운데 80% 정도는 토착 미국인이 아닌 다른 나라에서 이주해 온 사람들이다. 또한 표 1.1에서 보는 바와 같이 그 부모들 가운데 77% 이상은 스페인어 사용자이며, 이들은 대부분 다른 일반인 그룹, 다른 이민 그룹, 혹은 소수 언어 사용자 그룹에 비해 경제력 혹은 교육 수준이 낮은 편이다. 부모들의 학력 수준도 높지 않다. 다른 이민 그룹의 고등학교 졸업자 비율은 80~90%로 나타나고 있지만, 멕시코와 중앙아메리카 출신의 이민자의 고등학교 졸업자 비율은 40% 이하로 나타나고 있다(미국에서 태어난 부모들의 경우 고등학교 졸업자 비율은 87.5%로 나타난다). 그 결과, 영어를 배우는 대부분의 학생들은 언어 장벽으로 인한 고충뿐만 아니라 사회경제적 요인의 어려움도 함께 겪게 된다. 스페인어 사용자 그룹 다음으로 큰 비중을 차지하는 영어 학습자 그룹은 아시아의 여러 언어권(중국어, 베트남어, 한국어 등) 출신들이며, 그 비율은 약 8%가 된다. 일반적으로, 아시아 여러 나라에서 온 학생 그룹은 다른 나라에서 온 이민자 그룹보다 교육 수준이나 경제력 수준이 높은 편이다.

읽기 능력 차이

전국교육성취도평가(NAEP)의 최근 평가

세 명의 학생 중 한 명은 읽기에 어려움을 겪고 있다. 전국교육성취도평가(National Assessment of Educational Progress)의 읽기에 대한 2011년과 2012년 보고서는 초등학교 4학년과 중학교 2학년 학생들의 읽기 성취도와 2011년과 2012년 학생들의 읽기 수행 점수를 비교한 내용이 포함되어 있다. 읽기 수행 점수는 (1) 평균 평가 점수 (2) 성취도 수준 이라는 두 가지 방법으로 보고된다. 평균 평가 점수는 0~500의 척도를 사용하여 특정 그룹의 전반적인 읽기 수행 점수를 세 가지 수준으로 나누어 설명한다. 성취도 수준은 기초, 중급, 고급의 세 가지 수준으로 되어 있으며, 각 수준에서 알고 있어야 할 내용과 할 수 있는 내용들을 나타낸다.

전국 규모 점수

그림 1.1은 2012년에 실시한 4학년과 중학교 2학년의 평균 읽기 점수를 보여주고 있다.

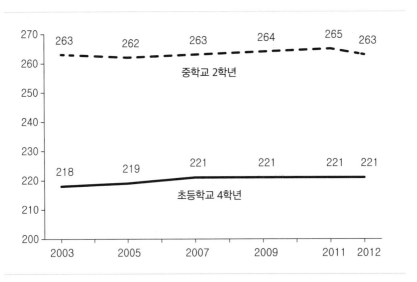

그림 1.1 이 차트는 2003년에서 2011년까지 4학년과 중학교 2학년의 전국교육성취도평가 (NAEP)의 평균 읽기 점수를 보여준다(NAEP, 2011, 2012). 4.0 P238

낙오아동 방지법(No Child Left Behind Act, NCLB)을 비롯한 여러 가지 다른 시도에도 불구하고, 지난 10년 동안 읽기 평균 점수는 별다른 진전이 없었다. 2003년과 2007년 사이에 4학년 학생들의 점수가 약간 올라갔지만 그 이후에는 의미 있는 변화가 나타나지 않았다. 같은 기간 동안 중학교 2학년의 점수는 약간 상승했지만 2012년에는 오히려 점수가 떨어졌다.

4학년 학생들의 읽기 성취도 수준

2011년 전국교육성취도평가(NAEP)에서 제시하는 4학년 학생들의 기초, 중급, 고급 단계의 읽기 성취도 수준에 대한 세부적인 정의는 다음과 같다.

- 기초: 기초 수준의 4학년 학생들은 읽은 내용에 대한 전체적인 의미를 이해할 수 있어야 하고, 4학년 수준의 글을 읽을 때 글의 내용과 자신의 경험을 연결할 수 있어야 하며, 간단한 추론을 통해 글 안에 있는 아이디어를 확장 시킬 수 있어야 한다.
- 중급: 중급 수준의 4학년 학생들은 문자적인 정보뿐 아니라 추론적인 정보를 포함한 글의 전체적인 내용을 이해할 수 있어야 한다. 4학년 수준에 적절한 글을 읽을 때 함축된 의미를 찾고, 결론을 짓고, 자신의 경험과 연결하여 글 속의 아이디어를 확장 시킬 수 있어야 한다. 또한 실제 글의 내용과 학생이 추측한 내용이 일치해야 한다.
- 고급: 고급 수준의 4학년 학생들은 읽고 있는 글의 주제를 일반화하고, 작가가 어떤 방식으로 글을 쓰고 어떤 문학적 장치를 사용하는지를 알아야 한다. 4학년 수준의 글을 읽을 때는 비판적 사고를

할 수 있어야 하며, 신중한 사고를 하고 있음을 보여주는 깊이 있

는 대답을 할 수 있어야 한다.

4학년 학생들의 읽기 성취도 수준은 표 1.2에 제시해 두었다. 학생들

가운데 3분의 1은 기초 수준 이하의 성취도를 보이고 있다. 불행하게도 중

급과 고급 수준에 있는 학생들의 비중은 늘어나지 않았다. 또한 여학생이

남학생보다 성취도 수준이 약간 높았지만 그 차이는 확연하게 드러나지

않았다(NAEP, 2011). 분명한 것은 읽기 지도에 많은 시간과 노력을 투자했음

에도 불구하고 기초 수준을 벗어나 중급 수준으로 진입한 학생의 비율이

아주 미약하다는 점이다. 연방 및 주정부의 규정뿐만 아니라 공통 핵심 국

가 표준에 명시된 읽기에 대한 요구 사항과 적절한 읽기 지도 일정을 준수

하려면, 교육자들이 읽기에 문제가 있는 학생을 확인하고, 이들을 돕기 위

해 무엇을 할 수 있을지 재검토해야 한다.

표 1.2 초등학교 4학년 학생들의 읽기 성취도 수준별 비중(%)

2003~2011년까지 전국교육성취도평가(NAEP)				
연도	기초 미만	기초	중급	고급
2011	33	33	26	8
2009	33	34	25	8
2007	33	34	25	8
2005	36	33	23	8
2003	37	32	23	8

출처: 전국교육성취도평가(NAEP)(2011)

흑인 학생들 및 히스패닉계 학생들의 읽기 성취도

백인 학생과 비교할 때 흑인 학생들(그림 1.2)과 히스패닉계 학생들(그림 1.3)은 지난 10년간 계속 낮은 단계의 성취도를 나타내고 있다. 중학교 2학년 점수는 2011년의 점수가 2009년보다 약간 높아졌으나, 초등학교 4학년 점수는 2009년에서 2011년까지 유의미한 변화가 나타나지 않았다.

2011년 히스패닉계 학생들의 평균 점수는 흑인 학생들의 평균 점수보다 조금 더 높았다. 소수 인종 학생들의 읽기 성적이 상대적으로 낮은 것

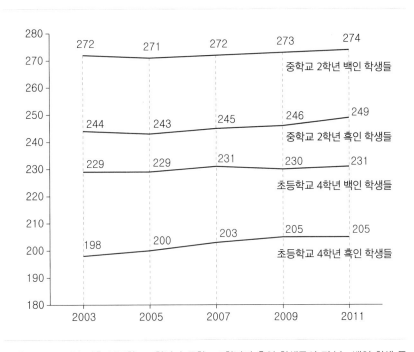

그림 1.2 2003년 이후 초등학교 4학년과 중학교 2학년의 흑인 학생들의 점수는 백인 학생들의 점수보다 더 낮았다. 중학교 2학년 흑인 학생들의 점수는 최근 약간 향상되었으나 초등학교 4학년 흑인 학생들의 점수는 거의 변화가 없다(NAEP, 2011).

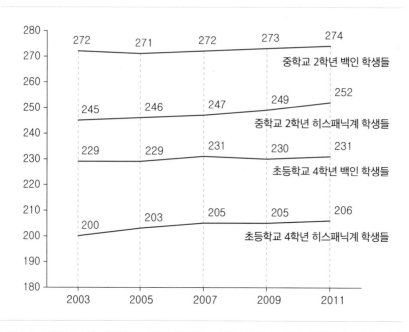

그림 1.3　2003년 이후 초등학교 4학년 및 중학교 2학년의 히스패닉계 학생들의 점수는 백인 학생들의 점수보다 낮았다. 중학교 2학년 히스패닉계 학생들의 점수는 최근 약간 향상되었으나 초등학교 4학년 히스패닉계 학생들의 점수는 거의 변화가 없었다(NAEP, 2011).

은 난독증과 같은 하나의 특별한 인지적 결함만으로 설명되지 않는다. 백인 학생들의 경우, 난독증상을 보이는 아이들을 포함하더라도 평균 점수는 더 높게 나타난다. 게다가 흑인과 히스패닉계 아이들의 난독증 확률이 더 높다는 과학적 근거도 거의 없다. 읽기 능력 차이가 생기고 읽기에 어려움을 겪는 아동이 많은 이유는 부적절한 읽기 교육, 사회적 및 문화적 조건, 신체적 원인 등에 기인하며, 이러한 세 가지 원인은 각각 다르면서도 서로에게 영향을 미친다.

본 책에
관하여

영어를 배우는 학생들을 지도하는 일은 힘들다. 교사들은 그 어려운 작업을 수행한다. 교사들은 교과 과정과 관련된 내용을 전달해 주어야 할 뿐만 아니라, 새로운 언어를 배우기 위해 노력하는 학생들이 교과 내용까지 이해할 수 있도록 힘써야 한다. 교사가 자신의 직무를 성공적으로 수행하기 위해서는 많은 사항들을 인지적, 감성적, 문화적으로 깊이 있게 이해하고 있어야 한다. 또한 학생들이 영어와 함께 강의 내용을 배우는 동안 겪게 되는 인지적, 감정적, 나아가 문화적 애로 사항들을 잘 이해해야 한다. 그래야 학생을 지도하는 자신의 책임을 성공적으로 수행할 수 있게 된다. 매우 어려운 작업이지만 다양한 방법을 동원하여 학생들을 도와 주는 것이 영어 학습자를 책임지고 있는 교사의 역할이다.

> 본 책은 "어떻게"만을 말하는 것이 아니라
> "왜? 무엇 때문에 어떻게"에 대해 말한다.

교사들은 최근 점점 더 늘어나는 전문 서적, 논문, 나아가 숱하게 쏟아지는 온라인 영어 교육 자료들을 접하게 된다. 하지만 그러한 자료들은 대부분 깊이가 없는 그저 그런 정보들인 경우가 많다. 자칫 지나친 상업적 목적의 책자나 자료에 현혹되기 쉽다. 하지만 영어 학습자들이 사용해 오고 있던 그들 모국어의 특수성과 개인적 학습 욕구에 대한 깊은 이해 없이

19

단순하게 지도 전략을 수립하는 일은 마치 기본적인 도로 규칙도 모른 채 운전을 하는 것과 같다. 몇 미터 나아가기도 전에 무엇인가에 충돌하기 쉽다. 또한 교사들은 교육과 관련된 어떤 결정을 하게 될 경우, 그러한 결정이 어떤 과학적 자료에 의한 것인지 제대로 알고 있어야 한다. 책임감이 더욱 중요해지는 시대에 교사들은 자신이 책임진 영어 학습자들을 어떻게 가르쳐야 하는지에 대한 근거를 갖고 있어야 하며, 나아가 행정가, 학부모, 동료 교사들에게도 그 당위성을 설명할 수 있어야 한다. 이러한 책임 있는 자세를 갖춘 교사가 되기란 결코 쉬운 일이 아니다. 학생들은 영어는 물론 다른 교과목들도 학습해야 한다. 이 학생들에게 헌신적으로 봉사할 마음을 지닌 교사를 만나기도 쉽지 않다. 이것이 바로 본 책을 저술하게 된 이유다. 영어 학습자들의 개별적 성공 사례를 통해 학습 방법을 설명하는 방법론 책들은 많다. 그러나 인지신경과학을 접목시켜 새로운 연구 방법을 보여주는 책은 찾아 보기 힘들다. 영어 학습자들의 두뇌가 어떻게 작용하는지에 대해, 즉 다섯 살 이후의 아이들이 모국어가 아닌 영어라는 새로운 언어를 습득해야 할 경우에 필요한, 두뇌의 언어 학습 재구성과 관련된 내용을 설명하는 자료는 거의 없다. 이 책은 단순히 방법론만을 말하는 책이 아니다. '왜 그런가?'를 먼저 밝히고, '어떻게 할 것인가?' 즉, '왜?, 그래서 어떻게 할 것인가?'를 설명하는 책이다.

본 책이 대답하게 될 질문들

본 책은 다음 질문들에 대한 답을 제시할 것이다:

- 두뇌가 어떻게 언어를 습득하는지에 대해 연구를 통해 알게 된 내용은 무엇인가?
- 쉽게 배우는 모국어에 비해 영어 학습은 왜 그렇게 느리고 어렵게 습득되는가?
- 영어를 배우는 과정에서 여성의 두뇌와 남성의 두뇌가 서로 다른 점은 무엇인가?
- 너무 어린 나이에 영어를 배울 경우 모국어 학습에는 문제가 없는가?
- 영어 습득 과정에서 기억(memory)과 전이(transfer)는 어떤 역할을 하는가?
- 영어를 배우는 것이 다른 언어를 배우는 것보다 특별히 더 어려운 이유는 무엇인가?
- 영어를 배울 때, 문화적인 측면은 어떤 역할을 하는가?
- 몰입 과정으로 운영되는 영어학습 프로그램은 어떤 효과가 있을까?
- 영어를 배우는 학생의 영어 학습을 성공적으로 이끌 수 있을 수 있도록 돕기 위해서 교과목 담당 교사가 할 수 있는 역할이 있을까? 있다면 어떤 것일까?
- 영어 학습자들이 영어 습득 그 자체를 힘들어 하는지, 아니면 발달 과정상 나타나는 다른 문제로 힘들어 하는지를 어떻게 구별할 수 있는가?
- 영어 학습자를 위한 연구에 기반한 프로그램의 기본 내용은 무엇인가?

각 장에서 다루는 내용

제1장 - 모국어 학습

대부분의 사람들은 특별한 노력을 기울이지 않고도 음성 언어를 배운다. 제1장에서는 직접적인 가르침이 없어도 어린 아이들이 '어떻게, 왜' 음성 언어를 쉽게 배우게 되는지를 논의한다. 언어의 구조에 관한 내용을 살펴보고, 언어를 학습하는 여성과 남성의 두뇌는 어떻게 다른지에 대해서도 알아 본다. 두 가지 언어를 동시에 학습하게 될 경우 두뇌가 어떻게 작동하게 되는지에 관해서도 설명할 것이다.

제2장 - 다섯 살 이후의 영어 학습

자연적인 언어 학습 능력은 나이가 들어감에 따라 점점 줄어든다. 다섯 살 이후에 새로운 언어를 학습하게 되면 어떤 영향을 받게 될까? 아이의 모국어는 외국어 학습 과정에서 어떤 영향을 미치는가? 기억과 전이는 어떤 역할을 담당할까? 로망스 어군을 모국어로 사용하는 아이들이 영어를 배울 때 특별히 더 많은 어려움을 겪는 이유는 무엇일까? 제2장에서는 이와 관련된 내용들을 살펴볼 것이다.

제3장 - 영어 듣기와 말하기 교육

영어 몰입 수업 프로그램은 성공적일까? 제3장에서는 이 질문에 대해 논의하는 한편, 다른 여러 프로그램도 살펴볼 것이다. 물론 제3장의 주요 목표는 영어 학습자의 듣기와 읽기 능력을 향상시키는 방법에 대한 것이다.

제4장 - 영어 읽기와 쓰기 지도

읽기 학습은 많은 영어 학습자들이 실질적으로 부딪히는 과제다. 수많은 연구들을 통해 우리는 두뇌가 어떻게 읽기 작업을 수행하게 되는지, 또 영어 학습자들의 읽기와 쓰기 능력을 빠르게 향상시킬 수 있는 방법에는 어떤 것들이 있는지를 알게 된다.

제5장 - 영어 학습 관련 문제점의 인식과 해결 방안

영어 학습자들이 겪는 어려움은 영어 학습 그 자체로 인해 발생하는 것인가? 아니면 학습 능력이 부족하기 때문에 발생하는 것인가? 그 원인을 어떻게 알 수 있을까? 둘의 차이점을 제대로 인식하지 못하면, 학습 지원을 받아야 할 학생들이 아니라 이미 학습 능력이 충분한 사람이 지원을 받는 실수를 범하게 될 것이다. 제5장에서는 열심히 노력하는 영어 학습자들을 잘못된 방향으로 이끌어 가지 않고, 성공할 수 있도록 돕는 여러 방안들에 대해 논의한다.

제6장 - 종합 정리

제6장에서는 본 책의 주요 아이디어를 종합 정리한다. 영어 학습자에 대한 잘못된 인식들을 되돌아 보며, 영어 학습자에게 보다 더 효과적인 프로그램을 적용하기 위해 포함되어야 할 기본 사항들을 기술한다. 여기에는 영어 교사용으로 개발된 전문적인 내용들도 포함된다. 일반적인 영어 학습자 대상의 교육 기법은 물론, 뛰어난 영어 능력을 가진 영어 학습자들을 지원하는 방법들도 제시한다.

여러 가지 유용한 도구들

티칭 팁: 각 장의 마지막 부분에서는 교사용 팁을 제시한다. 제시된 팁들은 각 장의 핵심 개념 혹은 주요 내용으로부터 도출된 것으로 실제 교실에서 적용해 볼 수 있다. 그 대부분은 이미 초등학교와 중고등학교에서 성공적으로 사용되고 있는 것들이다. 독자들은 자신이 흥미를 느끼는 부분만 선택적으로 읽을 수 있기 때문에 다양한 교육 전략을 본 책의 여러 곳에 분산시켜 두었다.

생각해 보아야 할 핵심 내용: 각 장의 마지막 페이지에는 중요한 생각, 전략, 나중에 다시 고민해야 할 내용들을 자료들과 함께 정리해 두었다.

용어 해설: 본 책에서 사용되고 있는 두뇌 과학 용어, 특수 용어들을 용어 해설란에 설명해 두었다.

본 책은 영어를 배우는 학생들이 영어를 어떻게 습득하는지에 대한 이해를 높이고, 성공적인 영어 학습전략을 수립할 수 있게 하는데 그 의미가 있다. 다음 T/F 퀴즈는 영어 학습 분야에 대한 여러분의 사전 지식을 점검해 보기 위해 마련했다.

다음 사항을 알고 있나요?

다음 각 문장이 옳다고 생각되면 T에, 틀리다고 생각되면 F에 표시 합니다.

1 T F 학생들을 영어 사용 환경에 노출시키고, 영어가 모국어인 사람들과 만나 대화하는 것 만으로 영어 학습 성과를 얻게 된다.

2 T F 모든 영어 학습자들은 같은 방법, 같은 속도로 영어를 배운다.

3 T F 영어가 모국어인 학생들의 교육에서 성공한 방법을 영어가 모국어가 아닌 학생들에게 그대로 적용해도 똑같이 성공적인 결과를 얻는다.

4 T F 수업 중에 시각 자료와 비언어적 도구를 사용하면, 학생들의 영어 실력 부족으로 인한 불편을 피하는데 직접 도움이 된다.

5 T F 학생 자신의 모국어로 학습 성취도를 평가하면, 영어 실력을 정확하게 확인할 수 있다.

6 T F 학생들의 영어 수업 시간을 늘릴수록 학생들은 더 빨리 영어를 배운다.

7 T F 영어 학습 과정에서 발생하는 실수는 향후에도 문제가 되기 때문에 가급적 학습 과정에서 실수가 나타나지 않도록 해야 한다.

8 T F 교실에서 활용하는 컴퓨터와 같은 기술적 도구는 영어 학습자의 학습 집중력 지속 시간(attention span)을 감소시킨다.

각 항목에 대한 해답은 제6장에 수록되어 있다.

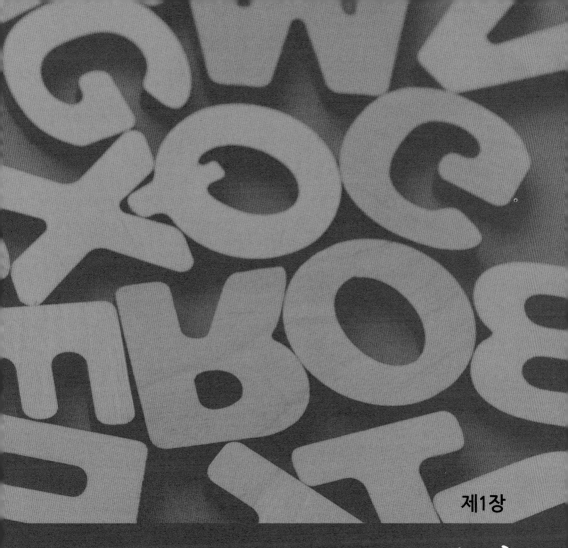

제1장

모국어
학습

인간 두뇌의 가장 놀라운 특징 가운데 하나는 음성 언어를 매우 빠르고 정확하게 습득한다는 점이다. 아이는 지구상에서 사용되고 있는 모든 언어의 독특한 개별 소리(음소)를 구별하는 능력을 가지고 태어난다. 태어나는 곳에서 사용되는 언어가 무엇이든 관계없이, 아이는 자신의 생각과 감정을 다른 사람들에게 표현하기 위해 필요한 임의의 상징적 문자와 소리를 연결시킨다.

동물들도 자기 종끼리 서로 의사 소통할 수 있는 복잡한 방법들을 발전시켜 왔다. 새나 원숭이는 고개를 숙이거나 꼬리를 흔들고, 꿀벌은 동료에게 음식이 있는 장소를 알리기 위해 춤을 춘다. 단세포 동물도 다양한 화학물질을 발산함으로써 이웃에게 신호를 전달한다. 긴 꼬리 원숭이의 의사소통 체계를 예로 들어보자. 이에 관해서는 오랫동안 심층적인 연구가 진행되고 있다. 긴 꼬리 원숭이는 서로 다른 열 개의 음성 신호를 만들어 사용하는 것으로 보고되고 있다. 특히 놀라운 점은 그 가운데 몇몇 신호들은 다른 원숭이에게 위협적인 존재가 다가오고 있음을 알리는 경고용으로

모국어 학습 :

사용되고 있다는 점이다. 뱀이 다가오고 있음을 알리는 경고음과 표범이나 독수리가 다가오고 있음을 알리는 경고음이 서로 다르다. 우리 속에 갇혀 있는 원숭이도 이와 비슷하게 의사소통을 한다. 원숭이는 기본적인 신호 언어의 학습을 통해 통신 능력을 갖추고 기호 문자를 사용하게 되었다. 원숭이의 기호 문자는 그에 상응하는 단어도 없고, 컴퓨터 키보드에도 없는 상징들로 구성되어 있다. 널리 알려진 보노보 칸지(Kanzi)와 같은 유인원은 수백 개로 구성되는 기호 문자 학습이 가능하다(Savage-Rumbaugh & Lewin, 1994). 물론 언급된 유인원의 기호 문자를 보다 더 자세히 살펴보면, 기본적인 구문 체계나 지시 체계를 학습하고 사용하는 것으로 보이지만, 의사소통에 사용되는 완전하고 복잡한 언어 체계와 비교해보면 여러 가지 부족한 점이 여실히 드러난다.

앞서 언급한 유인원과 다르게, 지구를 실질적으로 관리하며 책임지고 있는 인간은 구두 의사소통 체계를 정교하게 발달시켜 왔다. 정확한 발성을 위해 해부 기관(즉, 후두와 성대)을 발달시켜 왔고, 언어를 습득하기 위해 필요한 두뇌 신경을 변화시켜왔다. 후두부는 선조들이 직립 보행을 시작하면서부터 확장되고 발달된 것으로 추정된다. 그러한 발달 과정에서 두뇌는 점점 더 정교해 지고, 음악과 산술의 기호 체계를 발달시켰으며, 소리의 처리 과정을 전적으로 책임지는 두뇌 부분들이 만들어졌다(Vandervert, 2009). 이 과정에서 FOXP2라고 명명된 유전자 변이가 나타났다. 유전학자들은 이 변이로 말미암아 인간이 바야흐로 정확한 음성을 생성해 내는 능력을 갖게 되었다고 믿고 있다. 언어의 발달은 신체 능력이나 두뇌 능력과 함께 발전 되었다. 진화론적 인류학자들 사이에서는, 신체와 두뇌 능력이 생겨난 이후에 언어가 갑자기 발달하게 된 것인지, 아니면 언어가 서서히 발달하게 된 것인지에 대해 아직까지도 그 논쟁이 계속되고 있다.

듣기 말하기 능력은
타고난다

음성 언어는 인간이 성취해낸 놀라운 업적이다. 사람들은 자신의 생각을 표현하기 위해 음성 언어라는 형식을 이용하여 기억과 단어를 담아 낸다. 일반적으로 개별 인간의 목소리는 대략 수 백 가지의 모음과 자음을 발성한다. 이로써, 현재 지구상에 존재 하는 것으로 추정되는 약 6,500개의 서로 다른 언어의 사용이 가능해졌다(학자들은 한 때 지구 상에는 10,000여개의 언어가 있었지만, 3,500여개의 언어가 시간이 지나면서 서서히 사라진 것으로 믿는다). 목소리는 연습을 통해 조율되며, 이 연습으로 실수하는 소리나 단어의 비율을 백 만 개 당 하나 정도, 혹은 그 이하로 줄일 수 있게 되었다(Pinker, 1994). 그림 1.4는 생후 3년의 성장기 동안 나타나는 음성 언어 발달의 일반적인 특징을 보여준다. 어떤 아이는 표준 시간표보다 조금 더 빠르고, 어떤 아이는 조금 더 느리다. 하지만 그림1.4는 언어를 학습하는 동안 습득되는 기술 발달 상황을 파악하는데 유용한 지침이 된다.

정밀 촬영 기술이 등장하기 전에는 두뇌 손상 환자에 대한 임상 연구를 통해 두뇌가 어떻게 음성 언어를 만들어 내는지를 설명할 수 있었다. 하지만 1861년, 프랑스의 물리학자 Paul Broca는 관자놀이 근처 부위까지 두뇌

모국어 학습 :

가 손상된 환자를 관찰함으로써, 언어를 이해할 수는 있으나 제대로 된 발음을 할 수 없다는 새로운 사실을 발견했다. 그는 소위 말하는 실어증 환자였는데, 이와 관련된 두뇌 부위는 현재 브로카 영역이라고 일컬어진다(그림 1.5 참조).

그림 1.4 생후 3년 동안의 평균적인 음성 언어 발달 시간표. 아이들마다 시각적, 청각적 발달 과정이 다른 속도로 진행되기 때문에 상당한 개인차가 있을 수 있다.

1881년, 독일의 신경생리학자 Carl Wernicke는 또 다른 종류의 실어증 환자들을 발견하고 그들에게서 나타나는 특징을 설명했다. 즉, 좌측 측두엽을 손상 당한 환자들은 말을 할 수도 있고 들을 수도 있었지만, 그 말의 의미를 파악하지 못했다. 환자들을 통해 발견된 두뇌 손상 부위를 우리는 베르니케 영역이라고 일컫는다. 베르니케 영역은 왼쪽 귀의 약간 윗부분에 위치하며, 그 크기는 동전 1달러짜리 정도이다. 이 부위가 손상된 환자의 경우, 음성 언어는 유창하지만, 발화된 내용은 의미 없는 것들이 대부분이다. 왼쪽 뇌가 언어를 관장한다는 것을 밝혀낸 폴 브로카의 발견 이후, 보통 사람들의 모국어 습득 방법을 알아보기 위한 연구가 더욱 활발하게 진행되고 있다.

음성 언어 처리 과정

　최근에는 첨단 영상 관찰 장치를 이용한 연구들을 통해 음성 언어의 생성 과정이 그 동안 생각한 것보다 훨씬 더 복잡하다는 사실을 알게 되었다. 화자가 어떤 문장을 말하기 위해 준비할 때, 두뇌는 브로카 영역과 베르니케 영역을 사용할 뿐 아니라 좌반구의 모든 영역에 산재되어 있는 여러 신경 네트워크를 사용하게 된다. 명사는 일정한 패턴을 따라 처리되며, 동사는 별도로 분리된 신경 네트워크를 통해 처리된다. 문장 구조가 복잡해 질수록 우반구를 포함한 두뇌 속 많은 영역들이 활성화된다.

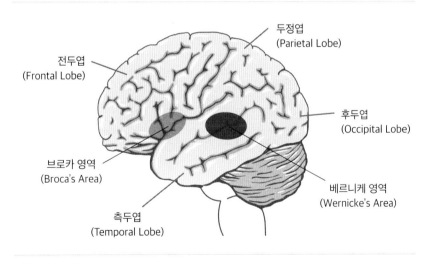

그림 1.5 좌반구의 언어 시스템은 대개 브로카 영역과 베르니케 영역으로 구성된다. 네 종류의 엽과 소뇌는 분리되어 있다

모국어 학습 :

언어 처리 시스템의 대부분은 두뇌의 좌반구가 담당하고 있다. 전두엽의 왼편 앞쪽 부분에 위치하는 브로카 영역에서는 단어, 구문(단어의 순서가 의미에 미치는 영향), 문법적 법칙과 관련된 작업이 진행된다. 전두엽의 왼쪽 부분에 위치한 베르니케 영역에서는 언어의 의미와 관련된 작업이 진행된다. 언어의 감정적 처리는 우반구가 담당한다. 소뇌에 대한 최근의 연구들을 통해 그 동안 전혀 생각해 보지 않았던 내용들도 추가적으로 알 수 있게 되었다. 즉, 소뇌는 신체 동작과 관련한 계획이나 조정의 역할을 수행할 뿐만 아니라, 언어 처리 과정에도 관여하고 있다는 점이다(Booth, Wood, Lu, Houk, & Bitan, 2007; Ghosh, Tourville, & Guenther, 2008). 40여년 전, 과학자들은 유아들이 말하기 유형(speech pattern)에 따라 반응한다는 사실을 발견했다(Eimas, Siqueland, Jusczyk, & Vigorito, 1971). 생후 4개월 된 유아의 두뇌 영상 연구를 통해, 두뇌 속에는 언어의 청각적 요소에 특별하게 반응하는 신경 네트워크가 있다는 사실도 발견했다. 2000년, Dehaene Lambertz는 서로 다른 음절, 음향, 음질을 듣게 될 때 달라지는 두뇌 속 활동을 측정해보기 위해 생후 4개월 된 유아 16명에게 뇌전도검사계(EEG)를 사용했다. 여러 차례의 시도 결과(음절과 음조의 통계 수치에 의거하여), 관련 두뇌 활동은 우반구에서도 처리되지만, 그 대부분이 좌반구의 서로 다른 여러 부위에서 처리되고 있음을 확인할 수 있었다. 입력된 언어의 목소리나 음절의 음성학적 범주 등 다양한 특징들이 분리된 신경 네트워크를 통해 감각 기억으로 암호화되고 있다는 것도 알 수 있었다.

계속 이어진 연구들도 마찬가지 결과를 보여 준다(Bortfeld, Wruck, & Boas, 2007; Friederici, Friedrich, & Chrisophe, 2007). 새로 발견된 사실들 가운데 특이한 점은 아주 어린 아이의 두뇌에도 이미 언어의 조각과 함께 서로 다른 소리를 구별할 수 있는 기능적 네트워크가 확보되어 있다는 것이다. 언어, 말하기 장애 수준이 심각한 가족을 대상으로 한 또 다른 연구에서는 돌연변이가 된 유전자, 즉 앞서 언급했던 언어 장애와 관련 있는 것으로 여겨지는 유전자 FOXP2를 따로 분리하여 실험하였다. 이 실험 결과 음성 언어 능력은 유전자 안에서 암호화 된다는 믿음을 다시 한번 확인할 수 있었다(Gibson & Gruen, 2008; Lai, Fisher, Hurst, Vargha-Khadem, & Monaco, 2001). 말소리를 관장하는 유전적 요소가 있다는 것은 어린 아이들이 왜 그렇게 짧은 시간 내에 언어를 습득하며, 반응할 수 있게 되는지를 설명할 수 있게 했다.

생후 1년 정도 된 아이들은 자기가 속한 환경, 즉 자신의 모국어에서 사용되는 음가들은 명확하게 구별할 수 있었다. 반면에, 모국어가 아닌 다른 언어들에서 사용되는 음가들에 대한 인지 능력은 대부분 사라지는 것으로 나타났다(Conboy, Sommerville, & Kuhl, 20008).

몸짓 또한 어린 아이들의 언어 발달, 특히 어휘 발달에 큰 영향을 주는 것으로 나타났다. 연구 결과에 따르면 아이들의 몸짓은 단어 습득 능력의 핵심적인 역할, 즉 사전 지표 역할을 한다. 한 연구에서는 14개월에서 34개월 된 아이들의 몸 동작을 관찰하면서 4개월마다 90분씩 촬영했다. 연구자들은 생후 14개월 된 아이가 사용하는 몸짓은 28개월 후, 즉 생후 42개월에 어느 정도의 단어를 습득할 수 있을 것인지를 예측할 수 있게 해준다는 사실을 발견했다. 14개월 때 사용하는 몸짓은 그 당시 아이의 사용 단어나 부모가 미치는 영향 보다 42개월 때 단어 습득 분량과 훨씬 더 깊은 관련성이 있음을 보여 주었다. 이러한 결과는 부모의 사회경제적 지위 등과 같은 아이들의 성장 배경을 변수로 활용한 연구에서도 동일하게 나타났다(Rowe, Ozcaliskan, & Goldin-Meadow, 2008).

문자 그림 언어와 음조 언어(성조 언어)를 담당하는 두뇌 부위

기능성 자기공명영상(fMRI: functional magnetic resonance imaging) 검사 및 자기 뇌파검사(MEG: magnetoencephalography)를 통한 연구 결과, 어떤 모국어를 사용하든 언어 처리 과정에서는 모두 동일한 두뇌 영역을 사용하게 된다는 사실을 알 수 있었다. 하지만 중국어를 모국어로 사용하는 중국인 화자는 우측 측두엽과 두정엽 부분에 추가적인 활성화가 이루어진다는 사실도 알게 되었다. 중국어는 그림 문자 언어이기 때문에 중국어를 사용하는 사람들은 언어해석 처리 과정에서 우반구의 시각처리 부분을 추가로 사용하는 것으로 보인다(Pu et al., 2001; Valaki et al., 2004). 두뇌 속에서 시각적 임무를 담당하는 부위와 관련된 또 다른 증거는 일본어(한자)의 오래된 형식인 간지(kanji)와 단순화된 음절 형식인 히라가나(hiragana), 즉 두 개의 일본어를 읽는 일본인 피실험자의 연구 영상을 통해 볼 수 있었다. 즉 히라가나를 사용하기보다 간지를 사용하는 경우에 시각적 처리 과정을 담당하는 우반구의 일정 영역이 좀 더 많이 활성화되고 있음을 알 수 있었다. 반면에 히라가나가 사용되는 경우에는 음운 처리 과정을 담당하는 좌반구의 여러 부분이 더 활성화되고 있었다(Buchweitz, Mason, Hasegawa, & Just, 2009). 중국인에게서 발견된 재미있는 특징들 가운데 하나는 모음을 처리하는 두뇌 영역이 어조의 변화를 담당하는 두뇌 영역과 분리되어 있다는 점이었다. 이는 중국어가 성조 언어이기 때문이라고 말할 수 있다(Green, Crinion, & Price, 2007; Liang & van Heuven, 2004).

거울 신경 시스템(Mirror Neuron System)

언어의 습득 과정에서 상당한 부분을 차지하는 것은 모방이다. 갓난 아이나 어린 아이는 주변의 언어 환경에서 두뇌에 자주 들려오는 소리에 더 많은 주의를 기울이며 듣는다. 그러던 어느 날, 유아들은 보다 더 자주 듣게 되는 소리를 흉내 내어 발음하게 된다. 아이들이 들은 소리를 반복하거나, 수정하거나, 무시하는 결정을 내리는 데에는 어른들의 영향이 크다. 아이 자신이 들은 특정한 소리를 반복해서 따라 하기를 시도하고, 아이의 시도에 대한 어른들의 반응을 평가하는 과정을 계속적으로 반복한다. 이러한 일련의 과정은 최근에 발견된 거울 신경 시스템을 통해 조직화된다.

옛말에 "원숭이는 보는 대로 따라 한다(보는 대로 배운다)."는 말이 있다. 이 말은 그냥 피상적으로 흘려 듣고 지나치기에는 그 내용이 너무나 정확하다. 최근 과학자들은 두뇌 영상 기술을 이용하여 사람들이 계획된 움직임을 실행하기 전에 미리 활성화되고 있는 운동 표피 앞부분(전 운동 피질, 움직임

37

을 계획하는 운동 피질 앞에 위치)에 자리하고 있는 뉴런 다발을 발견했다. 흥미로운 점은 어떤 사람이 다른 누군가가 같은 동작을 하는 것을 쳐다보는 경우에도 이 뉴런 다발이 동시에 활성화된다는 사실이다. 예를 들어 연필을 잡게 될 사람은 자신 보다 먼저 연필을 잡은 동료를 쳐다보는 것 만으로도 뉴런의 활성화 패턴이 작동하기 시작한다는 것이다. 즉, 동작하는 일과 동작을 인식하는 일, 이 두 가지가 모두 동일한 두뇌 영역을 작동 시킨다(Fadiga, Craighero, & Olivier, 2005; Iacoboni et al., 2005). 두뇌 과학자들은 이러한 거울 신경 시스템의 존재로 인해 아이들이 자신을 돌봐 주는 사람들의 움직임, 얼굴 표정, 감정과 소리를 모방할 수 있게 되었다고 주장한다. 이어진 연구들도 거울 신경 시스템이 아이들의 신경 네트워크 개발을 돕는 역할을 한다는 주장을 뒷받침해 주고 있다. 관련 신경 네트워크는 아이들이 자기 주변 환경에서 만나게 되는 어른들의 행동과 아이들이 듣는 단어를 서로 연결 시켜주는 역할을 한다(Arbib, 2009).

남성과 여성의 언어 처리 과정

기능성 영상 기술을 통하여 두뇌 과학자들이 발견한 재미 있는 사실 중 하나는 남성과 여성의 두뇌 기능이 약간 다르다는 점이다. 즉 남성은 주로 좌반구에서 언어를 처리하지만, 여성의 경우에는 좌반구와 우반구를 모두 사용하여 언어를 처리한다. 그림 1.6은 특별한 방법을 이용한 자기공명영상으로, 흰색 부분은 언어 처리 과정 중에 활성화되는 뇌 부위를 나타낸다 (Burman, Bitan, & Booth, 2008; Clements et al., 2006; Shaywitz et al., 1995). 중국어 화자를

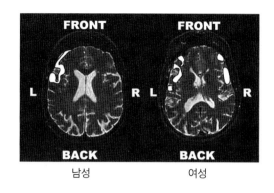

그림 1.6   특별한 방법을 이용한 자기공명영상. 흰색 부분은 언어 처리 과정 중에 활성화되는 남성과 여성의 뇌 부위를 나타낸다(Clements 외, 2006; Shaywitz 외, 1995).

대상으로 한 다른 연구에서도 비슷한 결과가 나타났다(Hsiao & Shillcock, 2005).

또 하나의 남녀 간의 차이는 우반구와 좌반구를 연결하여 상호 의사 소통을 가능하게 하는 뉴런들의 큰 무리 다발(뇌들보: corpus callosum)이다. 여성이 남성보다 다발이 더 크고 두껍다는 점이다. 다발의 형태와 기능의 관계를 고려할 때, 언어 처리과정에서 남성보다 여성의 좌반구와 우반구 간 협동이 더 뛰어나고 효과적으로 소통하고 있다고 생각할 수 있다. 어린 여학생들이 또래의 남학생들보다 더 쉽고 빠르게 음성 언어를 습득하는 이유를 설명해 주는 것 같다.

언어 사용과 관련한 성별 차이에 대한 논의는 현재도 계속되고 있다. 일부 학자들은 나이가 들수록 성별 차이가 적어지거나 거의 없어진다고 주장하는(Sommer, Aleman, Somers, Boks, & Kahn, 2008; Wallentin, 2009) 반면, 또 다른 학자들은 이런 차이가 성인 남성과 여성의 음성 언어와 상호 작용 방식에 지속적인 영향을 미친다고 주장한다(Guiller & Durndell, 2007; Jausovec & Jausovec 2009).

언어의
구조

방언을 제외하더라도 지구상에 6,500여개의 언어가 있기 때문에 이들 전체 언어의 구조에 대해 언급하는 일은 가능하지 않을 것으로 생각된다. 하지만 다양한 언어들의 구조는 서로 많이 다르기도 하지만 공통적인 요소들도 많다. 공통 요소들 가운데 가장 먼저 꼽을 수 있는 것은 모든 음성 언어들이 소리로부터 시작된다는 점이다. 이 책에서도 소리의 패턴에 관해 먼저 언급하고, 이어서 그 패턴들을 통해 단어를 만들어 내는 방법에 관해 살펴 볼 것이다. 그 다음 단계는 단어들이 모여 문장을 만들고, 문장들이 모여 의미를 담아내는 과정, 나아가 다른 사람들과 의사소통이 진행되는 과정에 대해 설명할 것이다.

본 책자에서는 독자의 이해를 돕기 위해 대부분 영어의 사례를 사용했다. 물론 일부 다른 언어의 사례도 언급될 것이다. 특히 로망스 어군의 경우 영어와는 다른 설명들이 추가될 것이다(로망스 어군에는 불어, 이태리어, 포르투갈어, 루마니아어, 스페인어 등이 있다). 아이들은 모국어 읽는 방법을 배우기 몇 년 전에 이미 음성 언어를 말한다. 아이들은 음성 언어를 어떻게 습득한 것일까? 음성 언어 습득 과정을 먼저 살펴 보자.

어떤 언어를 사용하든 모든 사람들은 하나의 공통적인 문제에 직면하게 된다.

다름 아닌 소리 구별 능력을 가장 먼저 습득해야 한다는 것이다.

로마어, 그리스어, 키릴문자, 아랍어, 희랍어 등 언어를 쓰는 방법에는 여러 가지가 있다. 하지만 분명히 기억해 두어야 할 중요한 사항이 있다. 일본어, 중국어는 물론 로마어, 그리스어, 키릴문자, 아랍어, 히브리어의 알파벳 등 그 어떤 언어를 사용하든 모든 사람들은 하나의 공통적인 문제에 직면하게 된다. 다름 아닌 소리 구별 능력을 가장 먼저 습득해야 한다는 것이다.

음소 학습

모든 언어는 음소라고 하는 특정한 단위로 구성되어 있다. 개별 언어는 각각 유일한 음소 체계를 가지고 있지만 전 세계 언어들을 모두 합치더라도 전체 음소의 수는 150여 개에 불과하다. 이러한 음소들은 성대에서 만들어질 수 있는 말 소리(speech sound)로 구성된다. 음소가 모이면 음절을 이룬다. 예를 들어 영어 자음 't'와 모음 'o'가 합쳐지면 'tomato'의 첫 음절인 'to'가 발음된다. 어린 아이의 두뇌는 전반적인 음소를 인식할 수는 있지만, 음소를 제대로 이해하기 위해서는 지속적이고 반복적인 주의집중이 수반되어야만 한다. 음소인지는 독특한 소리 패턴에 반응하는 신경 네트워크를 끊임없이 자극하고 강화해야 비로소 이루어진다.

어린 아이들은 태어나면서부터 혹은 태어나기 전부터(Pocaro 외, 2006) 엄마가 사용하는 음과 운율, 리듬, 억양 등에 반응한다. 단어에 먼저 반응하는 것이 아니다. 어린 아이들은 생후 6개월 전후에 옹알이를 시작한다. 어린 아이들이 음소를 만들어내는 것은 유전적으로 결정되어 있는 신경 프로그램으로 인해 나타나는 결과물이다. 유전자가 작동하기 위해서는 그 유전자의 언어에 노출되는 환경이 있어야 한다. 비정상적인 조건이 아니라면, 위의 두 가지 요소가 상호 작용하여 개인의 언어 시스템을 만들고, 서로 분명하게 의사 소통하기에 충분한 기능을 하게 된다. 어린 아이들의 옹알이는 이러한 제반 음소로 구성되며, 때로 아이들이 전혀 들어보지 못한 음소를 포함하는 경우도 있다. 하지만 생후 수 개월 후부터 아이들은 불필요한 음소 네트워크를 제거하기 위한 작업도 병행하기 시작한다. 생후 1년 정도가 지난 아이는 자신만의 신경 네트워크를 보존하기 위해, 자신이 처한 환경에서 들려오는 언어 소리들만 집중해서 듣는다.

단어 및 형태소 학습

두뇌 속에서 이루어지는 다음 단계는 소리가 연속적으로 처리되는 과정에서 만들어지는 단어 탐색 작업이다. 하지만 말을 할 때는 단어와 단어 사이에 잠깐의 멈춤도 없는 연속적인 과정이 계속되기 때문에 말소리 처리 과정에서 만들어지는 단어를 탐색하기란 결코 쉬운 일이 아니다. 그럼에도 불구하고 단어 사이에서 나타나는 차이점을 인식해 내야 한다. 예를 들면, 직전에 듣고 지나간 단어, green house가 녹색의 집을 말하는 것인지, 온실을 말하는 것인지 빠르게 알아채야 하는 것이다.

관련된 여러 연구 결과에 의하면, 부모는 다른 성인에게 이야기할 때보다 자녀에게 말할 때 자신도 모르게 더 미끄러지듯 발음해 줌으로써 아이들의 언어 학습을 도와 준다. 부모는 어린 아이에게 높은 음, 특별한 억양, 리듬, 그리고 어떤 특정한 느낌을 전달하려고 애를 쓰며 말한다. 전문가들은 이렇듯 엄마가 아이에게 사용하는 말하기 패턴을 모성어(motherese)라는 특수한 용어를 사용한다. 또한 아이의 엄마는 아이가 언어의 소리를 제대로 인식할 수 있도록 돕기 위해 본능적인 노력을 아끼지 않는다. 이러한 경향은 러시아어, 스웨덴어, 한국어 등 서로 다른 언어를 말하는 모든 엄마들에게서 공통적으로 나타나는 현상이다(Burnham, Kitamura, & Vollmer- Conna, 2002).

특히 주목할 일은 갓난 아이가 생후 8개월 정도가 지나면 특정 단어의 의미는 몰라도 단어 간의 경계를 분간하기 시작한다는 점이다(Singh, 2008; Yeung & Werker, 2009). 단어 간의 경계를 구분하게 되면서부터 아이들은 매일 7개 내지 10개의 새로운 어휘를 학습한다. 10개월에서 12개월 정도 된 아이의 두뇌는 자신의 모국어 음소는 구분하고 기억하지만, 자기 주변에서 들려오지 않는 외국어 음소들은 차츰 무시하기 시작한다. 일본어에는 'l' 음이 없다. 연구 결과에 의하면 생후 6개월 된 미국 아이와 일본 아이는 모두 'r'과 'l' 음을 구별 할 수 있었다. 하지만 10개월이 경과될 무렵 미국 아이는 'r'과 'l' 음을 보다 분명하게 구별 할 수 있는 반면, 일본 아이는 'r'과 'l' 두 음의 차이를 분명하게 구별하지 못했다. 이와 같이 어린 아이들이 성장함에 따라 모국어에 대한 음소는 확실하게 구별하는 반면, 모국어가 아닌 음소는 날이 갈수록 점차 구별을 어려워한다(Cheour et al., 1998). 첫 돌 무렵을 전후하여 아이들은 '-s', '-e', '-ing'와 같은 형태소를 음성 언어의 어휘에 추가하여 사용한다. 동시에 작업 기억(working memory)과 베르니케 영역이 완전하게 기능하게 되어 단어에 의미를 첨가할 수 있게 된다. 단어를 학습하는 작업은 하나의 기능으로 가능하지만, 서로 의미가 통하도록 하기 위해 단어들을 합치는 작업은 또 다른 기능이며 조금 더 복잡한 기능이다.

어린이들의 어휘력 차이

아이들은 대부분의 단어를 어린 시절에 부모로부터 배운다. 결과적으로 부모와 많은 시간을 보내고, 다양한 단어를 사용하며 이야기하는 가정의 아이들이 그렇지 못한 아이들에 비해 더 많은 단어, 더 다양한 단어를 알게 된다. 이러한 어휘력의 차이는 점점 크게 늘어나 세 살 전후가 되면 엄청난 개인별 차이를 보이게 된다.

생후 7개월에서 9개월 된 42명의 아이들을 그 아이들이 세 살이 될 때까지 두 단계로 나누어 장기간 관찰한 연구(Hart & Risley, 2003)가 진행되었다. 부모의 단어 수준은 부모의 사회경제적 지위(SES: socioeconomic status)와 밀접하게 관련되어 있기 때문에 첫 단계는 부모의 사회경제적 수준이 서로 다른 세 개의 그룹으로 나누어 아이들을 관찰했다. 부모의 직업을 기준으로 13명은 사회경제적 수준이 높은 가정으로, 23명은 사회경제적 수준이 중간 또는 낮은 가정으로 분류하였고, 6명은 정부로부터 보조금을 받고 있는 가족, 즉 복지 수혜 가족으로 분류했다. 연구자들은 아이들이 세 살이 될 때까지 부모와 말을 주고 받으며 사용하는 단어들을 하나하나 기록하고 분석했다. 기록된 자료는 평상시 가족끼리 주고 받는 대화 1,300시간의 분량이었다. 분석 결과, 놀라운 사실이 발견되었다. 사회경제적 수준에 따라 아이들이 사용하는 어휘의 수에서 엄청난 차이를 보였던 것이다. 복지 수혜 가정의 아이들은 시간당 평균 525단어, 중간 계층의 아이들은 749단어를 사용하고 있었다. 반면 상위 계층의 아이들은 평균 1,116단어를 사용하고 있었다(표 1.3 참조). 더욱이 경제 수준이 낮아 복지 혜택을 받는 아이들의 경우에는, 연구가 계속되는 동안 다른 아이들보다 단어 수를 확장해 나가는 속도 또한 매우 더딘 것으로 나타났다.

표 1.3 가정의 사회 경제적 위치에 따라 3살 유아의 시간당 듣는 영어 단어와 사용하는 영어 단어의 개수

사회 경제적 위치	시간당 듣는 단어 수	시간당 사용하는 단어 수
상	2,153	1,116
중	1,251	749
하	616	525

출처: Hart and Risley(2003)

두 번째 단계의 연구는 6년 후에 진행되었다. 연구자들은 첫 단계 피실험자들 가운데 초등학교 3학년에 다니는 29명의 언어 능력을 평가해 볼 수 있었다. 평가 결과, 어린 시절에 많은 단어를 사용했던 아이들은 9세 혹은 10세가 되었을 때 단어, 듣기, 말하기, 구문, 그리고 의미 파악 등의 측면에서 상당히 높은 수준을 보여주고 있었다. 두 번째 단계의 연구 결과는

모국어 학습 :

어린 시절의 읽고 쓰는 능력이 얼마나 중요한 것인지를 여실히 보여준다. 나아가 취학 전 어린이들의 언어와 관련된 경험 차이를 학교에 입학한 후, 혹은 학창 시절에 극복하는 일이 얼마나 어려운 것인지를 여과 없이 보여주는 결과였다.

미국의 일부 주에서는 어린 시절 읽고 쓰는 능력과 관련된 문제를 해결하기 위해 기금을 마련하고, 가능한 이른 시기에 시작하여 학교를 다닐 때까지 특별한 프로그램을 운영하고 있다. 각 교육청의 학교별 담당자들은 지원이 필요한 부모들과 아이들을 정기적으로 만나고, 아이들의 나이에 맞는 각종 학습 도구를 지원한다. 가능한 취학 전에 활용할 수 있는 어휘 수를 늘려주고, 언어 사용을 자극하는 환경에 노출시켜주기 위한 목적으로 프로그램들이 운영되고 있다.

영어 이외의 언어를 말하는 아이들은 대개 모국어 어휘에 얼마나 많은 노출 경험이 있느냐에 따라 두뇌 속 어휘 목록(심적 어휘)의 크기가 결정된다. 다른 말로 표현하면, 모국어 어휘의 노출 분량이 장차 아이들의 영어 학습에 적지 않은 영향을 미친다는 의미다. 아이들의 두뇌 속 모국어의 어휘 목록은 향후 아이들의 영어 학습 과정에 중요한 역할을 한다. 아이들의 두뇌는 새로운 영어 단어를 자신의 모국어 어휘 목록에 상응하는 단어와 맞춰 보려고 하기 때문이다. 어린 아이들이 향후 얼마나 잘 읽을 수 있는지에 대한 신뢰도 높은 예측 변수는 아이들의 '두뇌 속에 저장되어 있는 어휘의 수, 즉 심적 어휘의 수에 달려 있다(Sousa, 2005).

구문론과 의미론

언어의 순서

두뇌는 점점 더 많은 음성 언어에 노출되면서 언어 속에 순서가 있다는 것을 재인식하게 된다(그림 1.7 참조). 기본적인 소리, 즉 음소들이 결합하면 의미를 갖는 최소한의 단위인 형태소가 만들어진다. 형태소가 결합되면 단어가 만들어진다. 이러한 단어들에 접두사, 접미사, 그리고 접중사 등이

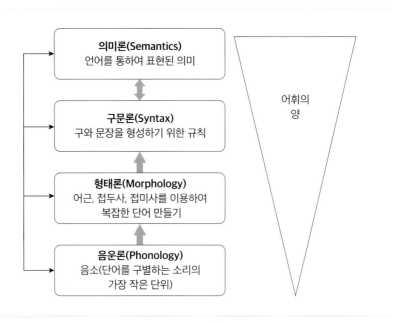

그림 1.7   그림은 언어와 언어 습득 단계의 수준을 도식으로 표현하고 있다. 그 과정은 대개의 경우 밑에서부터 위로 진행되지만 왼쪽 화살표로 표시했듯이 위에서 아래로 진행되기도 한다. 각 단계를 지나면서 아이들의 어휘는 빠르게 성장한다.

모국어 학습 :

첨가되면서 해당 단어를 구성하던 모음이나 자음에 변화가 수반되기도 한다. 어떤 요소는 반복적으로 사용되기도 한다. 예를 들어 말레이시아어의 orang(사람)이 복수가 될 때에는 orang-orang(사람들)으로 변화된다.

사람, 수, 시제, 관사, 그리고 말하는 사람이 상대방에게 자신의 생각을 전달하는 방법인 서법(직설법, 명령법, 가정법) 등을 나타낼 경우에 단어가 변화하는 언어도 있다. 터키어는 단어 굴절이 상대적으로 쉽게 나타나지만, 러시아어의 경우에는 단어 굴절이 아주 특별한 경우에만 나타난다. 중국어를 포함한 몇몇 언어에서는 단어의 굴절 현상이 전혀 나타나지 않는다. 언어 형태가 복합어와 약간의 파생어로 구성되기 때문이다. 또한 대부분의 언어에서 동사는 규칙동사와 불규칙 동사로 나누어진다. 단어들은 단어 배열 법칙과 표현하고자 하는 의미에 따라 구나 문장을 형성한다. 영어의 경우, 단어의 순서 배열이 달라지면 문장 간의 의미도 달라진다. 즉, The woman chased the dog(여자가 개를 쫓아갔다)라는 문장과 The dog chased the woman(개가 여자를 쫓아갔다)라는 문장을 그러한 예로 들 수 있다. 뿐만 아니라, Candy(사탕)라는 단순한 단어의 사용에서 벗어나 Give me candy(캔디 주세요)라는 조금 더 복잡한 문장을 사용할 때, 아이들의 구문론적, 혹은 의미론적 수준이 높아진 것으로 본다. 아이들은 문장 속 단어의 위치가 바뀌면 그 의미도 변화될 수 있다는 사실을 차츰 알아가게 된다.

문장 구조

문장 구조 이론이란 구와 절, 나아가 문장 내에 위치하는 단어의 순서를 지배하는 법칙을 말한다. 모든 언어는 제각기 서로 다른 문장 구조 이론, 즉 문법 체계를 가지고 있다. 이번 장에서는 전 세계의 모든 언어에서 발견되는 몇몇 구문상의 차이점을 살핀다. 영어를 모국어로 하지 않는 학생들이 영어를 배울 때, 왜 문법이 문제가 되는지에 대해 언급할 것이다.

주어−동사−목적어(SVO), 주어−목적어−동사(SOV), 동사−주어−목적어(VSO)의 어순. 단어를 이용하여 문장을 만들 때, 많은 언어의 공통된 규칙 중 하나는 주어, 동사, 목적어의 적절한 배치가 이루어져야 한다는 점이다. 영어, 독일어, 로망스 어군의 언어는 주어−동사−목적어(SVO)의 순서로 단어가 배열된다. 예를 들어 영어, 독일어, 프랑스어, 스페인어는 각각 다음과 같은 순서로 문장이 만들어 진다: I see the train, Ich sehe den Zug, Je vois le train, Veo el tren(나는 기차를 본다). 한편 한국어와 일본어는 주어−목적어−동사(SOV)의 순서(I, the train, see)로 문장이 만들어 진다. 사실 몇 백 년 전까지는 영어도 어떤 전형적인 문장을 만들 때, 주어−목적어−동사 순서의 사용이 허용되기도 했다. 다음과 같이 오래된 문장이지만 오늘날까지도 사용되는 문장 With this ring I thee wed.(이 반지를 징표로 하여 당신과 결혼합니다.) 혹은 Till death do us part(죽음이 우리를 갈라 놓을 때까지)와 같은 표현을 그 예로 들 수 있다. 그러나 현대 아이리시어(게일어)와 같은 몇몇 언어에서는 동사−주어−목적어(VSO)의 순서(See I the train)가 사용되고 있다.

라틴어나 핀란드어 등 몇몇 언어는 주어나 목적어를 나타내기 위해 동사, 명사에 접두사나 접미사를 붙임으로써 단어 배열과 관련된 복잡한 문제를 비켜 가기도 한다. 예를 들어 라틴어는 여러 가지 동사 형태들, 즉 amo(I love), amas(you love), amat(he/she loves)처럼 −o, −as, −a와 같은 접미사를 붙임으로써 문장 속의 주어 역할을 하게 한다. 핀란드어는 학교(school-koulu)라는 단어가 주어로 사용될 경우에는 단어 그대로 koulu이지만, 'to school'(학교로)를 나타낼 경우에는 kouluun, 'in school'(학교에서)를 나타낼 경우에는 koulussa로 바뀐다. 즉, 서로 다른 접미사가 붙게 되는 것이다.

형용사–명사의 어순. 영어나 독일어에서 명사를 수식하는 형용사는 명사 앞에 위치한다. 하지만 로망스 언어는 이 경우 형용사가 명사 뒤에 위치한다. 영어의 white hat(흰 모자)는 독일어로 weißer Hut, 프랑스어로는 chapeau blanc, 이태리어로는 cappello bianco, 스페인어로는 sombrero blanco로 그 순서가 바뀐다. 하지만 프랑스어에서 어떤 내용을 강조할 경우, 간혹 형용사가 명사 앞에 위치하기도 한다. Oh, le pauve home(Oh, the poor man! 아, 불쌍한 사람이구나)와 같은 문장을 예로 들 수 있다.

주어 중심(Subject-Prominent) 언어와 화제 중심(Topic-Prominent) 언어. 로망스 언어와 영어 등 주어 중심 언어는 문장의 앞부분에 주어가 위치한다. 주어의 역할이 필요 없는 경우에도 It is snowing.(눈이 오고 있다.) 혹은 It is possible the sun will shine today.(오늘은 햇빛이 비칠 것 같다.) 등에서 보는 바와 같이 일단 주어가 먼저 나온다. 이와 다르게 한국어, 중국어, 일본어 등 화제 중심 언어는 화제가 문장의 앞부분에 위치한다. 주어의 유무는 그다지 큰 문제가 되지 않는다. 예를 들어, 영어의 It is cold in here.(여기는 매우 춥다.) 라는 문장을 중국어 어순으로 바꾸면 Here very cold.와 같이 된다. 또한 영어 문장 The 747 is a big airplane.(747은 커다란 비행기이다.)을 한국어 어순으로 바꾸면 Airplanes the 747 is big.와 같이 된다. 일본어의 경우도 마찬가지다. 영어 문장 Red snapper is my favorite fish.(도미는 내가 가장 좋아하는 생선이다.)를 일본어 어순으로 바꾸면 Fish red snapper favorite it is.와 같이 되는 것이다(일본어의 기본 어순 또한 SOV이라는 점을 명심할 것). 뿐만 아니라 화제 중심 언어에서는 수동태의 역할이 무시된다. 그리고 영어 문장 It is snowing.(눈이 오고 있다.)에서 사용되는 It 즉, 가주어는 화제 중심 언어에서는 사용되지 않는다.

문법적 성. 영어 명사의 경우 몇 개의 인칭대명사(he, him, his, she, her, hers)를 제외하면 문법적으로는 모두 중성이다. 하지만 문법적 성이 분명하게 드러나는 언어에서는 모든 명사들이 남성이나, 여성 혹은 중성으로 분류된다. 예를 들면, 프랑스어, 이태리어, 포르투갈어, 스페인어의 명사는 남성 아니면 여성으로 나뉜다. 독일어 명사의 경우에는 중성도 포함된다. 또한 영어에서는 인칭 대명사가 주어의 성과 일치하지만 로망스 언어에서는 인칭 대명사가 수식하는 명사의 성과 일치한다. 예를 들면, 영어 화자는 John forgot his pen.(John은 펜을 잊었어.) 라고 말하지만, 프랑스어 화자는 John a oubli sa plume.라고 말한다. 펜을 의미하는 프랑스어 plume가 여성 명사이기 때문에 여성 인칭 대명사인 sa가 사용되는 것이다.

명사의 성은 명사가 기술하는 개별적인 성의 성격에 따라 달라질 수도 있다. 어린 여자 아이의 경우 독일어에서는 중성으로 처리된다. 마크 트웨인은 자신의 에세이 That Awful German Language(1876)에서 다음과 같이 적고 있다. … a tree is male, its buds are female, its leaves are neuter; horses are sexless, dogs are male, cats are female—tomcats included, of course.(나무는 남성이고, 그 싹은 여성이며, 잎사귀는 중성이다. 말은 중성이며, 개는 남성이고, 고양이는 여성이다. 숫고양이도 여성이다.) 이상하게 생각될 수도 있겠지만, 독일어와 같이 문법적 성이 존재하는 언어를 배우는 아이들은 대부분 특별한 실수 없이 문법적 성을 빠르게 습득한다. 더 나아가 남성, 여성이라는 문법적 성을 인간적 특성에 연관 시키지도 않는다. 아이들의 두뇌는 언어 처리 영역 안에서 필요한 중성적 네트워크를 형성해 나가며, 자신의 모국어를 배우고 연습해 가는 동안에 그 네트워크는 점점 더 강력해진다.

의미론적 네트워크

음소들이 합쳐지면 형태소가 되고, 형태소들이 합쳐지면 단어가 된다. 단어들이 합쳐지면 구가 만들어진다. 화자의 두뇌는 말하고자 하는 바를 배열하며 문장으로 정리할 필요성을 느낀다. 말하는 사람이 발음하는 동안, 듣는 사람의 언어 영역은 다른 소리와 구별되는 음을 인식하고 말하는 사람의 의도를 해석해 낼 수 있어야 한다. 이처럼 소리 언어적 요소와 그 의미를 찾는 두뇌의 상호 작용을 의미론이라고 부른다. 의미는 서로 다른 세 개의 언어 수준(형태론 수준, 단어 수준, 문장 수준)에서 생겨난다.

형태론 수준의 의미론. 의미는 단어의 일부분 혹은 형태소를 통해 실현된다. 예를 들어 영어 단어 biggest는 big과 −est라는 두 개의 형태소가 합쳐진 것이다. 아이들이 단어의 형태소를 제대로 확인할 수 있게 되면, 두뇌 속 어휘는 상당히 많은 수로 늘어 난다. nation이나 national처럼 동일한 어근에서 나온 단어들은 대개 같은 의미를 갖는다는 것을 알게 되며, 접두사와 접미사의 역할로 단어의 공통적인 의미가 바뀐다는 것도 알게 된다. 또한 형태론은 새로운 단어를 학습하고 관련 단어를 만들어낼 수 있도록 도와준다. 나아가 단어의 철자를 분명하게 인식하고 그 발음을 확실하게 할 수 있도록 한다.

　단어 수준의 의미론. 대화하는 동안 사용되는 많은 단어를 이해하지 못하면 의미 파악에서 어려움을 겪는다. 물론 듣는 사람이 말의 문맥을 이용하여 의미를 추론할 수도 있다. 하지만 사용되고 있는 단어들 가운데 상당수를 듣고도 이해하지 못한다면, 문맥상 추론의 신뢰성이 떨어진다. 제대로 이해되지 않는 단어를 자주 사용하는 어른과 생활하는 아이들이 겪는 애로 사항이기도 하다.

　문장 수준의 의미론. Boiling cool dreams walk quickly to the goodness. (끓고 있는 찬 꿈들은 여신에게 빨리 걸어간다.)라는 이 문장은 형태와 문법은 지켜졌으나, 의미가 없는 문장이다. 단어들은 모두 문법에 맞게 배열되었고 틀리지 않고 제대로 사용되었지만, 위 문장은 의미를 갖지 못한다. 성인들은 이 문장이 전혀 의미없는 것이라는 사실을 금방 알아 차린다. 아이들도 종종 의미 없는 음성 언어를 듣게 된다. 어떤 말을 듣고 이해하기 위해서는 몇 가지 다른 계층에서 말의 의미를 탐색할 수 있어야 한다. 일반적으로 의미 없는 문장을 말하는 경우는 그다지 많지 않다. 하지만 어떤 사람에게는 의미 있으나 또 다른 사람에게는 의미가 없는 문장을 구별하고 파악하는 일이 아이들에게 쉬운 일이 아니다. 문장의 의미 파악은 듣는 사람의 배경 지식이나 논의 되고 있는 주제에 대한 사전 경험의 여부가 많은 영향을 미친다.

　의미의 생성 및 해석과 관련하여 대뇌는 상호 대화가 진행되는 과정에서 믿을 수 없을 만큼 빠른 속도로 많은 정보들을 처리한다. 어떻게 그 많은 저장고(두뇌 속 어휘)로부터 단어를 정확히 판단하며, 대화 도중 오가는 의

53　　　　　　　　　　　　　　　　　　　　　　모국어 학습 ：

미를 어떻게 그렇게 빠른 속도로 해석할 수 있는 것일까? 어떤 신경 네트워크가 그렇게 신속하고 정확하게 일을 처리하는 것일까? 이렇듯 정확한 네트워크의 특성에 대해 연구자들은 저마다 서로 다른 의견을 제시하지만, 두뇌 속 어휘는 단어들 간의 의미적 관계에 따라 구성된다는 점에서는 거의 일치된 견해를 보이고 있다. 이에 관한 실험적 증거는 많은 연구결과에서 볼 수 있다. 관련 실험에서는 실험 대상자들에게 한 쌍의 단어를 제시하였다. 단어 중 첫 번째 단어를 프라임(prime, 점화어-의미 점화에서 의미적으로 관련된 단어)), 두 번째 단어를 목표어(target)라고 부른다. 목표어는 실제 사용되는 단어, 혹은 실제 사용되지 않는 가짜 단어(예; spretz 등)가 사용된다. 실제 사용되는 목표 단어는 프라임과 연관된 의미를 갖는 경우도 있지만, 그렇지 않는 경우도 있다. 먼저 프라임을 보게 된 실험 대상자들은 목표어가 같은 단어인지 여부를 가능한 빨리 판단해야 한다. 실험 결과는 다음과 같이 나타났다. 즉 실험 대상자들에게 프라임의 의미와 관련되지 않은 목표 단어(예를 들면 tulip-goose, 튤립-거위)를 보여줄 때 보다 프라임의 의미와 관련이 깊은 목표 단어(swan-goose, 백조-거위)를 보여 주었을 때, 훨씬 더 빠르고 정확하게 판단했다. 즉 관련성이 있는 단어들의 짝을 구별하는데 걸린 시간이 훨씬 짧게 나타났는데, 그 이유는 의미 네트워크를 구성하는 뉴런들 사이에서 쌍을 이루는 단어들이 보다 더 가깝게 위치하고 있고, 연관된 단어들이 특정한 뇌 부위에서 함께 기억되어 있기 때문인 것으로 추정된다 (Gazzaniga, Ivry, & Mangun, 2002; Lavigne & Darmon, 2008).

　두뇌는 서로 관련이 있는 단어들을 상호 인접한 곳에 저장한다. 이 생각을 뒷받침하는 추가 증거는 양전자 방출 단층촬영(PET: Positron Emission

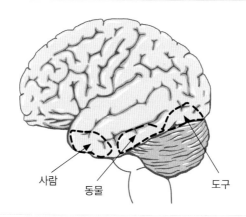

사람

동물

도구

그림 1.8 사람, 동물, 사물의 이름을 말할 때, 두뇌의 서로 다른 부위가 활성화 된다는 것을 양전자 방사 단층 촬영(PET)을 통해 보여준다

Topography) 검사를 이용한 연구로 밝혀졌다. 양전자 방출 단층촬영 평가자들은 실험 참여자들에게 사람, 동물, 사물의 이름을 불러 보도록 했다. 그 결과(그림 1.8 참조) 동일한 그룹에 속하는 이름을 불렀을 때에는 활성화되는 두뇌 부위가 모두 같다는 사실을 발견했다(Chouinard & Goodale, 보도 자료; Damasio, Grabowski, Tranel, Hichwa, & Damasio, 1996). 두뇌는 밀접한 관련이 있는 단어들이 서로 묶여 있을 때 더욱 더 잘 기억한다. 같은 네트워크 상에 있는 단어들은 아주 짧은 시간 안에 활성화된다. 이 말은 다른 네트워크에 있는 단어를 활성화 하기 위해서는 조금 더 많은 시간이 필요하다는 뜻이다.

어떻게 하면 두뇌 네트워크 이론을 가장 잘 설명할 수 있을까? 몇 가지 모델이 있다. 그러한 모델들 가운데 최근 두뇌과학자들 대부분이 지지하는 모델은 1970년대에 Collins와 Loftus(1975)가 최초로 제시한 이론을 기반으로 한 모델이다. 이 모델에 의하면, 관련된 단어들은 서로 연결되어 있

모국어 학습 :

으며 그 연결 거리는 단어들 간의 의미적 연관성에 따라 달라진다. 그림 1.9는 의미론적 네트워크의 예를 보여준다. 레몬(lemon)이라는 단어는 자몽 (grapefruit)과 유사한 특성을 갖기 때문에 서로 강하게 연결된다. 하지만 새 (bird)라는 단어와는 거리가 멀다. 레몬이라는 단어의 소리를 들으면 레몬을 표현하는 신경 부위가 의미 네트워크 안에서 활발하게 활동한다. 즉, 그 네트워크 안에서는 라임(lime)이나 자몽(grapefruit)처럼 서로 연관된 단어들이 활성화되며 매우 빠른 속도로 접근하게 된다. 이 때에는 새(bird)와 같은 단어는 머릿속에 금방 떠오르지 않는다.

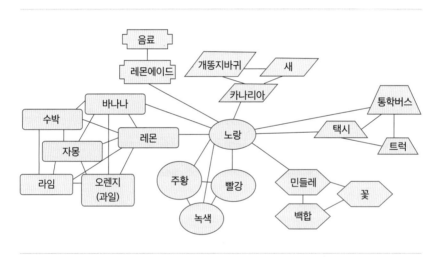

그림 1.9 의미론 네트워크를 보여준다. 레몬과 노랑처럼 네트워크에서 의미론적으로 좀 더 관련이 있는 단어가 레몬과 새처럼 연관성이 먼 단어보다 가까이 위치한다. 또한 비슷한 도형은 의미론적으로 관련된 단어임을 의미하고, 단어끼리 연결하는 선은 레몬과 노랑의 예처럼 관련이 있는 서로 다른 네트워크와의 연결을 나타낸다.

단어에서 문장으로

　지금까지 우리는 두뇌가 어떻게 단어를 습득하고 저장하며, 인지하는 지를 살펴보았다. 원활한 의사 소통을 하기 위해서는 문장이 적절한 의미를 갖도록 단어들이 적절한 순서로 배열되어야 한다. 언어는 문법이라고 하는 '일정한 방법'을 유지하며, 사람들은 이 문법 체계를 지속적으로 발전시켜 왔다. 일정한 방법이란 화자가 말하는 내용을 청자가 알아들을 수 있도록 단어의 순서를 정하는 것을 말한다. 일부 언어는 영어와 같이 문장 속 단어 순서의 배열이 바뀌더라도 같은 뜻을 갖기도 한다. 즉, The girl ate the candy.(소녀는 사탕을 먹었다.)라는 문장과 The candy was eaten by the girl.는 같은 의미를 갖는다. 물론 단어의 배열을 달리 함으로써 원래 의미가 달라지기도 한다. The boat is in the water.(보트가 물 위에 떠있다.)와 The water is in the boat.(물이 보트 안으로 들어왔다.)라는 문장을 그 예로 들 수 있을 것이다. 아이들의 문법 능력과 의미론 네트워크의 강도가 강해지며, 의미 파악 과정에서 문맥의 역할이 점점 더 중요해진다. The man bought a hot dog at the fair.(그 사람은 시장에서 핫도그를 샀다.) 라는 문장을 듣게 되면, 아이들은 성난(hot) 개(dog)가 아니라 소시지를 먹는 남자를 연상한다. 문맥 속에 있는 다른 단어들이 개 보다는 소시지와 연관성이 높다고 판단하는 것이다.

　아이들은 문장 구성 과정을 어떻게 배우는 것일까? 유명한 이론에 의하면, 문장 속 단어들은 문법적인 역할이 사전에 부여되어 있고, 이어서 그 단어들이 다른 문법적인 구절과 합쳐진다(Pinker, 1999). 예를 들어, The horse eats the hay.(말은 건초를 먹는다.)라는 문장은 명사구(the horse)와 동사(eats), 그리

모국어 학습 ：

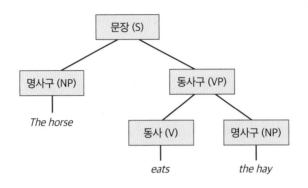

그림 1.10 의미를 형성하기 위해서 두뇌가 문장을 어떻게 처리하는지를 보여주고 있다. 각 단어를 구로 그룹화하고, 청킹(chunking: 기억 대상이 되는 자극이나 정보를 서로 의미 있게 연결시키거나 묶는 인지 과정)을 함으로써 처리시간이 감소된다.

고 또다른 명사구(the hay)로 구성되어 있다. 이어서 문법 규칙에 따라 동사(V)는 직접 목적어와 합쳐져서 동사구(VP-eats the hay)가 된다. 그런 다음, 명사구와 동사구가 합쳐져서 그림 1.10과 같은 문장(S)이 만들어진다.

문장은 점점 더 복잡해 진다. 예를 들어, The parent told the principal her son is ill.(엄마는 교장선생님께 자기 아들이 아프다고 말했다.)이라는 문장에서 her son is ill이라는 부분은 문장이면서 동시에 동사구가 된다. 복잡한 문장을 빠르게 처리하고, 정확하게 이해하기 위해, 두뇌는 그림 1.11에서 볼 수 있는 것처럼 각 구를 단계별로 묶어내는 작업을 수행한다.

어떻게 그렇게 빠르게 말을 할 수 있는가?

그림 1.11과 같이 문장을 구로 처리하는 경우 두 가지 이점이 있다. 먼

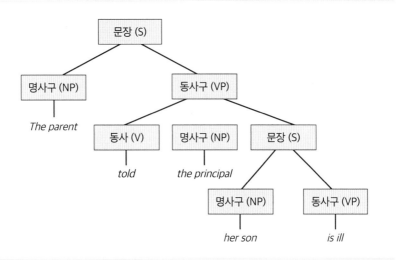

그림 1.11 두뇌가 빠른 처리와 정확한 해석을 위해 두뇌에 추가된 청킹(말묶음)을 구로 만드는 작업의 진행 과정을 보여준다.

저, 서로 다른 구(단위)를 다시 배열하고 다른 구문을 추가할 수 있기 때문에, 두뇌가 생각해내야 하는 각 문장을 일일이 기억하지 않고도 수많은 문장을 만들어내고, 이해할 수 있다. 둘째, 이러한 패턴은 두뇌로 하여금 문법적 정보를 빨리 처리할 수 있도록 해주기 때문에 일상 대화 내용을 이해하는데 필요한 시간이 절약된다. 놀라울 만큼 효과적인 시스템이다. 청소년기에 이르면 두뇌는 5분의 1초 안에 화자가 말한 단어의 의미를 파악할 수 있다. 두뇌는 약 4분의 1초 이내에 적절한 목표 단어를 말하고 발음할 수 있으며, 심지어 인쇄된 단어를 읽을 때, 불과 8분의 1초 안에 단어의 의미를 파악할 수 있다(Pinker, 1999).

모국어 학습 :

의미 인식하기

두뇌가 문장 구조에서 나타나는 다른 의미들을 인지할 수 있는 것은 브로카 영역과 베르니케 영역이 연결된 네트워크 구성 때문이다. 따라서 The dog chased the cat.(개가 고양이를 쫓아갔다.)라는 문장과 The cat chased the dog.(고양이가 개를 쫓아갔다.)라는 문장의 의미 차이를 알 수 있게 되는 것이다. Dapretto와 Bookheimer(1999)는 기능성 자기공명영상(fMRI) 연구를 통해, 의미 변화를 수반하는 문법, 내용을 파악하기 위해 브로카 영역과 베르니케 영역이 서로 협조한다는 사실을 발견했다. 예를 들어, The policeman arrested the thief.(경찰이 도둑을 잡았다.)라는 문장과 The thief was arrested by the policeman.(도둑은 경찰에 잡혔다.)라는 문장은 서로 구조는 다르지만, 그 의미는 같다. 기능성 자기공명영상을 통해, 위 두 문장에서 주어 등 문장 구조와 관련된 내용이 처리될 때에는 브로카 영역이 크게 활성화된다는 사실을 알 수 있었다. 이와 달리, The car is in the garage.(자동차가 주차장에 있다.)라는 문장과 The automobile is in the garage. (자동차가 주차장에 있다.)의 문장에서와 같이 의미 차이가 없는 단어들이 각 문장에서 사용될 경우에는 베르니케 영역이 더 많이 활성화된다는 사실이 확인되었다.

다른 구조에 같은 의미를 갖는 문장들을 베르니케 영역은 어떻게 그렇게 신속하고 정확하게 의미를 파악하는 결정을 내릴 수 있는 것일까? 여기에 대한 해답은 최근 베르니케 영역에 관해 발견된 두 가지 특징으로 정리할 수 있다.

첫째, 베르니케 영역의 뉴런들은 그와 대칭되는 지점인 우반구의 해당 영역보다 약 20퍼센트 정도 더 멀리 떨어져 있고 더 긴 축색돌기로 묶여져 있다(Galuske, Schlote, Bratzke & Singer, 2000). 이는 언어를 습득하는 시기가 빠르면 빠를수록 베르니케 영역의 연결 강도가 더 오랫동안 지속되며, 더 정교하게 다듬어 진다는 것을 암시한다. 즉 의미 해석과 관련 있는 두뇌 부위가 그만큼 더 민감해 진다는 것이다.

둘째, 베르니케 영역은 예측 가능한 사건을 인식하는 능력이 있다는 점이다. 기능성 자기공명영상을 이용한 연구에서 실험 대상자들에게 다른 색깔의 상징들을 다양한 패턴으로 제시하였는데, 문장 패턴 순서를 인식할 수 있는지 여부와 관계 없이 모든 대상자들의 두뇌 속 베르니케 영역이 활성화된다는 사실이 발견되었다(Bischoff-Grethe, Proper, Mao, Daniels, & Berns, 2000). 연구자들은 언어는 문법 안에서 제한되기 때문에 언어 그 자체는 예측 가능성이 매우 높은 것이라고 말한다. 이 점은 언어의 종류와 관계없이 공통적으로 적용되는 것으로 여겨진다.

언어를 말하고 이해하기 위한 구성 요소들

어떤 언어를 말하고 이해하는 과정을 모델화 하기 위해서는 음성 해석의 다양한 단계, 즉 청각적 입력이라는 단계로부터 시작하여 단어(들)로 표현되는 마음 속 개념이 형성되는 단계까지의 모든 내용을 살펴보아야 한다. 그림 1.12는 언어학자들과 두뇌과학자들이 주장하는 요소들, 즉 구어를 이해하기 위해 필요한 다양한 신경 구성 요소들을 보여준다. 그 과정은 매우 복잡하지만 연습을 통해 효과적인 언어 네트워크 체계가 형성되면,

모국어 학습 :

모든 과정이 순식간에 일어난다.

서로 다른 단계들을 이해하기 위해 단어 dog를 예로 들어보자. 단어 dog 소리가 귀 속으로 들어가면 청자는 dog의 소리 패턴을 해독해야 한다. 두뇌 속 단어 형태부에서 음향적 분석을 실시하는 일이다. 즉, 단어 dog와 관련된 소리와 배경 소음을 분리하고, 단어 dog의 음소(duh-awh-guh)를 해독하며, 이들 음소들을 심적 어휘에서도 인식할 수 있도록 음운론적

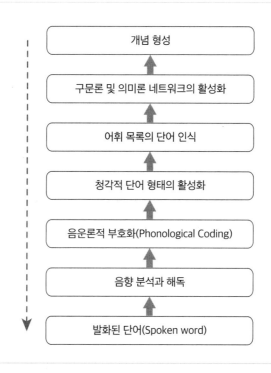

그림 1.12 발화된 단어 처리 과정에서 요구되는 주요한 신경 구성 요소를 보여준다. 화살표가 보여주듯 높은 수준에서부터 낮은 수준으로의 피드백도 가능하다. (출처: Dehaene(2009); Gazzaniga et al. (2002)에서 인용.)

코드로 해석한다. 어휘부는 두뇌 속에 저장되어 있는 최적의 상징을 뽑아내고, 이 상징을 문법 네트워크와 의미 네트워크 안에서도 활성화되도록 한다. 드디어 멍멍 짖는 털 달린 동물에 대한 개념적 이미지를 다양한 협동 작업을 통해 만들어낸다(개념 형성). 이와 같은 모든 작용들은 어린 시절 몇 년 동안의 말하기와 듣기 기간을 통해 형성된 두뇌 신경 회로에서 강화된 네트워크 덕분에 순식간에 이루어지는 것이다.

　　그림 1.12 모델의 정보 흐름은 아래로부터 위로, 즉 일정한 순서에 따라 이루어진다는 사실에 유념해야 한다. 물론 위로부터 아래 단계로의 피드백도 일어난다. 예를 들어 어휘부가 첫 번째 신호를 인식하지 못하면, 그 신호가 없어지기 전에 또 다른 신호를 만들기 위해 음운론적 해독 요소를 다시 작동시키는 것이다. 무엇보다 중요한 것은 음성 언어 처리 과정이 어떻게 만들어지는지를 확실하게 이해하는 일이다. 단어 읽기 과정은 음성 언어 처리 과정을 설명하는 모델과 여러 단계를 공유하고 있기 때문이다.

언어 이해의
수준

부모가 자녀에게 하는 말은 일반 성인들에게 하는 말과 다르다. 초등학교 교사도 자기 반 아이들에게 말하는 것과 교장 선생님에게 말하는 방법이 같지 않다. 공식적인 자리에서 하는 말과 격식을 갖추지 않아도 되는 가족

식사 자리에서 사용하는 말도 다르다. 어린 아이들의 구어체 사용은 아이들의 주변 환경에 따라 달라진다. 아이들의 대화체 언어는 대부분 눈 앞에 닥친 상황이나 행동에 초점이 맞춰진다. 반면에 사람들이 격식 있는 말을 사용해야 할 경우에는 눈 앞의 상황과 무관하거나 다소 추상적인 내용을 언급하게 된다. 어린 아이는 하나의 이야기를 각기 다른 결말로 말할 수도 있다. 사람들은 실제 내용과 의미가 다른 말을 하기도 한다. 그러면서도 자신의 마음 속에 있는 미묘한 의도를 상대방이 간파해 주기를 바라는 경우도 있다. 사람들이 사용하는 음성 언어 형식에는 격식을 갖추어 말해야 하는 대화체와 일상적인 대화체 등 여러 가지 유형과 수준이 있기에 각 유형과 수준에 대한 적절한 이해와 인식이 필요하다.

확실한 이해

언어를 이해하기 위해 가장 기본이 되는 것은 확실한 이해다. 즉 애매하지 않고, 분명하게 이해해야 한다. 어떤 사람이 I need a haircut.(이발해야겠다.)라고 말한다면 상대방이 문장 해석으로 인한 실수는 거의 없을 것이다. 문장을 듣는 사람은 말하는 사람이 의미하는 바를 분명하게 알 수 있기에, 내용을 파악하기 위한 추가적인 추론이나 설명이 필요하지 않게 된다. Eat your vegetables.(야채를 드세요.) 또는 Please be quiet.(조용히 하세요.)와 같은 문장도 의미가 분명한 문장의 사례다.

추론된 이해

　　말하는 사람이 조금 더 복잡한 형식을 사용하고 있어서 이해하기 어려운 경우라면, 듣는 사람은 추론의 과정이 필요하다. 즉 화자가 말하고 있는 표면적 내용의 이면에 들어있는 의미를 추론해야 한다. 교장선생님이 지각을 한 교사에게 Our school really gets off a great start in the morning when all staff is here by 8:15.(우리 학교는 모든 교직원이 출근하는 8시 15에 하루 일과를 시작합니다.)라고 말한다면, 그 의미는 아마도 Be on time.(시간을 엄수하세요.)일 것이다. 지각을 한 교사는 교장선생님이 말한 문장 속에 숨은 의도를 추론해 내야 한다.

교사들은 명백한 이해가 되도록 말하는 것이 더 좋을 경우에도
추론된 이해가 필요한 말을 사용하는 경우가 종종 있다.

　　어린 학생들은 추론을 잘 해내지 못한다. 만약 부모가 Vegetables are good for you.(야채가 너희들에게 좋단다.)라고 말할 때, 아이들은 그 문장의 이면에 숨어있는 뜻 즉, 야채를 먹어야 건강에 좋다는 부모의 의도를 제대로 알아차리지 못할 수도 있다. 말 속의 의미를 추론하지 못하고 부모의 마음을 헤아리지 못한 아이들은 계속해서 야채를 먹지 않으려 할 것이고, 부모들은 아이들이 말을 듣지 않는다고 생각할 수도 있다. 교사들은 분명하게 이해할 수 있도록 말하는 것이 더 좋을 경우에도 추론을 해야 이해가 가능한 말을 사용하는 경우가 종종 있다.

모국어 학습 ：

예를 들어, 어떤 교사가 Do you think I should speak if someone else is talking?(다른 학생이 말하고 있을 때에 내가 더 큰 소리로 말해야 한다고 생각하니?)라고 물으면, 학생들의 반응은 다양하게 나타난다. 어떤 학생은 절대 그래서는 안 된다고 말하고, 또 다른 학생은 수업이 잘 진행될 수 있도록 더욱 큰 소리로 말해야 한다고 말할 것이다. 교사의 실질적인 의도, 즉 모두 조용히 해야 한다는 의도를 이해하는 학생이 거의 없는 안타까운 상황이 될 것이다.

문맥 속의 단서. 문맥은 어떤 문장 속 단어의 뜻을 판단하는 데 중요한 단서가 될 수 있다는 점을 앞서 언급하였다. 문맥은 추론을 통해 문장의 의미를 이해할 수 있게 한다. 어느 날 저녁 식사 자리에서 1학년 담임을 맡고 있는 교사가 자신의 남편에게 "우리 반 아이들은 아직 철이 덜 들어서 정말로 산만해요. 또 특별히 도와주어야 할 학생들도 많아요."라고 하소연 한다면, 교사의 남편은 아마도 심정적으로 이해가 간다는 내용으로 아내에게 위로하는 말을 건넬 것이다. 하지만 같은 내용의 말을 교장 선생님에게 했을 경우, 교장 선생님은 학생 관리나 수업에 도움될 만한 내용으로 대답할 것이다. 물론 교사가 관련된 모든 내용을 말로 명확히 표현하는 것은 쉬운 일이 아니기 때문에, 교장 선생님은 교사가 말한 내용과 말의 맥락 속에서 교사가 말하고자 하는 진짜 의도를 추론해야 한다.

언어를 이해하기 위해서는 서로 다른 몇 가지 단계들이 있다는 점을 아이들에게 인식시키고, 각 단계별 능력이 개발될 수 있도록 도와 주어야 한다. 대화의 형식을 반영하는 서로 다른 유형들이 있고, 그러한 유형들이 나타나는 맥락이 있으며, 말하는 사람의 명확한 의도와 함께 숨은 의도도 있다는 점을 가르쳐야 한다. 아이들이 성장하며 많은 경험 속에서 대화 패턴을 이해할 수 있게 되면, 대화 과정은 물론이거나 읽기 과정에서도 더 쉽게 이해할 수 있게 된다.

두 개의 언어
학습하기

일부 아이들은 두 개의 언어가 사용되는 환경에서 성장하며 두 언어를 동시에 습득한다. 흔히 말하는 이중 언어 사용자가 되는 것이다. 어린 아이들은 특별한 노력 없이도 음성 언어를 빠르게 습득하는 놀라운 능력을 가지고 있다. 더욱 더 놀라운 점은 두 언어를 동시에 학습하고, 두 언어를 쉽게 번갈아 가며 사용한다는 점이다. 이 놀라운 능력의 본질에 대한 연구는 두뇌과학자들의 오래된 과제다. 그들은 다음 질문에 대한 대답을 찾고자 지속적으로 노력하고 있다.

- 이중 언어 사용자의 두뇌와 단일 언어 사용자의 두뇌는 서로 다른 것인가?
- 두 언어가 처리되는 두뇌 부위는 서로 같은 것일까? 아니면 각각의 언어는 서로 다른 네트워크를 가지고 있는 것일까?
- 이중 언어 사용자가 어떤 하나의 언어로 대화하다가 다른 언어로 바꿀 경우, 두뇌는 어떤 처리과정을 거치게 되는가?
- 너무 이른 나이에 두 번째 언어에 노출시키면, 첫 번째 언어인 모국어 처리에 필요한 두뇌 네트워크 발달을 지연시키게 되는 것은 아닐까?

다음은 각 항목과 관련된 그 동안의 연구 결과들이다.

이중 언어 사용자의 두뇌와
단일 언어 사용자의 두뇌는 서로 다른 것인가?

언어학자들은 이중 언어 사용자들과 단일 언어 사용자들의 두뇌가 서로 다른 것인지를 알아보기 위해 지난 수십 년 동안 연구를 계속해 왔다. Kovelman과 그 동료들은 실험 대상자 21명의 두뇌 기능을 살펴보기 위해 기능성 자기 공명 영상(fMRI)을 활용했다. 대상자들은 영어만 사용하는 단일 언어 사용자 10명과 태어날 때부터 영어와 스페인어로 말하는 이중 언어 사용자 11명이었다(Kovelman, Baker, & Petitto, 2008). 연구 결과, 단일 언어 사

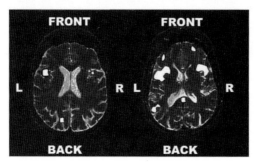

단일 언어 사용자　　　이중 언어 사용자

그림 1.13 기능성 자기 공명 영상 이미지로 볼 때, 단일 언어 사용자와 이중 언어 사용자 모두 말을 할 때 좌반구의 언어 영역이 활성화된다. 하지만 이중 언어 사용자들이 두 가지 언어를 번갈아 가며 사용할 때에는 브로카 영역에 대칭되는 우반구 영역 또한 활성화되었다(Kovelman 외, 2009에서 발췌).

용자들과 이중 언어 사용자들의 두뇌는 거의 동일했으며 각 개별 언어에 대한 처리 과정도 기본적으로 거의 비슷했다. 유일한 차이점은 영어만 사용하는 사람들이 영어를 말할 때는 두뇌 영역 중 브로카 영역을 포함한 좌반구 부위가 주로 활성화된다는 점이었다(그림 1.13 참조). 반면, 이중 언어 사용자들은 두 언어를 동시에 처리하거나, 짧은 시간에 두 언어를 번갈아 가며 사용할 때 좌반구와 우반구 부위가 동시에 활성화되고 있었다. 즉 좌반구의 브로카 영역에 대칭되는 우반구 영역 또한 활성화된다는 사실을 발견하였다(그림 1.13 참조).

또 다른 연구에서는 나이가 들어 외국어를 학습한 사람들의 경우, 외국어를 유창하게 말할 수 있음에도 불구하고 어린 시절에 두 개의 언어를 배운 이중 언어 사용자들에게서 관찰되었던 우반구 영역의 활성화는 관찰되지 않았다(Hull & Vaid, 2007).

이중 언어 사용자의 두뇌 형성

나아가 Kovelman과 연구자들(Kovelman, Baker, & Petitto, 2008; Kovelman, Shalinsky, et. al., 2008)은 이중 언어 사용자들이 언어 처리 과정에서 신경 조직에 새로운 창을 만든다고 주장했다. 즉, 인간은 태어나면서부터 단일 언어 사용자, 이중 언어 사용자, 혹은 다중 언어 사용자의 두뇌를 갖게 되는 것이 아니라는 것이다. 대부분의 이중 언어 사용자들은 어린 시절에 여러 언어가 사용되는 '환경에 노출' 되었기 때문에 이중 언어 사용자가 되었다는 것이다.

모국어 학습 :

어린이들을 외국어 사용 환경에 노출시키면, 추후 제3의 언어를 쉽게 배우는
신경 네트워크 형성에 도움이 된다.

단일 언어 사용자와 이중 언어 사용자의 두뇌 속 구조의 차이점에서 볼
수 있는 또 하나의 특징은 좌반구와 우반구를 연결하는 두터운 신경 케이
블, 즉 앞서 언급한 바 있는 양쪽 대뇌반구를 연결하는 신경섬유다발인 뇌
들보(corpus callosum)와 관련된다. 이 신경 케이블은 단일 언어 사용자들에
비해 이중 언어 사용자들이 훨씬 두껍고, 촘촘하게 연결되어 있다. 이렇게
두껍고 촘촘한 뉴런 연결이 다중 언어 능력을 가능하게 해주는 것으로 보
인다(Coggins, Kennedy, & Armstrong, 2004). 다른 말로 표현하면, 어린이들을 외국
어 사용 환경에 노출 시키면, 언어를 처리하는 신경 네트워크가 효율적으
로 작동할 수 있도록 도움을 준다는 것이다. 이렇게 형성된 신경 네트워크
는 추후 제3의 언어 학습을 보다 더 용이하게 한다(Bloch 외, 2009).

두 언어가 처리되는 두뇌 부위는 서로 같은 것일까? 아니면 각각의 언어는 서로 다른 네트워크를 가지고 있는 것일까?

두 개의 언어를 사용하는 경우 각각의 언어와 관련된 별개의 두뇌 부위
를 사용하는지, 아니면 동일한 두뇌 부위를 중복적으로 사용하는지에 대
한 연구도 활발하게 이루어져 왔다. 두뇌 신경촬영영상과 교세포 피질 자

극, 임상적 실험 결과들에 의하면 대부분의 이중 언어 사용자들은 다음과 같은 부위를 사용하는 것으로 나타났다.

1. 두 언어를 동시에 사용하며 다양한 과업을 수행할 때 작용하는 다목적 두뇌 부위. 이 부위는 전두엽, 측두엽, 정수리엽 쪽에 위치하고 있다.

2. 두 언어로 특정한 하나의 과업을 수행할 때 작용하는 두뇌의 단일 업무 부위. 이 부위는 중앙 후미 부분과 정수리엽에 위치하고 있다.

3. 하나의 언어로 특정한 하나의 과업을 수행할 때 작용하는 두뇌의 단일 사용 부위. 이 부위는 전두엽, 측두엽, 정수리엽에 위치하고 있다.

위 내용들을 종합해 보면, 이중 언어 사용자들이 두 개의 언어로 다양한 과업을 수행할 경우, 사용하는 두뇌 부위들은 서로 중복되며, 다른 한편으로는 해당 언어와 연관된 특정 부위를 사용한다(Lucas, McKhann, & Ojemann, 2004; Roux et al., 2004; Serafini, Gururangan, Friedman, & Haglund, 2008). 연구 결과는 부모와 교육자들이 이중 언어 사용자의 언어 능력을 발전시키고, 언어 처리 네트워크를 강화시킬 수 있도록 지속적으로 도와주어야 한다는 점을 강조하고 있다.

이중 언어 사용자가 어떤 하나의 언어로 대화하다가 또 다른 언어로 바꿀 경우, 두뇌는 어떤 처리과정을 거치게 되는가?

이중 언어 사용자가 자신의 모국어를 말할 때, 제2언어에 관련된 요소들도 함께 작용 하는 것일까? 만약 그렇다면 뇌의 처리 과정은 어떻게 진

모국어 학습 :

행되는 것일까? 이에 대한 해답을 찾기 위해 그 동안 상당한 연구가 이루어졌다. 첫 번째 질문에 대한 연구 결과, 이중 언어 사용자가 모국어만 사용하는 경우에도 두 개의 언어와 관련된 요소들이 모두 작용하는 것으로 나타났다(Guo & Peng, 2006; Thierry & Wu, 2007). 두 번째 질문에 대한 결과는 더 많은 관심을 끌었다. 이중 언어 사용자가 특정 언어(목표어, 본 책에서는 영어)를 말할 경우에는, 모국어와 제2언어의 상호 작용을 설명하는 서로 다른 두 가지 모델이 있다. 특정 언어 선택과 관련한 첫 번째 모델에서는 두 언어가 모두 작용하지만 이중 언어 사용자들이 의도하는 특정 언어의 단어에 선택적으로 집중하는 능력을 발전시키는 것으로 나타났다. 두 번째의 대안적인 모델에서는 두 언어의 단어들이 선택되기 위해 서로 경쟁하는 것으로 나타났다. 즉 말하는 사람이 정확한 단어를 선택할 수 있도록 두 언어 간에 조정 작용이 일어나고 있었다. 두 번째 모델에서는 목표어가 아닌 언어의 단어가 선택되지 않도록 통제하는 어떤 장치가 있음을 알 수 있었다. 연구자들은 이들 모델에서 나타나는 행동 및 신경 이미지 자료들을 중심으로 폭넓은 연구를 진행했다. 간략히 말하면 통제 모델 즉, 두 번째 모델이 보다 더 설득력이 있는 것으로 보인다(Kroll, Bobb, Misra, & Guo, 2008; Rodriguez-Fornells et al, 2005; van Heuven, Schriefers, Dijkstra, & Hagoort, 2008).

그림 1.14는 통제 모델이 어떻게 작동하는지를 보여 준다. 스페인어와 영어를 모두 사용하는 이중 언어 사용자가 의자와 관련된 이미지를 생각하고 있다고 가정해 보자. 화자의 머리 속에서는 의자에 맞는 스페인어의 어휘부와 영어의 어휘부가 동시에 작동하며 말할 준비를 하게 된다. 화자는 영어(목표어)를 사용하여 말할 것이기 때문에 스페인어(목표어가 아닌 언어) 단

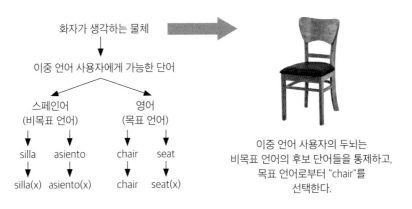

이중 언어의 통제 모델

화자가 생각하는 물체

이중 언어 사용자에게 가능한 단어

스페인어
(비목표 언어)

영어
(목표 언어)

silla   asiento   chair   seat

silla(x) asiento(x)   chair   seat(x)

이중 언어 사용자의 두뇌는
비목표 언어의 후보 단어들을 통제하고,
목표 언어로부터 "chair"를
선택한다.

그림 1.14 스페인어와 영어(목표 언어)를 사용하는 이중 언어 사용자는 두 개의 스페인어 후보 단어는 통제하고, 영어 후보 단어들 중에서 하나(여기서는 chair)를 선택한다.

어 후보군인 silla와 asiento(혹은 화자가 알고 있는 다른 단어들)의 사용을 통제한다. 즉, 화자는 영어 후보군인 chair 또는 seat 가운데 하나를 선택하게 된다. 화자는 최종적으로 chair라는 단어를 선택한다.

짧은 시간 안에 많은 노력이 요구됨에도 불구하고, 이중 언어 사용자들은 말을 할 때 실수하는 경우가 거의 없다. 두 개의 언어에서 동시에 선택할 수 있는 많은 후보 단어들 중 순식간에 하나를 선택하게 된다는 점을 생각하면 참으로 놀라운 일이 아닐 수 없다. 일부 학자들은 이러한 능력을 갖게 되는 것은 그들이 두 개의 언어 환경에 지속적으로 노출되어 왔기 때문에 목표어와 비목표어의 후보 단어들 가운데 적절한 단어를 골라내는 인지적 통제 장치가 발달하게 된 덕분이라고 믿는다. 다시 말해서, 어린 시절부터 이중 언어 사용자의 두뇌 속에 인지적 통제 능력이 만들어졌다

모국어 학습 ⦂

는 것이다(Kova cs & Mehler, 2009). 이 능력은 일반적으로 이중 언어를 사용하는 아이들의 실행 통제 과정을 한층 더 강화한다. 또한, 나이가 들수록 그러한 실행 통제 능력은 더 발전하게 된다(Abutalebi & Green, 2007; Bialystok, Craik, Klein, & Viswanathan, 2004).

너무 이른 나이에 두 번째 언어에 노출시키면, 첫 번째 언어인 모국어 처리에 필요한 두뇌 네트워크 발달을 지연시키게 되는 것은 아닐까?

앞서 살펴본 바와 같이 아이들은 두 개의 언어를 동시에 습득하며 관련된 대뇌 부위도 함께 발달해 간다. 또한 이중 언어 사용자의 두뇌에서 발달되는 부위가 단일 언어 사용자의 두뇌에서는 발달되지 않는다는 것도 알 수 있었다. 태어날 때부터 또는 출생 후 이른 시기에 두 가지 언어 사용 환경에 노출된 경우에는 두 언어가 서로 특별한 방해를 주는 일 없이 두 언어를 모두 어렵지 않게 습득하는 것으로 보인다. 하지만 다섯 살 혹은 그 이후에 외국어를 습득해야 할 경우에는 몇 가지 극복해야 할 과제가 있다. 이러한 과제와 관련된 내용은 제2장에서 살펴 볼 것이다.

다음에
언급할 내용

아이들의 두뇌는 그들의 모국어를 중심으로 기본적인 사항들을 습득해 나
간다. 어린 시절에는 브로카 영역과 베르니케 영역 내의 신경 네트워크가
매우 빠른 속도로 발달한다. 매일 새로운 단어가 입력되고, 심적 어휘를
확장하며, 입력된 어휘들을 이해하게 된다. 이렇게 습득된 모국어 능력과
모국어 지식은 이어지는 중요한 인지적 과업, 즉 외국어(본 책에서는 영어) 학습
과정에서 어떤 역할을 담당하는 것일까? 모국어에 이어 또 다른 새로운 언
어를 학습하는 일련의 과정에서 두뇌는 여러 가지 사항을 경험하게 된다.
제2장에서는 모국어 습득에서 새로운 언어를 학습하는 과정까지 두뇌가
경험하는 모든 단계들을 설명할 것이다.

모국어 학습 ⋮

제1장
생각해 보아야 할 핵심 내용

조금 더 자세히 살펴 보아야 할 부분이라고 생각되는 핵심 내용, 개념, 전략, 자료들을 적는다. 아래 사항은 개인 학습 정리 노트이며, 기억을 되살리는 참고 자료가 된다.

제2장

다섯 살 이후의
영어 학습

제1장에서는 두 가지 언어를 동시 학습하는 과정에 대해 언급하였다. 제2
장에서는 다섯 살 이후 제2언어 특히 영어를 배울 때 나타나는 인지적, 감
정적, 사회적인 변화에 대한 것을 논의할 것이다. 학습자의 나이와 관계없
이 모국어가 아닌 새로운 언어를 어느 정도 성장한 뒤부터 배우면, 모국어
를 배울 때 사용되는 두뇌의 언어 관련 영역인 브로카 영역과 베르니케 영
역이 활발하게 움직인다. 또한 새로운 언어 처리 과정은 대부분 좌반구에
서 진행된다(Newman-Norlund, Frey, Petitto, & Grafton, 2006).

다섯 살 이후,
새로운 언어를 배울 때 당면하는 어려움

영어 학습자들을 가르치는 교사는 학생들이 맞이하게 되는 여러 가지 어
려움들을 이해해야 한다. 다섯 살 이후에 새로운 언어를 습득한다는 것은

일종의 모험이다. 새로운 언어를 배우는 모험의 난이도를 결정 짓는 핵심 요소 가운데 하나로 학습자의 나이를 들 수 있다. 두뇌가 얼마나 오랫동안 해당 언어의 소리에 제대로 노출되어야 하는지에 대해 관련된 문제는 더 많은 연구가 요구되는 과제다.

청소년기에 접어들면 언어 관련 특정 두뇌 부위를 사용한

언어 습득 기회는 점점 더 줄어든다.

어쨌든 청소년기에 접어 들면, 언어와 관련된 특정 두뇌 부위를 이용하여 언어를 습득할 기회가 점점 더 줄어들게 된다는 점에서는 대부분의 연구자들이 동의하고 있다. 청소년기 이후에도 새로운 언어 습득이 가능하다는 점은 분명하다. 하지만 언어 습득 시점이 늦어 질수록 더 많은 노력을 기울여야 하는데, 그 이유는 모국어 습득에 관여하는 두뇌 부위가 아닌 다른 부위가 사용되기 때문이다(Midgley, Holcomb, & Grainger, 2009). 양전자 방출 단층촬영(PET: Positron Emission Topography)을 이용한 연구 결과에 의하면, 태어날 때부터 두 개 언어를 사용하며 자란 아이들의 경우에는 두 언어를 사용할 때 활동되는 두뇌 부위가 동일하다. 하지만 나이가 들어 외국어를 배우는 경우에는 모국어 습득에 사용하던 두뇌 부위와는 다른 부위를 사용하게 된다(Bloch 외, 2009; Hermandez & Li, 2007).

일정 기간이 경과한 후 외국어를 습득하게 되면 점점 더 목표 언어의 습득이 어려워 진다는 또 다른 증거가 영어 학습자의 부모를 대상으로 한 연구에서 밝혀졌다(Bleakley & Chin, 2008). 이 연구는 영어를 모국어로 사용하

지 않는 나라에서 이민 온 학습자의 부모들이 미국에 도착한 시기를 비교하며 시작되었다. 부모들이 한 살 내지 다섯 살 사이에 미국으로 이민 온 경우, 이보다 더 늦은 나이에 이민해 온 부모들 보다 영어 유창성이 더 좋은 것으로 나타났다. 영어 유창성은 여섯 살 전후에 이민 온 경우 다소 낮은 수준으로 나타났고, 아홉 살 전후에 도착한 경우에는 매우 낮은 수준으로 나타났다. 여섯 살 전후의 나이에는 영어 학습 능력이 감소하는 시기로, 두뇌 세포들 간에 발생하는 새로운 접합의 수와 대사 비율이 줄어들기 때문이라고 설명할 수 있다. 또한 아이들의 두뇌에서 더 많은 변화가 일어나기 때문이라고 설명할 수도 있을 것이다. 아이들의 경우 좌반구가 심하게 손상되거나 그 일부가 손상된 경우라도 언어 학습과 복구는 여전히 가능한 것으로 보인다. 하지만, 아이들의 경우와는 달리 성인의 두뇌가 같은 부위에 손상을 입게 되면, 대부분의 경우 영구적인 실어증을 겪게 된다(Crosson 외, 2007).

진화 생물학자들은 보다 더 이해하기 쉽게 설명한다. 즉, 음성 언어 학습과 관련한 유전적 요인은 이미 원시 인간 시절부터 뇌 속에 암호화되어 있기 때문에, 단 한 번에 음성언어 능력이 습득될 수 있다는 것이다. 어린 아이는 자신이 소속된 환경 속의 어른들이 사용하는 언어 사용법을 일단 습득하게 되면, 계속된 단어 학습 이외에 추가적인 언어 기능 발전이 필요 없다는 설명이다. 나아가 원시 인간들은 자기 종족끼리만 함께 생활했기 때문에, 주변의 다른 이웃들이 사용하는 언어에 노출 되지도 않았고, 이웃들이 사용하는 언어를 배워야 할 특별한 자극도 없었다(Pinker, 1994).

어린이들의 언어 습득 과정에 민감한 시기 또는 중대한 시기가 있다거

다섯 살 이후의 영어 학습 :

나, 나이가 들어갈수록 외국어 학습이 어려워진다는 이론에 모든 사람들이 동의하는 것은 아니다. 나이 들어 외국어를 배운 사람이 어린 시절부터 외국어를 배운 사람보다 영어 발음이 더 좋다는 연구 결과(Abu-Rabia & Kehat, 2004)도 있고. 다른 몇몇 연구에서는 외국어 습득이 나이에 관계 없다는 결과도 보여주었다(Hirsh, Morrison, Gaset, & Carnicer, 2003; Trofimovich & Baker, 2006). 하지만 이렇듯 다른 결과를 보여주는 연구들이 있다고 해서 언어 학습과 관련한 중요 시기가 존재하지 않는다고 볼 수는 없다. 그보다는 영어 습득과 관련된 많은 어려움이 있고, 어려운 정도를 설명하는 변수들이 다양하다는 것을 의미한다고 보는 것이 옳다고 생각한다. 영어 습득을 어렵게 하는 변수들 가운데 하나는 모국어의 영향이다.

외국어 습득에 미치는 모국어의 영향

제1장에서 살펴본 바와 같이 모든 언어는 음소, 형태소, 구조, 그리고 의미를 갖는다. 개별 언어 간의 차이는 이러한 요소들의 차이에서 비롯된다. 모든 외국어 학습자들은 자신의 모국어를 통해 단련된 어휘력이 있으며, 모국어에서 작동되는 문법 체계도 잘 알고 있다. 따라서 외국어 학습의 문제는 모국어의 각 요소에 해당되는 목표 외국어의 언어적 요소를 파악하는 일이다. 외국어 학습자는 다음과 같은 질문에 답을 찾아보아야 한다.

- 내가 배우고자 하는 외국어 단어들은 서로 어떻게 연결되는가?
- 문법 규칙은 어떤 것들이 있으며, 모국어의 문법과 어떻게 다른가?

■ 임의적인 문법 형태와 필수적인 문법 형태는 어떤 것들이 있는가? 또한 반드시 필요한 문법 형태를 만들어내는 요소에는 어떤 것들이 있는가?

언어 전이의 영향

모국어를 사용하며 습득한 사항을 중심으로, 학습하고자 하는 외국어와 비교, 학습하는 두뇌의 인지적 작용을 전이(transfer)라고 한다. 전이는 보통 다음과 같은 과정으로 진행된다. 어떤 새로운 사항을 학습할 때 두뇌 속의 장기 저장소에서 새로 배운 것과 유사하거나 관련된 것을 과거에 배웠던 것과 연결시킨다. 이때 연결시킬 만한 경험이 없다면, 기억 네트워크가 작동하여 현재 작동중인 기억 안에서 여러 관련 기억들을 재통합한다(Sousa 2006). 다른 말로 표현하면, 두뇌는 과거에 학습된 내용에 의존하며, 의미를 연결시키면서 새로운 정보를 처리한다. 이처럼 과거 정보를 활용하여 현재 정보를 판단하는 순환 과정 속에서 기존 정보를 강화하고, 필요한 추가적인 연습을 하며, 비로소 새로운 정보에 대한 의미를 부여한다. 새로운 학습을 통해 얻게 되는 정보의 의미는 해당 정보와 기존의 장기 기억 장치 속에 존재하는 정보 사이에서 결정된다. 외국어 학습 상황에서의 전이 과정은 목표 언어 요소가 모국어 요소와 서로 얼마나 같은지를 확인하며 진행된다. 전이는 다음과 같은 두 가지 방법으로 발생한다(그림 2.1 참조).

긍정적 전이: 학습자로 하여금 과거의 학습이 새로운 언어를 다루고 습득하는데 도움을 주는 경우를 말한다.

부정적 전이: 과거의 학습이 새로운 학습 내용 이해를 방해함으로써 실수나 혼란스러운 결과를 경험하게 되는 경우를 말한다.

전이는 모든 언어 학습 단계에서 중요한 요소로 작용한다. 또한 언어학자들이 말하는 이른바 상호작용 가정(Interaction Hypothesis)이 나오게 된 요인이기도 하다. 상호작용 가정이란 일정 시기가 지난 후 목표 언어(본 책에서는 영어)를 학습하게 될 때 모국어와 목표어가 상호 영향을 미치게 된다는 것을 말한다. 대부분의 학습자는 단어 순서, 문장 구조 등 문장 규칙과 관련된 사항뿐 아니라 소리(음성)와 의미 분야에서도 전이가 발생한다. 목표 언어를 학습해 가며 더 많은 경험이 쌓이면, 전이의 역할은 점점 줄어들게 된다. 따라서 언어의 전이는 외국어 학습의 발달 단계에서 나타나는 현상이 아

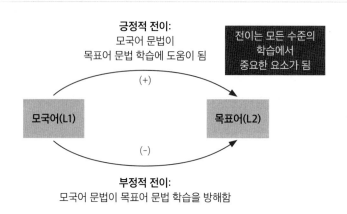

그림 2.1 새로운 언어 학습에 대한 전이의 영향을 나타낸다. 초등학교 시절 또는 그 이후에 목표 언어를 학습하게 되면, 이미 확립된 모국어 관련 요소들이 목표 언어 학습에 도움도 되기도 하고 방해가 되기도 한다. 초등학교 시절 이전에 목표 언어를 학습하면, 모국어의 문법적 네트워크가 확정되지 않은 유연한 상태이기 때문에 부정적 전이는 거의 나타나지 않는다.

니라 외국어 학습의 초기 단계에서 나타나는 현상이라고 볼 수 있다.

전이의 영향력을 과소평가하지 않도록 조심해야 한다.
과거에 학습된 내용(L1)은 항상 새로운 학습 내용(L2)에 영향을 미친다.

모국어가 영어인 학습자에게 로망스 어군의 언어를 가르치는 교사들은 대부분의 경우 긍정적인 전이가 발생하여 도움이 되지만, 가끔 부정적인 전이 발생으로 어려움을 겪기도 한다. 영어 단어 red 또는 much를 가르칠 때에는 불어 단어 rouge나 스페인어 mucho가 도움이 된다. 하지만 불어의 librairie라는 단어를 책이 보이는 곳이라고 설명하면, 학습자의 경험 (즉, 전이)은 영어의 'library(도서관)'라는 의미로 받아들이게 된다. 불어 librairie는 'bookstore'(서점)을 나타낸다(영어의 library에 해당하는 불어는 bibliothequ이다). 전이의 영향력을 과소 평가하지 않도록 조심해야 한다. 과거에 학습된 내용은 새로운 학습 내용과 진행 과정에 항상 영향을 미치기 때문이다. 모국어의 문법 네트워크는 영어의 문법 네트워크 학습에 부정적으로든 긍정적으로든 항상 영향을 미친다.

긍정적이든 부정적이든 전이가 미치는 영향의 크기는 대개 두 언어 간의 문법 요소들과 밀접하게 관련되어 있다. 예를 들어, 이태리어를 모국어로 사용하는 이탈리아인들은 핀란드어를 학습하는 것보다 스페인어를 학습하는 것이 더 쉽다고 여긴다. 이태리어와 스페인어 두 언어는 모두 로망스망스 어군의 언어여서, 같은 어근을 갖는 단어들도 많고 단어의 형태나 문법 규칙이 서로 유사하기 때문이다. 반면 핀란드어의 경우에는 헝가리

다섯 살 이후의 영어 학습 :

어와 유사한 특징을 보인다. 핀란드어와 헝가리어는 모두 우랄 계열 언어에 속하며 (우랄 산맥으로부터 기원), 로망스 어군의 언어에서는 나타나지 않는 격변화, 격, 단어 등이 공통적으로 사용되고 있다.

학습하고자 하는 목표 언어를 취학 전에 습득할 경우에는 부정적 전이 현상이 상당히 줄어 든다. 취학 전 아이는 두뇌 속 문법 네트워크가 확정되지 않은 시기여서 말랑말랑한 두뇌 상태로 새로운 언어 구조에 노출된다. 하지만 목표 언어를 학습하는 시점이 늦어지면 모국어와 관련된 네트워크들이 이미 충분히 만들어졌기 때문에 부정적 전이 현상이 증가할 수밖에 없다. 중년이 되어 새로운 외국어를 배울 때, 더 많은 노력과 동기 부여가 필요한 이유를 설명하는 이론이기도 하다. 나이든 성인들은 자신이 사용하는 모국어의 모든 문법 규칙을 거의 무의식적으로 오랫동안, 반복적으로 연습해 왔기 때문에 모국어 처리와 관련된 신경 네트워크가 이미 단단해져 있다. 따라서 특별한 경우나 순간적으로 요구되는 몇몇 경우를 제외하고는 상황 변화를 쉽게 수용하지 않으려는 경향이 강하게 나타난다.

외국어 학습자들이 학습 중인 목표 언어의 문법적 사항을 접하게 되면, 자신의 모국어에서 학습한 요소와 유사한 특징이 있는지 여부를 신속하게 탐색한다(Lardiere, 2009). 만약 모국어와의 유사성이 발견되면(예를 들어, 이태리어와 스페인어 간) 유사성이 발견되지 않는 경우보다(예를 들어, 이태리어와 핀란드어 간) 목표 언어에 대한 두뇌 속 어휘 네트워크가 더 쉽고 빠르게 만들어진다.

일부 외국어 학습 전문가들은 전이가 외국어 학습을 할 때 문법적 특성을 살펴보고 이를 다시 조합할 것인지의 여부를 결정짓는데 도움이 된다고 말한다. Slabakova(2009)는 목표 언어와 모국어의 문법적 유사성을 비교함에 있어 학습자가 어느 정도의 정신적 노력을 들이는지를 '어려움의 정도를 나타내는 선(line of difficulty)'이라는 용어를 사용하여 설명한다. 그는 연속되는 선의 한쪽 점을 가장 습득하기 쉬운 경우, 반대쪽 점은 가장 습득하기 어려운 경우로 가정하여 아래 세 가지 사항을 정리했다.

- 학습자가 모국어의 형태소와 목표 언어의 형태소를 별다른 노력 없이도 연결시킬 수 있다면, 그 목표 언어는 습득하기 쉬운 것이다. 이태리어와 스페인어 간의 관계를 살펴 보자. 이 두 언어는 연결선 상에서 볼 때 가장 습득하기 쉬운 언어들이다. 예를 들어, 영어 단어 unforgivable(용서할 수 없는)에 해당하는 이태리어 단어는 im-per-don-a-bi-le이고, 스페인어 단어는 im-per-don-ab-le이다.

- 학습자가 모국어의 형태소를 중심으로, 약간의 노력을 함으로써 목표 언어의 형태소로 연결 시킬 수 있다면, 그 목표 언어의 습득은 약간 어려운 정도라고 말할 수 있다. 독일어와 네덜란드어 간의 관계를 생각해 보자. 이와 같은 경우는 연결선 상의 중간 정도에 위치한다. 예를 들어, 영어 단어의 unforgivable(용서할 수 없는)에 해당하는 독일어 단어는 un-ver-zeih-lich이고, 네덜란드어 단어는on-ver-geef-lijk이다.

- 학습자가 모국어와 목표 언어의 형태소를 비교하기 어렵고, 재조합을 위해 머릿속으로 노력하더라도 제대로 된 비교를 하기 어려울 경우에는 모국어의 문맥을 목표 언어의 형태소에 맞춰 보아야 한다. 영어를 모국어로 사용하는 화자가 핀란드어를 배우게 되는 경우가 이에 해당된다. 연결선 상으로 볼 때 습득하기 어려운 지점에 위치하는

다섯 살 이후의 영어 학습 :

외국어이다. 예를 들어, 영어 단어 un-for-giv-able(용서할 수 없는)에 해당하는 핀란드어 단어는 an-teek-si-an-tam-aton이다.

나이와 외국어의 음운

외국어 습득의 진척 정도를 측정하는 방법 가운데 하나는 모국어에 나타나지 않는 목표 언어의 소리 패턴(음운론)에 대한 학습자의 민감도를 살펴보는 일이다. 소리 패턴에 대한 민감도는 발음이 아니라 학습자가 해당 외국어를 들으며 새로운 패턴을 감지하는 능력과 관련되는 경우가 대부분이다. 학습자의 모국어와 목표 언어는 언어의 전이 현상으로 인해 상호 간에 영향을 주고 받게 된다(Baker & Trofimovich, 2005). 그러한 상호 작용의 정도는 목표 언어를 배우기 시작할 무렵의 모국어 음성 시스템 수준에 따라 달라진다. 모국어의 모음과 자음에 대한 장기기억 개념 체계는 어린 시절부터 서서히 발달하면서 청년기를 지나게 된다(Hazan & Barrett, 2000). 시간이 경과하면서 모국어 관련 요소들은 계속된 연습을 통해 매우 단단히 뿌리를 내린다. 일단 단단한 뿌리를 내리고 난 뒤 목표 언어를 학습하면, 모국어의 음성 시스템이 허용하는 범위 내에서 목표 언어를 발음하게 된다. 즉, 학습자는 자기 모국어의 음운 변화 시스템에 적응된 만큼 목표 언어의 자음과 모음을 처리할 수 있다. 목표 언어가 모국어와 청각적으로 확연히 구분되는 경우에도 이러한 현상은 동일하게 나타난다.

성인의 경우, 자신의 모국어 능력 수준이 목표 언어의 음운 학습 능력에 지대한 영향을 미친다(Baker, Trofimovich, Flege, Mack, & Halter, 2008). 성인 학습자들의 목표 언어 수행 능력과 음운 탐지 능력에서 서로 다양한 수준 차이를 보이는 원인은 각 학습자의 모국어 구사 능력 차이에 기인한다(Flege, Bohn, & Jang, 1997). 하지만, 아이들의 경우 목표 언어의 음운 학습에 미치는 모국어의 영향은 그다지 크지 않다. 다시 말하면, 아이들보다는 성인들이 목표 언어의 발음과 소리 인식 과정에서 모국어로부터 더 큰 영향을 받는다. 어린이들과 성인들 사이에 나타나는 목표 언어의 음운 학습 성과 차이 또한 모국어와 목표 언어 간 상호 작용의 정도에 따라 달라진다. 아이들은 성인들에 비해 두 언어 간의 상호 작용 정도가 강하지 않다. 모국어와 목표 언어간 상호 작용의 정도는 목표 언어 학습을 실시하기 이전의 상황, 또는 앞서 언급한 바 있는 언어의 전이 현상 정도에 따라 좌우되는 것이다.

목표 언어(영어) 습득이 모국어에 미치는 영향

제1장에서는 태어날 때부터 두 언어를 동시에 학습하게 되는 경우의 이점을 살펴 보았다. 하지만 다섯 살 이후, 즉 이미 모국어에 관한 두뇌 네트워크가 강화된 상태에서 새로운 언어를 학습하게 되면 모국어는 어떤 영향을 받게 될까? 목표 언어의 학습이 성장 과정에 있는 아이들의 모국어 발달에 어떤 영향을 미치게 될까? 나이가 들어 외국어를 학습하는 경우에는 그 사람의 나이와 그 사람이 처한 환경적 요인에 따라 학습자의 모국어에 미치는 영향이 조금씩 달라진다. 이와 관련하여 다음과 같은 여러 가지 서로 다른 연구 결과들이 있다.

다섯 살 이후의 영어 학습 :

불완전하거나 방해되는 모국어의 차단. 이 시나리오는 학습자의 모국어와 목표 언어 중 어느 하나도 완전히 습득하지 못한 상태에 있는 아이들에 관한 것이다. 이중 언어 사용자이거나, 유치원 또는 초등학교 저학년 때에 목표 언어에 노출되거나, 그 목표 언어를 주된 언어로 사용하는 어린이들을 말하며, 이 어린이들은 추후 성장하여 목표 언어를 더 많이 사용한다. 이들은 목표 언어에 대한 지속적인 노출과 빈번한 사용 등으로 모국어를 제대로 사용할 수 없게 되거나, 모국어 사용이 현저히 줄어든다. 미국 내의 예를 들면, 대개 이민자 2세나 3세가 이 그룹에 속한다. 이 아이들은 이중 언어를 배우는 과정에 있고 취학 직후에는 자신들의 모국어 사용량이 빠르게 감소한다. 주로 사용되는 언어가 변경되는 변화에 제대로 된 대처를 하지 못해(Kohnert, Bates, & Hermndez, 1999), 언어 사용이 줄어 들거나 언어 유창성 발달이 늦어지는 경향을 보인다. 또한 목표 언어 습득이 진행되는 과정에서 모국어를 처리하는 네트워크가 제대로 발달하지 못한 체 불완전한 상태로 남아 있는 경우도 있다.

아이들이 새로운 언어 환경에 노출될 경우,

나이가 어릴수록 모국어를 더 쉽게 잊어 버린다.

몇몇 관련 연구들은 다음과 같은 사항들을 확인해 주고 있다. 모국어와 다른 언어 환경으로 이사한 이민 가족의 경우, 부모보다 아이들이 보다 더 빠르고 완벽하게 모국어를 포기하는 경향을 보인다(Anderson, 2001). 어린이들의 빠른 모국어 사용량 감소 현상은 불완전한 모국어 습득 및 모국어

문화에 대한 불완전한 인지 상태와 관련되어 있는 것으로 보인다. 또 다른 연구 결과에 의하면, 많은 이민 가정의 아이들이 또래 친구와 교사들의 압박에 의해서, 또는 주변 환경에 동화되기 위한 노력의 일환으로 모국어 사용을 줄이는 것으로 나타났다(Ecke, 2004).

사춘기가 지난 이후의 목표 언어 습득. 이미 모국어를 습득하였으며, 목표 언어 사용 환경에서 생활하기 위해 사춘기 이후에 비로소 목표 언어를 습득한 이민 1세대 그룹에 해당되는 시나리오다. 이들은 시간이 경과함에 따라 모국어와 관련된 사항들을 서서히 잊어버리는 반면 목표 언어의 유창성은 점점 좋아진다. 모국어 사용량은 줄어 들고, 목표 언어에 대한 지식과 사용량이 증가한다. 이들이 사용하던 모국어를 잊는다고 해서, 모국어의 구성 요소가 두뇌 속에서 완전히 사라졌다고 보기는 어렵다. 그들의 장기 기억 속에 저장되어 있던 모국어 구성 요소와 관련된 뉴런 연결과 활성화가 줄어들었다는 표현이 더 정확할 것이다. 모국어에 대한 접근 횟수가 줄어들면 뉴런 접합과 활성화가 감소되며, 잊혀져 가는 모국어 내용을 다시 기억해 내는 일이 점점 더 어려워진다. 즉, 모국어에 대한 구성 요소들이 모두 사라져서 모국어 능력이 저하되는 것이 아니라, 목표 언어에 대한 노출 시간과 지식의 증가로 모국어 사용 기회가 감소되고, 모국어 회복력이 줄어들기 때문으로 보인다(Opitz, 2004).

모국어의 능력을 더 급격히 상실하게 되는 경우도 있다. 세 살에서 여덟 살 정도의 나이에 한국에서 프랑스로 입양되어 성장한 성인들 가운데, 어릴 적에 사용했던 한국어를 전혀 기억하지 못한 이들을 연구한 보고서도 있다. 그들은 한국어의 음가를 구분하지 못했고, 여러 다른 언어 속에

다섯 살 이후의 영어 학습 ⫶

섞여 있는 한국어 문장들도 전혀 구별해 내지 못했다. 마치 한국어에 전혀 노출된 적이 없는 토박이 프랑스인처럼 행동했다. 더 놀라운 점도 발견되었다. 즉 기능성 자기공명영상으로 두뇌 활동 패턴을 분석한 결과, 그들은 한국어를 전혀 인식하지 못하는 것처럼 보였다. 한국어를 들려주든, 다른 외국어를 들려주든 관계없이 토박이 프랑스인들이 보여주는 자기공명영상과 동일한 패턴을 나타냈다(Pallier et al., 2003; Ventureyra, Pallier, & Yoo, 2004). 이 외에도 갑작스런 해외 입양 등으로 모국어를 사용할 수 없게 된 경우와 관련된 연구 결과들이 꾸준히 보고되고 있다. 자신의 모국어가 갑작스런 입양으로 인한 나쁜 기억과 관련될 경우, 모국어 접근 네트워크를 차단함으로써, 모국어의 사용 능력을 제어하는 것으로 보인다.

모국어 능력을 다시 회복한 사람들에 대한 연구결과들도 다수 보고되고 있다. 7세 이전에 스페인어를 듣고 자란 사람들의 경우, 스페인어 관련 경험이 전무한 사람들과는 달리 마치 토박이 스페인처럼 스페인어를 구사하는 사례가 보고 되었다. 이들은 음향적 분석으로 원어민의 말투를 구분할 수 있다는 증거 사례가 되기도 한다(Au, Knightly, Jun, & Oh, 2002). 유아기에 일상적으로 한국어를 사용했던 아이가 성인이 된 후 다시 한국어를 배울 때, 한국어 음가 인식과 발음을 분명하게 잘 해내는 사례도 있었다(Oh 외., 2003). 유아기에 수년간 정기적으로 모국어를 사용한 경험이 있는 사람들의 경우, 상당 기간이 흐른 뒤에도 자신의 모국어 문법과 음운을 사용할 수 있는 것으로 보인다.

영어를 배운다는 것,
결코 쉬운 일이 아니다 ----------

저자인 나는 다행히도 영어를 제2언어로 학습할 필요가 없었다. 영어는 변화무쌍하며, 사용 용도가 매우 다양한 언어다. 영어의 다양한 특성 때문에 영어를 모국어로 사용하지 않는 사람이 영어 숙어나 속어, 문법과 예외적인 발음을 배울 때는 많은 어려움을 겪는다. 물론 다른 여러 언어들도 나름대로의 독특하고 고유한 특징들을 갖고 있다. 하지만 영어는 서로 다른 여러 언어에서 흡수한 수많은 단어들이 포함된 독특한 언어다. 변화무쌍한 영어의 변천사를 이해하면, 영어를 외국어로 학습해야 하는 사람들이 영어 학습을 어려워하는 이유를 조금이나마 이해할 수 있을 것이다.

간략한 영어 변천사

영어의 많은 단어들은 제국의 형성과 발전, 무역과 거래의 증가, 종교의 전파 과정에서 널리 확산되었다. 근래에는 인터넷 환경을 통해 단어들이 퍼져 나가고 있다. 역사적으로 볼 때 언어들은 서로 끊임없이 영향을 주고 받는다. 고대 영어에서 현대 영어로 진화되는 과정은 대부분 정복의 역사와 그 영향에서 비롯되고 있다. 영어는 서부 독일 지역의 언어(네덜란드어, 독일어, 핀란드어, 플라망어[벨기에 북부 지역 사람들이 사용하던 네덜란드어] 및 스칸디나비아 원주민들이 사용하던 언어)이며, 그 뿌리는 북부 독일, 즉 현재의 네덜란드와 그 인근 지역이다. 이 지역은 앵글족, 색슨족, 프리지아족, 주트족이 거주하며 살던 곳이다. 로마 제국이 멸망한 5세기 전후, 앵글족 등이 지금의 영국(Angle-land)을 침략하였고, 이로 인해 영국에 살고 있던 켈트족은 스코틀랜드와 아일랜드로 주거지를 옮겨가게 되었다. 고대 영어는 다양한 방언들이 합쳐진 것이었다. 하지만 후기에는 지배 세력으로 부상한 색슨족(Late Saxon)과 이후 두 번의 추가 침략으로 인해 또다시 영향을 받게 된다. 두 번의 침략이란 18세기와 19세기에 영국을 식민지화 했던 스칸디나비아족의 정복과 1066년 프랑스의 노르만족의 정복을 말한다(Shay, 2008).

　앵글로 색슨족이 사용하던 문법은 북유럽 언어(Norse)를 사용하던 스칸디나비아족 사람들과 함께 생활하는 과정에서 보다 단순하게 변화되었고, 명사의 성과 격을 표시하기 위해 사용되던 어미 변화도 사라졌다. 노르만 침공은 (라틴 계열)로망스어의 여러 요소들이 첨가되는 계기가 되었다. 전쟁이 150여 년 간 지속되면서 노르망 프랑스어는 귀족과 정부에서 사용하는 언어가 되었고, 일반 국민들이 사용하던 영어에도 많은 동사를 포함한 프랑스어 단어들이 자주 사용되었다. 영어는 점점 더 변화무쌍하고 많은 단어와 함께 상당한 수준의 융통성을 지닌 언어로 발전했다. 또한 로망스어 단어가 유입되고, 보다 제한적인 문법이 도입되면서, 점차 근대 영어의 특성이 된 다양하고 독특한 문법과 발음 체계를 갖추게 되었다. 예를 들면, send(보내다), stop(멈추다), build(짓다) 처럼 하나의 음절로 된 앵글로색슨어 단어들은 여러 개의 음절로 이루어진 transmit(전송하다), desist(그만두다), construct(건설하다) 등의 라틴어 계열 단어와 연결된다. 즉 앵글로색슨 언어는 앵글로노르만어로 변화되었고, 이후 약 300년 동안은 소위 말하는 초서(Geoffrey Chaucer) 작품에 등장하는 중세 영어로 변하였다.

현대 초기 영어는 대개 15세기 중반부터 17세기까지의 영어를 일컫는다. 이 시기에는 모음 대변환(the Great Vowel Shift)이라는 급작스럽고도 독특한 모음 체계상의 변화가 발생했다. 즉, 모음의 길이가 점차 짧아지는 현상이 나타난 것이다. 한편 영어는 외국어의 단어들을 지속적으로 흡수해 나갔다. 특히, 기독교가 전파되면서부터 라틴어와 그리스어가 상당수 유입되었다. 게다가 정부와 행정부에서 사용하던 런던 방언과 인쇄의 표준화 등의 영향으로 영어는 또 다른 변화를 겪지 않을 수 없었다.

세익스피어 시대(16세기 중•후반)에 이르자 오늘날 사용되고 있는 영어의 모습이 분명히 드러났다. 1755년, 사무엘 존슨(Samuel Johnson)이 처음으로 영어 사전을 발간한 이후에도, 영어는 계속적으로 진화하고 성장해 갔다. 산업 혁명과 함께 시작된 기술 혁신은 영어에 엄청나게 많은 단어들을 새로 추가시키는 계기가 되었다. 뿐만 아니라, 한 때 지구의 4분의 1이나 되는 넓은 영토를 지배하던 대영제국은 다른 나라에서 사용되던 수많은 단어들을 받아들였다.

영어 학습에 고려할 사항들

언어 중심 단어와 이미지 중심 단어

어린이들이 모국어가 아닌 외국어 단어들을 얼마나 빨리 이해하는지는 새롭게 배우는 외국어 단어에 대한 심적 표상을 만들어 내는 상황과 밀접하게 연관된다. 예를 들면, 단어 elephant(코끼리)에 대해서는 머리나 마음

다섯 살 이후의 영어 학습 :

으로 코끼리의 표상을 쉽게 그려낼 수 있기 때문에 justice^(정의)와 같은 추상적 단어보다 더 빨리 이해한다.

교사들은 추상적인 개념을 제시할 경우에 구체적인 이미지를 사용해야 한다.

우리의 두뇌는 그림으로 표상해 낼 수 있는 단어와 추상적인 단어를 처리하는 시스템이 구분되어 있을까? 이 질문에 대한 답을 구하기 위해 Swaab과 그 동료들은 심층적인 연구를 진행하였다. 그들은 12명의 성인을 대상으로 실체가 있는 단어와 추상적인 단어에 대한 두뇌 반응을 측정하고 이들을 비교해 보기 위해 뇌전도 검사기^(EEGs: electroencephalographs)를 사용했다^(Swaab, Baynes, & Knight, 2002). 뇌전도 검사기는 두뇌가 어떤 자극을 받게 될 경우, 사건 관련 잠재력 전위^(ERPs: event-related potentials)라 일컫는 두뇌 속 뇌파의 변화 정도를 측정하는 도구다. 연구 결과, 구체적인 이미지 표상이 가능한 단어들은 전두엽^(형상과 관련되어 있을 것으로 추정하고 있는 부위)에서 더 많은 뇌파 활동이^(사건 관련 전위가) 촉진된다는 사실을 알 수 있었다. 반면, 추상적인 의미의 단어들은 두뇌 위쪽의 중심부인 정수리엽과 두뇌 뒷부분에 위치한 후두엽 부위의 활동이 더 활발하다는 사실을 알 수 있었다. 또한 두 그룹의 단어를 처리하는 과정에서 전두엽과 후두엽 간에는 상호 작용이 일어나지 않고 있었다^(그림 2.2). 두뇌는 의미를 파악하기 위해 두 개의 저장고를 갖고 있다. 하나는 언어 기반 정보를 위한 것이고, 다른 하나는 이미지 기반 정보를 위한 것이다. 이와 같은 사실은 언어 교육에 귀중한 단초를 제공해 주었다. 즉 추상적인 개념을 지도할 경우에 구체적인 이미지

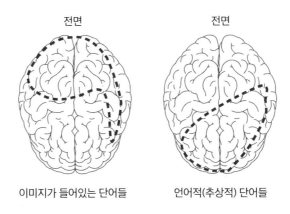

전면　　　　　　　　　전면

이미지가 들어있는 단어들　　　　언어적(추상적) 단어들

그림 2.2　점선 부분은 이미지가 있는 단어와 추상적 단어를 처리할 때 가장 많이 활성화되는
두뇌 부위를 나타낸다(Swaab 외. 2002).

를 사용하는 것이 효과적이라는 점이다. justice⁽정의⁾의 개념을 가르쳐야 할
경우에는 법복을 입은 판사, 정의의 저울, 법정 사진 등 구체적인 이미지와
함께 지도하는 것이 좋다.

문장구조 네트워크

영어의 문장 구조 규칙, 즉 문법 규칙은 문장 속 단어의 배열 순서를 관
장한다. 영어는 매우 간단한 문장 안에서도 여타 언어에서 공통적으로 나
타나는 어순 즉, 주어, 동사, 목적어의 순서를 지킨다. He hit the ball.⁽그는 공
을 쳤다.⁾과 같은 문장을 실례로 들 수 있다. 문장이 복잡해질 경우에는 의미
전달을 보다 분명히 하기 위해 보다 더 엄격한 어순 구조를 지켜야 한다.
문법 규칙을 가벼이 여기고, 대충 문장을 쓸 경우 여러 문제가 발생한다.

다음 예문은 미국 신문의 실제 머리 기사를 발췌한 것이다(Cooper, 1987).

- "Defendant's speech ends in a long sentence" (피고인의 연설, 긴 문장 하나로 끝나다.)

- "Sisters reunited after 18 years in checkout line at supermarket" (자매, 18년 후 슈퍼마켓 계산대 에서 재회)

- "Dr. Ruth talks about sex with newspaper editors" (루스 박사 신문 편집인들과 섹스 관련 대담)

시간의 흐름과 함께 아이들은 수많은 단어와 구문, 그리고 여러 가지 단어들이 합쳐진 문장과 관련 발음을 듣게 된다. 또한 문장 속에 나타나는 어순의 패턴도 알아차린다. 문장은 사람, 행동, 사물의 순서로 배열된다는 것을 알게 되며, I want cookie.(저는 쿠키를 원해요.)와 같은 말을 할 수 있게 된다. 또한 아이들은 자신의 모국어에서 통계적으로 드러나는 규칙을 예의 주시한다. 사물을 설명하는 단어와 행동을 묘사하는 단어를 구별하게 된다. 시제와 같은 문법적 특성도 감지한다. 아이들은 세 살 정도만 되어도 사용하는 문장의 90%가 문법적으로 정확하다. 아이들의 두뇌 속에 문법 규칙을 인지하는 문장 구조 네트워크가 형성되었기 때문으로 보인다. 또, walk와 walked, play와 played, fold와 folded 간의 발음 차이도 알아차린다. 동사 어미 —ed를 분리해서 알아 들을 수 있게 되며, 나아가 과거시제를 나타낸다는 것도 인식한다. 이제 아이들의 문법 네트워크는 다음 규칙을 처리하는 네트워크도 추가된다. "과거 형태를 만들 때에는 동사 뒤에 —ed를 붙여라." 이 문법 규칙은 분명히 도움이 된다. 하지만 이를 다른 모든 동사에 일률적으로 적용할 경우에는 가끔 실수를 범하기도 한다. 이러한 실수를 예측하기란 쉽지 않다. 하지만 대부분의 문제는 −ed 첨가와 같은 일반화된 문법 규칙을 일률적으로 적용하려는 것으로부터 발생한다. "I batted the ball."(나는 공을 쳤다.)의 'batted'는 허용되는데, "I holded the bat."(나는 방망이를 잡았다.)의 'holded'는 왜 허용되지 않는가? fold도 folded로 변하는데, 왜 hold는 holded로 변하지 않는 것일까? 안타깝게도 아이들이 150개 정도의 영어 동사는 규칙적인 변화가 허용되지 않는 불규칙 동사라는 사실을 이해하기 위해서는 조금 더 성장해야 한다(Pinker, 1999).

영어는 물론 다른 언어들에 나타나는 동사들은 대개 불규칙적으로 변화한다.

말을 할 때에는 어렵지 않게 잘하던 아이들이 왜 과거 시제 사용에서 실수를 하는 것일까? 어떻게 해야 이런 실수들을 고쳐줄 수 있을까? 문장 구조와 관련한 두뇌 속 네트워크에 −ed 첨가 규칙 네크워크가 일단 만들어진 뒤에는 −ed 첨가 규칙 네트워크가 거의 무의식적으로 작동하게 된다(그림 2.3 참조). 과거 시제를 사용하고자 할 경우에는 문장 구조 네트워크가 자동적으로 작동하여, 동사 play 혹은 look 등에 곧바로 −ed를 첨가시키게 된다. 아이들은 "I played with Susan and we looked at some books."(나는 수잔과 함께 놀았고, 책을 몇 권 봤어요.)라고 말하게 된다. 하지만, 불규칙 동사의 경우는 조금 다르다. 아이들이 "I holded the bat."라고 말을 할 경우에는 주변의 어른들이 아이의 말을 수정해 주어야 한다. 아이들은 'hold'의 경우 −ed 첨가가 적절하지 않다는 점을 다른 여러 반복적인 경험을 통해 알아가야 한다. 그래야 자동적인 −ed 첨가 규칙을 차단하고, 'holded' 대신 'held'라

101

는 단어를 사용하고 아이 자신의 어휘 저장소에 추가할 수 있다. 그러한 차단 원리는 정확하고 유창한 언어 구사에 매우 중요한 요소가 되며, 읽기 유창성을 확보하기 위해서도 필요하다(Post, Marslen-Wilson, Randall, & Tyler, 2008).

아이들은 불규칙 동사를 어떻게 배울까? 두뇌의 장기 기억 장치는 불규칙 동사의 학습에 중요한 역할을 담당한다. 당연한 말이지만, 불규칙 동

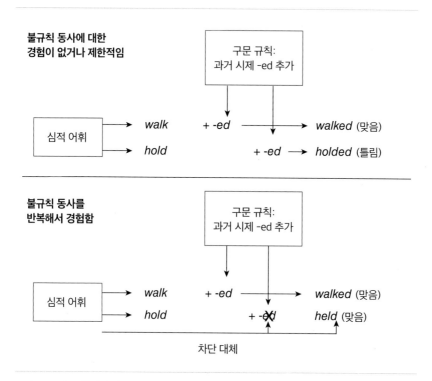

그림 2.3 차단 원리가 어떻게 문법 구조 네트워크의 일부가 되는지를 보여 준다. 아이들은 불규칙 동사를 만나기 전에는 -ed 규칙을 적용한다. walk를 walked로, hold를 holded로 변화시키는 것이다. 주변의 어른들이 아이의 말을 수정해 주거나, 'hold'는 -ed 첨가가 적절하지 않다는 점을 다른 여러 반복적인 경험을 통해 알아가야 한다. 그래야 자동적인 -ed 첨가 규칙을 차단하고, 'holded' 대신 'held'라는 단어를 사용하며 아이 자신의 어휘 저장소에 추가하게 된다(Pinker, 1999).

사는 자주 사용하면 할수록 더 잘 기억할 수 있게 된다. 표2.1은 브라운 대학의 연구자들이 제공한 것으로 사용 빈도가 높은 영어 동사 10개를 순서대로 나열한 것이다. 이 동사들은 전문지, 신문, 교과서, 대중 잡지 등 다양한 분야의 출판물에 사용되는 영어 단어 100만 개 중, 그 사용 빈도가 높은 순서대로 뽑은 것이다(Francis & Kucera, 1982). 10개의 단어들이 모두 불규칙 동사라는 점에 주의하기 바란다. 재미있는 점은 영어가 아닌 다른 언어에서도 영어와 유사한 특징을 보인다는 사실이다. Pinker(1999)는 불규칙 동사가 불규칙한 언어 상태로 다음 세대까지 계속해서 살아남기 위해서는 반복적으로 사용되고 기억되어야 한다고 말한다. 기억되지 않았다면, 불규칙 동사들은 이미 모두 사라졌을 것이다. Pinker는 cleave—clove, stave—

표 2.1 텍스트의 100만개 영어 단어에 나타나는 일반 동사들의 발생 빈도

동사	동사의 빈도
1. be	27,880
2. have	9,564
3. do	5,719
4. say	4,256
5. go	2,558
6. can	2,273
7. get	2,206
8. would	2,057
9. know	1,983
10. make	1,905

출처: Davies(2012)

다섯 살 이후의 영어 학습 ：

stove, child-chid 등과 같이 사용 빈도가 낮은 불규칙 동사를 인용하고 있다. Pinker가 사례로 제시한 동사의 과거 시제 형태들은 이제 거의 보이지 않는다.

차단 원리 등과 같이 아이들이 문법적 실수를 수정할 수 있게 하는 기억 능력은 선천적으로 타고난 유전적 특성도 작용했을 것으로 보인다. 아이들이 단지 듣기만으로 그 많은 문법 규칙을 학습하는 것인지, 아니면 그러한 문법 능력을 선천적으로 갖고 태어나는지를 정확히 설명할 수 있는 연구자는 아직 없다. 다만, 분명한 점은 어린 시절에 음성 언어에 많이 노출되면 될수록 (노출된 양에 비례하여) 더 빠르게 음소 간의 차이와 단어 간의 경계를 인식하게 되고, 의미의 차이를 발생시키는 문법 규칙을 보다 더 잘 이해하게 된다는 것이다.

문법과 영어 학습자. 각 언어는 저마다의 문장 규칙들이 있다. 자신의 모국어에 추가하여 영어를 학습하는 아이들에게 종종 문제가 되는 것은 이러한 문법 규칙들이다. 영어와 달리 스페인어나 불어, 혹은 이와 유사한 부류의 언어에서는 명사를 수식하는 단어(형용사)가 대개 명사 뒤에 위치한다. 영어의 blue sky(파란 하늘)는 프랑스어에서 ciel bleu로 그 위치가 바뀐다. 독일어의 동사는 보통 문장(절)의 후미에 위치한다. 즉, 주어-목적어-동사 (SOV)의 순서로 문장이 구성되는 경우가 대부분이며, 주어-동사-목적어 (SVO)의 순서로 구성되는 경우는 거의 없다. 영어를 처음 배우는 학습자들은 모국어 문법과 영어 문법이 어떻게 다른지 이해하기 위해 특별한 관심을 기울여야 한다.

문법이란 구, 절, 혹은 문장에서 단어의 순서를 결정하는 규칙과 관습
을 말한다. 비슷한 기원을 가진 언어들은 비슷한 문법 규칙을 가진다. 예
를 들면, 명사 앞에 수식어가 위치하는 영어나 독일어와는 다르게 이태리
어, 프랑스어, 스페인어, 포르투갈어와 같은 로망스 어군의 언어들은 수식
어가 명사 뒤에 위치한다. 영어나 독일어 사용자들은 '녹색 집'을 표현할
때, 'green house', 'gru˜nes Haus'라고 한다. 반면 이태리어, 스페인어, 포
르투갈어 사용자들은 'casa verde', 프랑스어 사용자들은 'maision verte'라
고 한다. 스페인어를 영어로 번역할 경우 단어의 순서로 인해 문제가 발생
하는 이유다. 예를 들어, 스페인어 문장 el nin˜o rubio tiene nueve an˜os는
영어 문장 the blond boy is nine years old.(그 금발 소년은 아홉 살이다.)의 의미이
다. 하지만 스페인어 문자 그대로 해석하면, the boy blond has nine years.
(그 소년 금발은 9년 간의 시간을 갖고 있다.)가 된다. 영어를 배우는 스페인 아이가 the
blond boy. 혹은 he is nine year old.라고 말하지 않고 the boy blond. 혹은
he has nine years.라고 말한다면, 스페인어의 어순과 동사의 의미를 전이
시켜 영어로 번역한 결과인 것이다. 로망스 언어를 모국어로 사용하는 사
람들이 영어를 학습할 경우에는 명사—형용사의 순서를 바꿔야 한다는 사
실을 기억해야 한다.

문장 구조 규칙은 말하는 사람이 정확한 의미를 전달하기 위해 만들어

진 것이다. 전형적인 예문으로 Dog bites man.(개가 사람을 물다.-뉴스거리 아님)과 Man bites dog.(사람이 개를 물다.-뉴스거리)의 두 문장을 들 수 있다. 첫 번째 문장에서는 dog이 주어, man은 목적어가 되지만, 두 번째 문장에서는 두 단어의 문법적 역할이 뒤바뀐다. 이와 같이 누가 물고, 누가 물리느냐에 따라 전혀 다른 의미가 되기 때문에 영어는 어순이 매우 중요한 언어이다.

로망스어를 모국어로 사용하는 사람들이 영어를 학습할 경우에는
명사-형용사의 순서를 바꿔야 한다는 사실을 기억해야 한다

영어에서는 전치사가 의미의 변화를 일으키지 않고 융통성 있게 사용되기도 한다. 예를 들어 The letter was mailed from Detroit to London by John.(John은 디트로이트에서 런던으로 편지를 부쳤다.) 혹은 The letter was mailed to London from Detroit by John. 혹은 The letter was mailed by John from Detroit to London.(편지는 존에 의해 디트로이트에서 런던으로 부쳐졌다.) 등의 사례처럼 전치사를 이용하여 의미 변화 없이 어순을 바꾸어 사용할 수도 있다. 다른 여러 언어들에서 접두사나 접미사 대신에 소위 말하는 격(cases)이라 불리는 또다른 접두사나 접미사를 명사 뒤에 붙여서 문장의 주어나 목적어를 표시하기도 한다. 이러한 언어들에서는 의미와 관련한 어순의 중요성이 영어보다 다소 낮다. Pinker(1994)는 dog(canis)와 man(homo)의 물고 물리는 이야기를 라틴어에서 흔히 볼 수 있는 어형 변형의 사례라고 말한다. 이러한 단어들에서 누가 누구를 무는가와 관련된 사항은 단어 끝부분의 어형에 따라 결정된다. Canis hominem mordet.(Dog bites man.)는 뉴스거리가 되지

않지만, Homo canem mordet.(Man bites dog.)는 사람들의 호기심을 자극하는 뉴스거리가 된다. 주어와 목적어의 끝 부분에 있는 격 표시를 통해 누가 누구를 무는 것인지를 알 수 있기 때문에 어순은 그다지 중요하지 않게 되는 것이다. 즉, Canis hominem mordet와 Hominem canis mordet는 모두 같은 의미를 갖는다. 또한 Homo canem mordet와 Canem homo mordet은 구문은 다르지만 같은 의미를 갖는다. 라틴어처럼 격 어미를 사용하는 언어(스크램블링, scrambling 언어라고도 한다)에서는 어순에 많은 주의를 기울이지 않는다. 이들 언어는 강조하고 싶은 단어의 위치를 마음대로 옮겨 버린다. 위치를 바꾸더라도 그 의미 해석이 변하지 않는다는 것을 알고 있기 때문이다. 격 어미가 사용되는 언어를 모국어로 사용하는 사람이 영어를 학습할 때에는 어순에 보다 세심한 관심을 기울여야 한다.

격 어미 활용 언어를 모국어로 사용하는 화자가 영어를 배울 때에는
어순에 보다 더 세심한 주의를 기울여야 한다.

새로운 언어의 학습과 문화적 배경

앞서 살펴본 바와 같이 영어 습득에 모국어가 미치는 영향은 매우 크다. 영어 학습자의 모국어가 차지하는 힘 역시 학급 친구들이나 교사들이 그 학생을 평가할 때 적지 않은 영향을 준다. 모국의 여러 사회경제적 환경과 문화 수준에 대한 자신감이 낮은 학생들이 영어 학습에서 자신감을

갖는다는 것은 쉬운 일이 아니다(Diaz-Rico, 2000).

어떤 언어를 학습한다는 것은 그 언어와 관련된 문화를 학습하는 것과 밀접하게 연관되어 있다. 배우고자 하는 외국어가 학습자의 문화적 성장 배경과 거리감이 크면 클수록 외국어 학습에서 겪게 되는 애로사항도 그만큼 더 많아진다. 새로운 문화와 언어를 배우고자 하는 학습 동기가 많고, 적극적인 학습자는 학습 동기가 적고 소극적인 학습자보다 학습 성공 가능성이 높다. 아랍과 이슬람 국가에 대한 미국의 지속적인 군사적 압박 등으로 아랍 문화권에서 미국으로 이민(혹은 유학)온 학생들은 영어 혹은 미국 문화에 대한 학습을 어려워하게 될 것이라는 점을 우리는 쉽게 이해할 수 있다(Chiang & Schmida, 2002). 영어 학습자들이 영어를 성공적으로 학습하기 위해서는 문화 속의 언어뿐만 아니라 사회문화적 행동 양상, 학교 공동체의 신념도 알아가야 한다. 학습자가 이러한 지식을 갖추지 못하면 학교 내에서 적절한 사회적 지위를 확보하기 어렵게 된다. 사회적 배경에 대한 지식이 늘어나면, 언어적 소통도 더 늘어나고, 여러 활동 참여도가 높아지고, 자연스럽게 주변 상황에 대한 영향력도 커질 것이다. 따라서 영어를 지도하는 교사들은 학생들의 문화와 신념, 가치관 등과 영어 학습 과정이 잘 조화되는지에 대해 깊은 관심을 가져야 한다.

교육자들은 영어 학습자들의 문화가 그들의 신념, 가치,
혹은 지위와 잘 조화되고 있는지 주의 깊게 살펴 보아야 한다.

영어 학습자를 위해 추가로 고려할 사항

영어 학습자들의 영어 유창성 확보를 위해 고려되어야 할 추가 사항들 가운데 논문에 자주 언급되는 몇 가지 내용을 정리하면 다음과 같다 (Verdugo & Flores, 2007).

1. 가정과 공동체의 역할

가정과 공동체가 아이들의 영어 학습에 중요한 역할을 하게 되는 몇 가지 이유가 있다. 첫째, 1장에서도 언급한 바 있듯이 어린 시절은 언어에 대한 많은 사항을 받아 들이며 변화되는 시기다. 언어 형성기의 아이들은 향후 자신의 구어 및 문어 수행 기능에 영향을 미치게 될 여러 가지 정보들을 내재화 한다. 글을 읽고 쓰는 가정에서 자란 아이들의 경우, 즉 정상적인 교육을 받은 부모 아래에서 정기적으로 말하기, 글쓰기 연습을 하며 성장한 아이들은 장차 성공적인 화자나 독자가 될 가능성이 높다(August & Hakuta, 1997). 둘째, 가정에서 배운 모국어 수준은 다른 언어의 학습에 직접적이며, 긍정적으로 작용한다. 단단하게 형성된 모국어 네트워크와 풍부한 모국어 어휘력을 바탕으로 외국어 학습에도 긍정적 전이가 이루어지기 때문이다. 아이들은 자신의 모국어 성취도가 높으면 높을수록 영어 학습에서의 성취도 또한 더 높다.

모국어 성취도가 높으면 높을 수록 영어 학습 성취도가 더 높다.

추가적으로 고려 할 사항은 아이들의 성장기 동안 가정이나 지역사회 공동체 구성원 간에 상호 교류하는 방법과 관련 된다. 아이들이 대부분의 시간을 같은 언어를 사용하는 친구나 가족과만 어울리는 경향을 보이는가? 만약 그렇다면 영어를 학습할 수 있는 기회는 점점 줄어들게 될 것이다. 학교는 영어 학습자들로 하여금 영어 원어민 친구들과 수업 환경뿐 아니라 자유로운 상황에서 잘 어울릴 수 있는 기회를 충분하게 제공하고 있는가? 수업 시간이 아닌 편안한 상태에서 영어 원어민 학생들과 어울릴 수 있는 기회를 제공하는 일은 영어를 배우는 학생들에게 말하기 연습을 할 수 있는 좋은 조건을 만들어 주는 것이다. 가정이나 사회 공동체, 또는 학교에서 영어 원어민 학생들과 영어를 배우는 학생들 간의 긴밀한 소통^(강제할 수는 없겠지만)과 긍정적인 교류가 일어날 수 있도록 깊은 관심을 가져야 한다.

2. 언어 유창성 수준

영어를 유창하게 구사하기 위해서는 얼마만큼의 시간이 소요되는가? 여전히 논쟁 중인 매우 중요하고도 복잡한 질문이다. 유창한 영어 능력을 확보하기 위해 필요한 요소에는 경험, 사회경제적 여건, 영어 사용 환경 노출 기간, 학력 정도, 특별 영어교육 프로그램 참여 기간 등 많은 변수들이 포함된다. Thomas와 Collier[1997]는 모국에서의 학습 시간과 영어 정규 학습 시간이 향후 영어에서의 학문적 성취를 보여줄 수 있는 강력한 예측 변수가 된다고 말한다. 모국에서 2년에서 3년 정도 학교를 다니다가 영어권 나라로 이민 온 학생들의 경우, 영어 원어민 학생들과 비슷한 수준의 화자가 되는데 대략 5년에서 7년이 소요된다. 하지만 같은 또래의 아이들 가운데 학교 수업을 받지 않은 아이들은 7년에서 10년 정도(즉, 2년에서 3년이 더 필요하다)가 소요된다. 고려할 변수가 너무 많아서 영어를 유창하게 말하는데 걸리는 시간을 정확하게 제시하기 힘들다. 설혹 필요한 시간을 제시하더라도 영어를 공부하는 학생들이나 교사들에게 그다지 큰 도움이 되지 않는다. 일부 연구자들은, 교육자들이 학생들의 영어 유창성에 대한 결론을 내리기 전에 학생들의 모국어 수준을 먼저 평가해야 한다고 주장한다. 영어 학습자들의 발달 수준을 제대로 파악하면 그 수준에서 요구되는 적절한 교육 전략을 선택할 수 있게 된다.

McLaughlin 외 [1995]은 언어 발달 과정의 4단계를 다음과 같이 제시하고 있다.

1단계: 자신의 모국어를 사용한다.

2단계: 비언어적 단서를 사용하여 의사소통 하고자 노력한다. 이 단계는 새롭게 배우는 제2언어 코드를 해독하기 시작하는 단계로 일부 아이들은 자신이 들은 바를 그대로 반복하여 말하는 연습을 한다. 아이 자신의 목소리와 소리 놀이를 통해 연습한다.

3단계: 아이들이 다른 사람들 앞에서 말할 준비를 한다. 아이들의 말에는 두 가지 형식이 있다. 간략한 전보문 형식과 격식에 맞춘 형식이다. 전보 형식에서는 기능어나 형태론적 표식을 사용하지 않고 내용어를 주로 사용한다. 예를 들어, I want my toy over here with me.(나 여기에서 장난감 놀이하고 싶어요.)라는 의미를 전달하고자 할 경우, 아이들은 단순히 toy here(여기에서 장난감)라는 표현을 사용한다. 즉, 내용어만 사용하는 것이다. 격식에 맞춘 형식이 아닌 귀로 들은 단어 가운데 일부분만 사용하여 의미를 전달한다. 아이들은 관련된 문장의 의미를 이해하기 전부터 여러 단어 조각들을 계속해서 사용해 온 것이다.

4단계: 아이들이 새로운 언어를 생산적으로 사용하기 시작하는 단계이다. 자기 자신이 이해하는 단어들을 문법적 형식에 적절히 맞추어 사용한다. 아이들은 결국 새롭게 배운 언어를 생산적으로 통제할 수 있게 된다.

위의 단계들이 분명하게 구별 되는 것은 아니다. 또한 어떤 아이들은 어떤 특정 단계에서 다른 아이들보다 더 오랫동안 머물기도 한다. 다음 단계로 나아가는 것과 관련된 변수들도 많다. 영어 학습자를 책임지고 있는 교사들은 최소한 위와 같은 단계들이 있다는 점은 알아두어야 한다.

3. 교과목 언어와 일상 언어의 차이

영어 학습자가 자신의 교과목에 대한 성적을 얻기 위해서는 교과목 관련 영어의 유창성도 확보해야 한다. 학교 성적을 향상시키기 위해서는 학문적 영어와 일상 영어 간의 차이를 알고 있어야 한다는 뜻이다. 학생들은 학교 생활에 적응해가며 기본적인 영어 회화는 그리 어렵지 않게 구사할 수 있게 된다. 하지만 교과목 언어와 관련한 기능을 확보하는 데에는 많은 시간이 걸린다. 교과목 학습에 필요한 영어 능력을 발전시키기 위해서는 4년에서 7년 정도가 소요된다. 교과목 영어(간혹 내용 중심 언어 content obligatory language라고도 함)는 교과목 성적을 획득하는데 필요한 수준의 높은 영어 사용 능력이 요구된다. 전문적인 용어, 특수한 표현, 특정한 문장 구조의 사용 등과 같이 다양한 학문 분야에 맞춰 일관성 있게 사용되어야 한다. 교과목 영어 교육에서 고려되어야 할 중요한 요소가 있다. 영어 숙달 정도는 불변이 아니라, 학년별 수준과 교사의 기대치에 따라 끊임없이 변화되고, 향상된다는 점이다. 그 다음 중요한 요소는 교과목 영어 실력과 사회경제적 수준 간의 연관성을 들 수 있다. 학습자들의 사회경제적 수준이나 지위가 높으면 높을수록 학업과 관련된 교과목 영어 숙달이 더 쉽고 더 빨리 완성되는 경향이 있다.

4. 다른 요구 사항들과 언어를 분리하기

교과목 성적에 영향을 미치는 다른 요소들, 즉 지식, 능력, 기능 등으로부터 언어를 분리하는 일이 중요하다. 물론 쉬운 일은 아니다. 교사들은 영어를 배우는 학생들의 언어와 교육적 욕구가 교육 프로그램과 잘 맞는지, 혹은 수정할 필요는 없는지 확인하기 위해 정기적인 평가를 해야 한다. 하지만, 대부분 교사들은 아이들의 영어 유창성 수준이 설정한 목표에 얼마나 가까워졌는지, 성적은 얼마나 올랐는지를 살피기 위한 목적으로

다섯 살 이후의 영어 학습 :

평가하고 있다. 교사들은 학생들이 장차 다른 그 누구의 도움 없이도 학교에서 제대로 활동할 수 있도록 계획을 수립해야 한다. 학생들에게 영어를 어떻게 지도해야 할 것인가를 논의하기 전에, 학생들의 영어 지식이나 관심 분야를 이해하는 것이 많은 도움이 된다.

다음에
언급 할 내용

언어 학습은 그 시작 시점이 언제든 관계없이 일정기간 동안의 듣기 학습으로부터 시작된다. 학습자들은 자신의 두뇌가 새로운 언어의 음운과 어법에 반복 노출되어 문장 구조에 익숙해지고 난 뒤에야 비로소 말하기를 시도한다. 다음 장에서 다룰 내용은 영어를 배우는 학생들의 듣기와 말하기 능력을 길러주기 위해 교사들이 해야 할 일에 대한 것이다.

제2장
생각해 보아야 할 핵심 내용

조금 더 자세히 살펴 보아야 할 부분이라고 생각되는 핵심 내용, 개념, 전략, 자료들을 적는다. 아래 사항은 개인 학습 정리 노트이며, 기억을 되살리는 참고 자료가 된다.

제3장

영어 듣기와
말하기 교육

최고의
모델을 찾아서

　유감스럽게도 영어를 모국어로 사용하지 않는 사람들에게 영어를 어떻게 가르쳐야 하는지에 대한 최고의 방법 혹은 유일한 방법은 없다. 최근 들어 완전 몰입 교육, 부분 몰입 교육, 영어와 모국어를 같이 쓰는 이중 언어 교육, 총체적 언어 모델,(듣기, 말하기, 읽기, 쓰기 중심의) 기능 분리 교육 등 여러 가지 방법들이 사용되고 있다. 이러한 방법들은 기본적으로 두 가지 범주로 나누어진다. (1) 두 가지 언어를 모두 읽고 쓸 수 있도록 지도하는 교육. (2) 읽고 쓸 수 있도록 지도하는 과정을 영어에만 집중하는 교육. 표 3.1은 그러한 범주에 따른 프로그램의 유형들을 보여준다.

　두뇌의 언어 네트워크, 심적 어휘부, 읽고 쓰는 능력, 혹은 그와 관련된 문화는 개별 학습자 자신의 고유한 특성과 관련되어 있어 좁은 교육적 시각으로 접근하기가 어렵다. 제2장에서는 영어 학습자가 학습하는 과정에서 만나게 되는 음운론, 형태론, 구문론, 의미론적 장애물들에 대하여 살펴보았다. 이미 살펴본 바와 같이, 학습자의 모국어 음운론과 철자법이 영어의 음운론과 철자법과 다르면 다를수록 학습 과정은 그만큼 더 어려워지기 마련이다. 또한 나이가 들어 영어를 배우게 되면, 안정되어 있던 모국어 체계로부터 낯설고 새로운 영어 체계를 새로 배워야 하기 때문에 보다 더 복잡한 학습 과정을 겪는다. 당연히 영어를 지도하는 교사의 작업 또한 복잡하고 어려운 일이 된다. 다행히도 제2언어 교육에 대한 최근의 연구 결과들은 소중한 통찰력을 얻을 수 있게 해 주었다. 이러한 통찰력을 활용한다면 영어 교육과 학습 과정을 보다 쉽게, 또 보다 성공적으로 이끌어 갈 수 있게 될 것이다. 교육 다양성 향상 연구센터(CREDE: Center for Research on Education, Diversity, and Excellence)에서는 영어 학습자들을 위한 교육 프로그램과 관련된 연구를 진행하고 있다. 그 동안의 연구 결과에 따르면, 상보적 교수법과 직접 지도 방법을 결합한 접근법이 보다 효과적인 것으로 나타났다.

상보적 교수법이란 학습자와 교사가 상호 의견을 계속해서 주고 받는 교수법을 일컫는다. 교사는 보다 높은 수준의 사고력, 말하기, 읽기 능력 습득에 목표를 두고 학생과의 상호 작용을 통해 지속적인 연습을 격려하고, 적극적인 학습 참여를 촉진한다. 상보적 교수법은 구조화된 토론, 브레인스토밍, 편집, 학생 또는 교사가 쓴 글에 대해 토론하기 등의 활동을 포함한다. 이와 달리 직접 지도 방법은 명시적이고 직접적으로 어떤 기능이나 정보를 가르치는 것이다. 예를 들면, 철자와 소리의 연관성, 철자의 패턴, 단어, 수학 공식 등을 가르치는 것이다. 직접 교육에는 학생들이 지

표 3.1 언어 교육 프로그램의 공통 특징

명칭	목적	주요 특징
1. 두 가지 언어를 모두 읽고 쓸 수 있도록 지도하기 위한 교육 프로그램		
양 방향 몰입 교육 또는 양 방향 이중 언어 교육 (Two-way immersion or Two-way bilingual)	모국어와 영어에 대한 높은 유창성 개발	• 영어 학습자, 영어 원어민 학생 포함 • 두 가지 언어로 교육, 영어와 학생의 모국어를 모두 사용
이중 언어 발달 또는 후기 전이 (Developmental bilingual or Late-exit transitional)	모국어에 대한 일정 수준의 유창성 개발 및 영어에 대한 높은 유창성 개발	• 두 가지 언어로 내용 전달 교육 • 교사가 두 언어 모두에 유창하면 효과적임 • 저학년은 모국어 위주, 고학년은 영어 사용의 점진적 증가
일시적 이중 언어 교육 또는 조기 전이 (Transitional bilingual program or Early-exit transitional)	가능한 조기에 학문적 영어 내용과 영어 유창성 향상	• 모국어로 교육을 시작하지만, 가능한 빠르게 영어 수업으로 전환하는 교육도 가능함 • 가능한 빠르게 영어 사용 교실로 전환하여 교육
2. 읽고 쓸 수 있도록 지도하는 과정을 영어에만 집중하는 교육		
이중 언어로써의 영어 교육 또는 제2언어로써 내용 중심의 영어 교육(Sheltered English instruction or Content-based English as a second language(ESL))	모든 영어 환경에서 내용 중심 영어 학습 및 영어 유창성 향상	• 다양한 언어와 문화적 배경을 갖는 학생들이 같은 교실에서 수업 • 시각 보조 자료와 모국어 관련 자료들을 적용한 영어 유창성 향상 교육 실시
구조화된 영어 몰입 교육(Structured English immersion(SEI))	영어 유창성 개발	• 교실은 대개 영어를 배우는 학생으로만 구성됨 • 모든 교육이 영어로 진행되며 학생의 유창성 수준, 주제별 내용 이해도에 따른 제한된 영어 사용 • 교사가 학생들의 모국어를 이해할 수 있을 경우, 이중 언어 교육 방법을 사용
ESL을 별도로 분리한 교육 (Pull-out ESL)	영어 유창성 개발	• 영어 학습자들이 학문 목적 영어가 아닌, 외국어로서의 실용 영어 교육에 맞는 문법, 단어, 의사소통 등을 배우기 위해 교실 중심 수업에서 벗어남 (하루 중 일정 시간을 교과목 내용이 아닌 문법, 어휘, 의사소통에 초점을 맞춘 ESL 수업 실시)

출처: NCELA, 2005

영어 듣기와 말하기 교육 :

식이나 기능을 가능한 효과적으로 습득할 수 있게 도와주는 시범 보이기, 정보 전달, 수정 피드백, 연습 안내 등이 포함된다. 교육 다양성 향상 연구 센터에서 나온 보고서들은 영어 학습자가 읽기와 쓰기 관련 능력(복잡한 문장 혹은 교과목 성격의 과업 수행에도 종종 필요한 능력)을 확보할 수 있도록 돕는 직접 교육의 중요성을 강조한다(Genesee 외, 2006).

영어 몰입 교육 프로그램의 효과

1970년대와 1980년대의 일부 교육자들은 영어를 말하거나 쓸 수 있도록 하기 위해서는 영어 학습자가 오직 영어만 사용하는 특별한 연습 장소에서 수업 받는 것이 가장 좋고, 빠른 방법이라고 생각했다. 익숙한 언어를 사용하지 않고 영어만 사용해야 하는 어려운 학습 환경에 처하면, 학생들 스스로 생존하는 방법을 터득하게 될 것이라고 생각한 것이다. 두뇌과학적 표현으로 설명하면, 두뇌가 새로운 언어 환경에서 생존하기 위해 영어 처리 네트워크 생성에 전력을 기울이게 될 것이라는 믿음에서 나온 것이다. 하지만, 그러한 생각과는 달리, 어린이들을 대상으로 한 완전한 영어 몰입 교육 접근법은 매우 다양한 결과들이 나타났다. 교육자와 연구자들은 교실에서 학생의 모국어와 영어를 어느 정도 혼용하는 것이 가장 짧은 시간에 교과목 영어 성취도를 올릴 수 있는 것인지, 학교 생활에 적절히 적응할 수 있게 하는지, 나아가 어떻게 하면 영어를 모국어로 사용하는 같은 반 친구들보다 교과 성적이 뒤처지지 않도록 할 것인지에 대해 연구하기 시작했다.

영어 학습자들의 말하기와 읽기 실력 향상을 위해 진행되는 다양한 수업 방법, 운영된 많은 프로그램들을 평가하고 비교하는 수 백 편의 연구들이 진행되었으며, 연구자들은 도출된 연구 결과를 집대성하여, 특별히 성공적인 접근법이 무엇인지 살펴보았다. 심층 분석이 필요한 몇몇 연구들은 17년 이상이 소요되기도 했다(Baker & de Kanter, 1981; Greene, 1998; Rossell & Baker, 1996; Willig, 1985). 효과적인 것으로 밝혀진 교수 방법과 성과에 대한 후속 연구는 지금도 계속 진행되고 있다. 2000년대 이후 연구에서는 영어 학습자의 영어 읽기 학습에는 영어와 모국어를 동시에 사용한 교육 방법이 영어만 사용한 교육 방법보다 효과적이라는 결과를 보여준다(Francis, Lesaux, & August, 2006; Rolstad, Mahoney, & Glass, 2005; Slavin & Cheung, 2005). 그러나 말하기 능력 개발 부분에서는 모국어와 영어를 동시에 사용하는 일시적 단계를 거쳐 영어 몰입 교육 프로그램을 활용하는 것이 보다 더 효과적이라는 결과도 있다(Tong 외, 2008).

다양한 이중 언어 교육 프로그램과 몰입 교육 프로그램들이 운영되고 있지만, 이들이 서로 대립되거나 상충되는 언어 발달 이론에 근거하고 있고, 또 다양한 명칭들을 사용함에 따라 많은 사람들이 혼란스러워 한다. 미국에서 가장 보편적으로 운영되는 프로그램은 일시적 이중 언어 교육(Transitional Bilingual Education)과 구조화된 영어 몰입 교육 (Structured English Immersion)이라는 두 개의 프로그램이다.

일시적 이중 언어 교육(TBE: Transitional Bilingual Education)은 미국에서 가장 흔히 볼 수 있는 학습자의 모국어를 활용하는 언어 교육 모델이다. 일

영어 듣기와 말하기 교육 :

시적 이중 언어 교육에서는 교사가 주도적으로 학생들의 모국어 사용을 독려하며 교육을 진행하다가 일정 기간이 지나면 영어만 사용하는 교육으로 전환한다. 일단 수업이 시작되면, 영어 학습자들은 2, 3년 이내에 기본적인 영어를 유창하게 구사해야 하고, 이어서 영어로만 진행되는 수업으로 옮겨간다(Ovando, Combs, & Collier, 2006). 일부 학생들은 상대적으로 이른 시기 즉, 2년 안에 영어로만 진행되는 교실 수업 과정에 편입되기도 한다. 하지만 비교적 오랜 기간 또는 초등학생 시절 내내 이중 언어 프로그램 안에서 수업을 받으며, 학생의 모국어를 사용하는 수업을 받는 학생들도 있다. 이런 학생들은 대부분 소수 언어 사용자이다.

구조화된 영어 몰입 교육(SEI: Structured English Immersion)은 학생들의 모국어 배경과는 무관하게 특정 학교 내 또는 어떤 특정 지역 내에서 실시되는 영어 학습 프로그램이다. 구조화된 영어 몰입 교육은 영어에 대한 명시적인 교육에 치중하며, 학생들을 영어 능력에 따라 즉, 수준별로 분류하여 클래스를 만든다. 무엇보다 실용 영어 실력 향상을 위한 교육이 우선시 되며, 교과목 내용은 부차적인 것이 된다. 교사와 학생들은 영어 말하기, 읽기, 쓰기 연습에 집중한다. 프로그램이 종료될 때까지 학생들은 주어진 기간 동안 열심히 학습할 수 밖에 없도록 설계되어 있다. 구조화된 영어 몰입 교육 프로그램에 참가하는 학생들이 모두 동일한 언어적 배경을 가지고 있을 필요는 없다.

최근 영어 몰입 교육 프로그램의 효과를 검증하는 종합적인 연구가 진행되고 있다. 다른 한편으로는 유창한 영어 실력을 갖도록 지도하는 데 있어서 유일한 방법이나 최고의 방법은 없다는 주장이 힘을 얻고 있다. 영어 습득은 수많은 언어, 문화, 사회적 변수가 복합되어 있기 때문에, '유일하며 최고인 방법은 없다'는 말이 그다지 놀라운 것도 아니다. 영어 습득과 관련하여 영어를 배우는 학생 또한 많은 사전 지식을 갖고 있다. 즉 어떤 프로그램이 더 효과적이고 확실한 과정인지를 판단할 충분한 사전 지식을 갖고 있다는 뜻이다. 조금 더 자세히 살펴보자.

직접 지도의 효과

영어를 지도하는 교사들이 자주 하는 질문 중 하나는 학생들의 영어 능력 개발을 위해 특정한 시간에 별도의 주제를 가지고 접근해야 하는지, 혹은 시간에 관계없이 정규 교과목 안에서 접근해야 할 것인지에 대한 것이다. 이에 관한 몇몇 연구들은 신뢰할 수 있는 결과를 보여 준다. 음성 언어 개발을 위해 별도의 주제를 사용하여 아이들을 가르치는 한 유치원을 대상으로 연구한 결과, 유치원 아이들이 표준 음성 언어 능력 평가에서 높은 점수를 획득했다(Saunders, Foorman, & Carlson, 2006). 좋은 점수를 획득한 유치원 교사들은 별도 배정된 수업 시간에 원아들의 직접적인 구두 영어 지도에 특히 더 많은 비중을 두고 있었으며, 수업의 효율적인 운영을 위해 노력하고 있었다. 이와 대조적으로, 별도로 할당된 구두 영어 수업 시간이 없을 경우에는 구두 영어 지도에 초점을 두는 수업 시간은 줄어 들었고, 읽기 등 다른 언어 기능의 향상을 위한 활동에 더 많은 시간을 할애하고 있었다.

영어 듣기와 말하기 교육 :

소리로 구성되는 단어(음운 인식), 소리를 나타내는 철자(음향학), 철자로 만들어지는 단어(형태론)의 직접 교육 효과를 다룬 연구에서도 비슷한 결론을 얻었다. 음운론, 문장 해독 기능 등에서도 직접 교육이 효과가 있다는 연구 결과들이 계속 보고 되고 있다(Vaughn 외, 2006). 또한 명시적인 단어 교육이 어휘의 양을 보다 효과적으로 증가시킬 수 있다는 사실도 알 수 있었다. 특정 단어와 관련된 말하기 활동을 효과적으로 실시하면 그 단어에 대한 학습도 이루어진다. 또한, 듣기 활동을 통해서도 단어 학습을 할 수 있다(Nation, 2001). 다섯 살이 넘어 영어를 배우는 학생이라면, 먼저 영어의 운율을 주의 깊게 들어야 한다. 리듬과 운율, 강세 패턴, 소리의 높낮이에 집중해야 한다. 영어 문장을 듣고 난 이후에는 발성 연습을 통해 학습자 자신의 모국어에 없는 영어의 운율과 음소를 말할 수 있어야 한다. 영어를 소리 내어 읽기 위해서는 쓰여진 철자가 어떤 소리를 내는지, 어떤 소리가 해당 철자인지 정확히 알 수 있어야 한다. 음소와 철자 간의 밀접한 관련성을 정확하게 파악한 후에 비로소 영어를 정확하게 쓸 수 있다. 영어 능력은 본질적으로 네 가지 기능으로 구성된다. 말하기와 쓰기는 생각한 바를 바깥으로 드러내는 출력 기능, 듣기와 읽기는 정보를 받아들이는 입력 기능을 한다고 말할 수 있다.

그림 3.1은 영어의 네 가지 기능이 어떻게 관련되는지를 보여 준다. 제3장에서는 듣기와 말하기 기능을 살펴보고, 제4장에서는 읽기와 쓰기 기

	입력	출력
구두 언어(구어) ➡	듣기	말하기 ➡
문어 언어(문어) ➡	읽기	쓰기 ➡

그림 3.1 언어 기능은 커뮤니케이션 방향(입력, 출력)과 방법(구어, 문어)에 따라 서로 다르게 관련된다.

능을 살펴볼 것이다. 보통 영어 학습자를 위한 교육 방법은 네 가지 기능을 모두 발달시키도록 설계되지만, 어떤 특정 기능의 발달에 초점을 맞추어 교육 과정이 설계되는 경우도 있다. 각각의 전략은 학생의 연령과 영어 실력 수준에 적절히 맞춰져야 한다.

앞서 제1장에서는 어린이의 두뇌는 자신의 주위에서 들려오는 소리를 어떻게 구별하는지, 자신과 함께 오랜 시간을 보내는 보호자가 반복적으로 들려주는 소리를 어떻게 기억하는지, 나아가 주위의 소리와 보호자의 반복적인 소리를 두뇌가 어떻게 구별하고 처리하는지에 대한 과정을 설명했다. 처음에는 단어나 단어의 소리를 이해하지 못하지만, 아이들은 차츰 주변 소리를 처리할 수 있는 능력이 개발된다. 계속 듣게 되는 같은 소리가 아이의 초기 어휘부를 형성하고, 시간이 지나 의식적인 의사소통을 하게 될 때 초기 어휘부에 저장된 어휘들을 꺼내 사용한다. 따라서, 영어 학습자의 나이에 상관없이 성공적인 언어 습득을 위한 첫 단계는 반드시 듣기 단계가 된다.

유창한 영어를 구사할 수 있는 부모라 하더라도 부모가 집에서 영어를 사용하지 않으면 아이들의 영어 어휘 형성에 아무런 도움을 주지 못한다. 적어도 1주일에 세 번 이상 부모가 아이들에게 이야기 책을 읽어주고, 말로 설명을 해 준 경우 그렇지 못한 부모 아래에서 자란 아이들보다 높은 수준의 어휘력을 보유하고 있었다(Collins, 2010).

많이 들려주기 전략은 영어를 처음 배우는 학생에게 유용하며, 단어의 의미 설명을 위해 시각적인 이미지를 사용하는 유치원이나 초등학교 교사, 영어 초보자들의 지도자에게도 유용한 전략이 될 수 있다. 단어를 소리 내어 가르칠 때, 전통적인 방법으로 지도하는 것이 좋은지, 컴퓨터와 같은 기술 도구를 활용하는 방법이 좋은지를 비교한 연구가 있다. 같은 연구에서는 또 영어를 제2언어로 학습하는 학습자와 그렇지 않은 학습자 사이에 어떤 차이가 있는지도 살펴보았다(Silveramn & Hines, 2009). 연구 결과, 영어를 제2언어로 학습하지 않는 영어 원어민 학습자들은 멀티미디어 활용 교육을 하더라도 추가적인 효과가 나타나지 않았다. 하지만 영어를 제2외국어로 배우는 학생들의 경우에는 컴퓨터를 활용한 학습이 어휘 수준을 크게 향상시킨다는 결과를 보여주었다. 더 나아가 멀티미디어를 활용하여 지도할 경우, 외국어로서의 영어를 배우는 학생과 영어 원어민 학생의 단어 지식 격차도 크게 줄어드는 결과를 보였다. 이 결과는 멀티미디어 활용 지도가 영어 원어민 학생들에게 부정적인 영향을 미친다는 의미가 아니라, 외국어로 영어를 배우는 학생에게 매우 유용한 교수법이라는 사실을 시사한다. 영어를 배우는 어린 학생들을 대상으로 한 연구 결과, 듣기 능력 향상에 집중하는 교수 방법을 사용한 경우, 그렇지 않은 경우 보다 읽기 능력이 훨씬 더 크게 향상되었다(Solari, 2007).

우리는 말하기, 읽기, 쓰기 보다 듣기에 훨씬 더 많은 시간을 보내며 생활한다. 이는 영어를 배우는 학생들이 성공적인 영어 학습 전략에 듣기 지도가 반드시 수반되어야 하는 이유다. 영어 학습자에게는 가능한 원어민이 말하는 영어를 많이 들려주는 것이 좋다. 듣기는 다음과 같은 기능을 수행하기 때문이다.

- 듣기는 주의 집중력 강화 훈련 효과가 있다.
- 듣기는 영어 단어를 인식하고, 소리에 노출되게 한다.
- 듣기는 강약(accented) 음절을 인식하고, 연습하게 해 준다.
- 듣기는 고저(intonation)의 차이를 알게 해 준다.
- 듣기는 서로 다른 문법적 구조를 알아 차리고, 이해할 수 있게 돕는다.
- 자주 듣게 되면, 새로운 단어와 표현을 습득할 수 있다.
- 듣기는 학생들이 들은 내용을 흉내내고, 큰 소리로 말할 수 있도록 자신감을 북돋운다.

교실에서 사용하기 적합한 자료를 찾고자 할 경우에, 인터넷 등의 기술을 활용하면 실질적인 도움이 된다. 인터넷을 비롯한 최근의 기술은 영어 원어민 화자들의 말을 쉽게 접할 수 있게 해 준다. 영어 교사들은 학습자들이 가능한 쉽고 많이 이해할 수 있으며, 좌절하지 않도록 충분한 준비를 해 두어야 한다. 또한 영어 원어민 동료들과 적절한 공동 활동이 이루어질 수 있도록 해야 한다. 나아가 교사들은 영어 원어민 화자들과 협력하거나, 원어민 음성 자료와 영상 자료(clips)를 사용 할 수 있도록 준비해야 한다. 다른 연구에서도 인터넷 등 기술 활용이 효과적이라는 결과를 보여준다(Verdugo & Belmonte, 2007). 이는 인터넷과 기술의 활용이 실제로 영어 듣기 이해도를 향상시키는지 여부를 살펴보기 위한 연구였다. 여섯 살 된 스페

129

인 아이들 200명을 대상으로 실험하였는데 100명의 실험 그룹 아이들에게는 컴퓨터 기술을 이용하여 수 십 편의 영어 동화를 읽게 하였고, 다른 100명의 통제 그룹 아이들에게는 교실 수업을 통한 전통적인 방법의 읽기 교육을 실시하였다. 22주가 지난 뒤 전체 실험 대상자들에게 듣기 이해도 평가를 실시한 결과, 컴퓨터 기술을 활용한 그룹의 성적이 훨씬 더 높게 나타났다.

듣기 평가

듣기 능력은 유창한 영어 습득을 위한 필수 조건이다. 영어를 배우는 학생들의 듣기 실력 발전 상황은 정기적으로 평가되어야 한다. 듣기 실력이 어느 정도 진척되었는지를 기록하기 위해서는 확인표(checklists), 지시문(rubrics), 제3자의 입장에서 학습과정을 관찰하고 기록하는 일화 기록표(anecdotal records) 등을 사용하도록 한다. Gottlieb(2006)은 학습자의 듣기 능력 수준을 다음과 같은 다섯 가지 수준으로 나누어 평가한다.

- 수준 1: 구두 지시와 눈에 보이는 학습 전략을 연결시킨다. (빈 공간에 단어 쓰기 등)

- 수준 2: 눈에 보이는 학습 전략을 포함한 구두 지시를 따른다. (네 가지 항목 중 가장 적절한 것 고르기 등)

- 수준 3: 구두 지시에 따라 눈에 보이는 학습 전략을 연습한다. (쉬운 질문에 먼저 답하기 등)

■ 수준 4: 익숙한 자료와 관련된 들은 내용에 대한 학습 전략을 선택하고 사용한다. (교사가 읽어 준 두 인물의 특징을 비교하기 위해 벤 다이어그램 사용하기 등)

■ 수준 5: 구두로 제시된 새로운 자료에 대하여 다양한 학습 전략을 사용 한다. (소리 내어 읽은 대사 재현 하기, 드라마처럼 만들기 등)

이를 위하여 다양한 평가 전략을 사용할 수도 있다. 몇 가지 전략은 다음과 같다.

듣기 평가를 위한 오디오 파일 사용

영어 대화가 들어 있는 오디오 파일은 영어 학습자의 듣기 능력 향상 정도를 간단하게 평가할 수 있는 좋은 도구다. 오디오 파일은 쉽게 구입할 수도 있고, 영어 원어민 학생들의 동의를 얻어 대화를 녹음하여 사용해도 좋다. 비디오 테이프나 동영상을 활용해도 좋지만, 영상은 오디오 파일을 먼저 사용해 본 경험이 있는 학생들에게만 적용해야 한다. 그 이유는 먼저 언어의 소리에 집중하게 함으로써 시각적 이미지에 정신을 빼앗기는 일이 없도록 하기 위해서다. 오디오를 활용하여 듣기 기능을 평가할 경우에는 티칭 팁 3.1을 참고하기 바란다.

이해도 측정을 위한 사진 활용

여러 종류의 영어 듣기 이해도 측정 방법들 가운데에는 몇 장의 사진들을 보여 주며 듣기 수준을 진단하는 방법도 있다. 각 사진을 설명하는 네

개의 문장을 읽어준 뒤, 어떤 문장이 사진을 가장 잘 묘사하고 있는지를 물어보는 것이다. 구체적인 사용 방법은 티칭 팁 3.2를 참고하기 바란다.

듣기 능력 향상과 초인지 학습

영어 듣기 능력 개발을 위한 연습을 할 때에는 음성 파일에 나오는 문장 듣기나 문장 완성하기 혹은 질문에 대답하기 등의 퀴즈 방식을 사용함으로써 듣기 활동이 제한되지 않도록 주의해야 한다. 제약 조건을 제시한 듣기 활동은 영어의 소리 패턴에 집중하고, 주의하는 방법을 배우는 초기 영어 학습자에게는 적절할 수 있다. 하지만, 퀴즈 풀기와 같은 제한된 듣기 활동 위주의 음성 파일을 오랜 기간 계속해서 사용되는 일이 없도록 주의해야 한다. 새롭게 배우는 목표 언어를 내재화하는데 별 도움이 되지 않기 때문이다. 영어 학습자들이 기초 수준의 영어 실력을 확보한 다음에는 학습자 스스로 영어를 어떻게 배우는지 생각할 수 있도록 도움을 주도록 한다. 이는 학습자 스스로 배우고 있는 것이 무엇이며, 어디까지 배웠고 남은 학습 과정은 무엇인지를 알게 되는 초인지 학습 단계와 관련된다. 지도안을 만드는 교사의 세심한 노력이 요구되는 단계이다. 초인지 학습 개념은 새롭게 등장한 분야가 아니다. 외국어 학습에 초인지 학습 개념을 적용한 것은 비교적 최근의 일이다. 수 십여 년 전 Flavel(1979)이 언급한 바에 따르면, 영어 학습자들이 개발해야 할 초인지 학습은 다음 세 가지 차원의 서술적 지식이 포함된다.

- 개인 지식: 영어 학습자의 듣기 기능 향상에 영향을 주는 요소 및 영어 듣기 학습 방법과 관련된 지식
- 과업 지식: 영어 학습자의 듣기 기능 향상에 요구되는 특성과 지식
- 전략 지식: 듣기를 배우거나 완수하기 위해 요구되는 효과적인 영어 학습 방법과 관련된 지식

영어 학습자들은 청자로서 자신의 능력이 얼마나 발전하고 있는지 스스로 점검해 봄으로써, 보다 더 훌륭한 청자가 될 수 있다. 이러한 초인지 학습 능력은 학습자 자신이 어떻게 듣고 있으며, 청취 문제는 어떤 방법으로 해결하고 있는지에 관한 자신의 생각을 되돌아보게 해 준다. 실증 연구 결과에 의하면, 듣기 전략을 사용한 영어 학습이 어떤 점에서 이로운지 알고 있는 영어 학습자는 의사소통 중에도 자신의 듣기 이해도 향상에 최적인 전략을 빠르게 선택한다.

영어를 배우는 학생들의 초인지 학습 능력 개발에도 관심을 두어야 한다.

듣기와 관련된 자신의 문제를 인식하고 있는 영어 학습자들은 자신의 문제 해결 방법을 찾으려는 동기 또한 높다(Zhang & Goh, 2006). 여러 연구 결과에 의하면 초인지 학습 전략은 듣기 실력이 부족한 어린이에게도 긍정적으로 작용한다(Goh & Yusnita, 2006). 영어 학습자 스스로 듣기 기능에 대한 생각을 정리하게 함으로써 다음과 같은 효과를 얻는다.

영어 듣기와 말하기 교육 :

■ 듣기와 관련된 관심이 높아 진다. (자신감이 커지고, 동기가 부여되며, 걱정이 줄 어든다.)

■ 듣기 성취도를 높여 준다.

■ 듣기 능력이 부족한 아이들에게도 큰 도움이 된다.

더 나아가 영어 학습자의 두뇌 속에 강력한 영어 학습 신경 네트워크를 형성함으로써 영어 습득을 도와준다. 분명한 점은 초인지 학습 전략을 영어 학습의 모든 단계에 적용할 수 있다는 것이다. 듣기는 영어를 습득하기 전에 가장 먼저 습득해야 할 기능이기 때문에, 듣기 능력을 잘 발달시켜 주는 초인지 학습 전략 사용은 대단히 중요한 요소이다.

초인지 듣기 학습 활동의 유형

듣기 지도에 적용하는 초인지 학습 활동에는 여러 가지 유형들이 있다. 연구 결과를 근거로 Goh(2008)는 두 가지 유형을 제시한다. 첫 번째 유형은 통합적 체험 듣기(integrated experiential listening tasks) 활동이다. 이 활동은 영어 학습자가 특정한 듣기 활동 중, 이해 측면에서 사회적 인지 과정을 경험할 수 있게 한다. 이 활동은 주로 정보의 추출과 의미의 구성 측면에 집중한다. 따라서 듣기 자료들도 사회적 인지 과정을 경험하게 할 목적에서 선택된 자료들이 대부분이다. 영어 학습자는 선택된 사회 인지적 듣기 자료를 집중하여 듣는 것만으로도 다양한 정보 처리 과정을 이해할 수 있다. 청자로서의 개념 탐구를 위한 것이든, 자신의 업무 수행에 영향을 미치는 요소를 발견하기 위한 것이든 학생들은 교실 밖에서도 자신의 듣기 능력 향상을 위한 초인지 학습 전략 적용 방법까지 동시에 학습한다. 두 번째 유형은 지도 부가형 반성적 듣기(guided reflection on listening)다. 이 활동은 영어 학습자에게 학습자 자신의 내재된 지식을 활용하여 듣기 수업을 진행하는 것으로 학습자의 경험과 지식을 끄집어 내서 다시 생각해 보고, 새로운 지식을 형성할 수 있도록 격려하는 방법이다. 이 방법은 영어 학습자로 하여금 이전에 일어났던 여러 일들을 다시 생각해 볼 수 있게 할 뿐만 아니라, 학습자 자신의 듣기 학습을 사전에 스스로 계획하도록 한다. 티칭 팁 3.3은 초인지 학습 활동의 활용 방법들을 보여준다.

말하기

낯선 언어를 듣고 학습하기란 결코 쉬운 일이 아니다. 학습자들은 학습 과정에서 종종 좌절감을 맛보게 된다. 영어 학습자들이 듣기 과정에서 성공하기 위해서는 학습자 자신의 지속적인 노력과 교사의 적절한 지도가 절대적으로 필요하다. 단순히 느린 속도로 재생되는 지문을 듣고, 연습 문제를 푸는 것만으로 듣기 활동을 마무리 해서는 안 된다. 교사들은 영어 듣기 교육과 연구 과정에 관심을 가져야 할 뿐만 아니라, 학습자의 인지 과정 전반에 대한 지식을 넓히도록 노력해야 한다. 나아가 영어 학습자의 듣기 지도 계획에 초인지 학습 전략이 포함될 수 있도록 해야 한다.

자기 모국어가 아닌 다른 언어를 말하기 위해서는 용기가 필요하다. 내

영어 듣기와 말하기 교육 :

경험에 비추어 보아도 그렇다. 나는 20대 중반 무렵 프랑스 파리에 소재한 작은 학교에서 과학 교사로 근무했다. 당시 나는 프랑스어를 말할 수 없었다. 수업은 영어로 진행되었기 때문에 프랑스어를 못한다는 것이 큰 장벽이 되지는 않았다. 하지만, 프랑스어를 못하는 것은 새로운 문화와 생소한 언어 사회에 던져진 나에게 실질적이고 즉각적인 문제였다. 처음에는 새로운 세상에 대한 하나의 모험이라고 여겨졌으나, 이내 불안감으로 변해 갔다. 거주할 아파트를 찾아야 했고, 구매할 물품들을 사들여야 했고, 자주 가격을 흥정해야 했다. 물품 구매는 특별한 도전이었다. 편의점도 쉽게 찾을 수 없었기 때문에 작은 물건 하나를 구매하려 해도 아주 먼 거리를 이동해야 했다. 움직일 때는 항상 영불 사전을 들고 다녔지만, 나의 프랑스어 발음은 엉망이었다. 설상가상으로 프랑스 사람들은 나의 어눌한 발음이나, 손짓과 몸동작에 대해 어떤 관용도 베풀어 주지 않는 것 같았다.

영어를 배우는 학생들은 영어로 말할 때 오는 좌절감을 회피하기 위해,

자신의 모국어 화자들끼리 대화하는 경향이 있다.

학교 수업을 마치면 나는 프랑스어, 즉 외국어로서의 프랑스어를 배우는 학생이었다. 나는 가능한 한 어려운 상황을 맞닥뜨리지 않으려 했고, 질문 공격을 당하는 일이 없도록 하기 위해 (정말 필요한 순간 이외에는) 입을 꾹 다물었다. 하지만 입은 다문 채로 프랑스 사람들끼리의 대화나 TV, 라디오, 가끔은 영화 내용까지도 아주 집중하며 들었다. 대략 6개월 후부터는 용기를 내어 조금씩 프랑스어를 말하기 시작했다. 처음에는 어색하고 느려

터진 나의 프랑스어를 잘 참아주는 교사들과 이야기했고, 이후에는 편의점에서도 조금씩 말을 건네기 시작했다. 정말로 다행인 것은 내 앞에 있는 프랑스 사람들이 나의 말을 이해해주는 것처럼 보이기 시작했을 때였다! 나의 프랑스어가 이해된다고 느끼기 시작했던 바로 그 때부터, 나는 프랑스어를 조금 더 열심히 연습하고, 실력도 더 향상시키겠다는 생각을 갖게 되었다. 특히 영어에는 없는 프랑스어 음소의 발음에 대해 더 많은 관심을 기울였다.

영어 학습자들이 영어를 보다 빠르게 배우기 위해서는 영어가 사용되는 학교, 지역 공동체의 일원이 되려고 노력하는 자세가 매우 중요하다. 나 역시 성인이 된 후 프랑스어라는 새로운 언어를 배웠지만, 다른 사람의 말 소리를 흉내 내는 능력이 다른 사람들보다 나았다. 또한, 다행스럽게도 학교 수업은 대부분 영어로 진행되었다. 프랑스 근무 경험으로 인해 나는 왜 영어를 배우는 학생들이 집으로 돌아가면 자신의 모국어 화자들과만 편하게 어울리는지 이해할 수 있다. 영어로 말하고자 할 때 오는 좌절감과 당황스러움을 피하려는 당연한 선택이라는 것도 알고 있다. 파리에서 수년 간 생활했지만 프랑스어 구사 능력은 초등학생 수준에 머물고 있는 몇몇 미국인들을 만났던 적이 있다. 그들 역시 업무를 볼 때와 일상 사회 생활에서는 영어만 사용해도 대부분 문제가 없는 상황에 있는 사람들이었다. 마이애미와 같은 도시에 사는 스페인어 화자들도 일상 활동에서 자기 모국어인 스페인어만 사용해도 하루 종일 즐겁게 보낼 수 있다. 이들은 영어를 학습해야 할 동기가 거의 없는 사람들이다.

영어 말하기를 꺼리는 현상 극복

두뇌의 감정 시스템은 좌절하거나 당황스러운 감정을 제대로 처리하지 못한다. 사람들이 당혹스러운 상황이 만들어질 수 있는 자리를 가급적 피하는 이유다. 외국에 나가 그 나라의 언어로 말해야 하는 상황도 당황스럽거나 좌절감을 맛보기 쉬운 경우에 속한다. 때로 예상하지 못한 예의 없는 말이나 비하하는 표현이 포함된 단어가 사용되면, 그 나라 언어를 잘하는 사람들 조차도 황당한 표정을 짓거나 불편한 마음이 되기 쉽다.

영어를 배우는 학생들의 경우, 초등학생보다는 중학생이나 고등학생이 한발 더 물러서는 현상이 두드러진다. 중학생이나 고등학생들은 단지 해석만 하는 것이 아니라, 지금 당장 영어를 자동적으로 받아들이고 표현할 수 있기를 원한다. 청소년의 경우에는 상황에 적응하려는 압박감이 더 강하다. 하지만 상황에 맞는 유창한 영어를 사용할 준비가 되지 않았다는 것을 알기 때문에, 질문하거나 참여하기를 꺼린다. 바로 이러한 상황에서 특히 중요한 것이 교사의 역할이다. 교사는 학생들이 교실에서 편안한 마음으로 여러 가지 일상 용어와 내용을 배울 수 있도록 하고, 나아가 교과목을 영어로 배우는 환경에서도 살아 남도록 도와야 한다. 아울러, 기본적인 실용 영어 실력을 제대로 발휘할 수 있도록 도와주어야 한다. 영어 학습자들은 자주 실수를 범하는 서툰 영어 사용자이기 때문에, 편하게 영어를 말할 수 있는 환경을 조성해주어야 한다. 사람들은 누구나 자신의 실수를 통해 배운다. 따라서 영어 초보자들은 실수 조차도 유용한 것이며, 매우 긍정적인 것이기에 영어 학습자 본인과 교사, 나아가 부모들도

이 점을 유념해야 한다.

일부 영어 학습자들은 자신의 서툰 발음과 모국어 악센트 때문에 많은 걱정을 한다. 악센트는 소리의 억양, 리듬, 강세 등이 포함된 것으로 언어의 고유한 음성 패턴이 낳은 결과물이다. 영어 원어민 화자들처럼 말할 수 있게 만드는 열쇠는 다름 아닌 연습이라는 것을 학생들에게 강조해야 한다. 영어 학습자들이 영어로 말할 때 조금 더 자신감을 갖게 할 수 있는 지도 활동을 아래에 소개한다.

이야기 만들어 말하기

영어 학습자들의 영어 말하기 능력을 평가하는 활동 가운데 하나는 학습자 자신의 이야기를 만들어 말하도록 하는 것이다. 다 함께 둘러 앉아, 재미있는 주제에 대해 개인별로 몇 분 동안 이야기를 하도록 한다. 학생들이 영어로 이야기하는 동안, 교사는 그들의 영어 사용 내용에 관한 특이점들을 메모한다. 티칭 팁 3.4은 이 전략을 어떻게 사용할 것인지에 관한 내용이다.

단어

앞서 언급하였듯이 어린이의 두뇌 네트워크는 구어체 단어 학습에 적합하도록 미리 연결되어 있다. 하지만 미리 연결된 네트워크는 사춘기를 지나면서 약화되기 시작한다. 사춘기가 지나면 단어를 습득할 수 없다는 의미가 아니라, 사춘기 이전보다 더 많은 정신적 노력이 수반되어야 한다는 것을 의미한다. 다르게 표현하면, 단어를 배우기 시작하는 시점이 빠를수록 그만큼 쉽게 학습할 수 있다는 것을 뜻한다. 초등학교 2학년 학기 말에 읽기가 유창한 학생 그룹과 유창성이 낮은 학생 그룹을 비교해 보니, 두 그룹 간에 알고 있는 단어 수 차이가 약 4,000개 정도였다. 또한 그 차이는 시간이 지날수록 더 크게 벌어졌다(Biemiller & Boote, 2006).

영어를 배우는 학생들에게 단어를 직접 지도하는 것은 여러 이점이 있다. 단어 교육과 관련된 여러 연구 결과에서도 영어 학습자들에게 단어를 직접 지도할 때, 새로운 단어를 더 잘 배우는 것으로 나타났다. 영어를 배우는 영어 원어민 화자들조차도 단순한 단어 암기나 사전에서 찾아보는 방법보다 단어를 직접적으로 자주 반복해서 사용하고, 의미 있는 문맥 속에서 단어를 사용할 때 더 많은 학습 효과가 있는 것으로 나타났다. 5학년 학생들을 대상으로 진행된 연구에서도 명시적인 단어 교육이 단어의 학습 효과를 높이고, 읽기 이해도 또한 향상시키는 것으로 나타났다(Carlo 외, 2004). 영어 학습자들은 스토리 읽기, 듣기, 토론, 목표 단어 배우기, 과제물 완성을 위한 단어 쓰기, 단어 정의 쓰기 등과 같이 여러 가지 상황 속에서 복합적으로 단어를 사용하는 과정을 통해 더 많은 것을 배우게 되고, 관심 또한 더 높아진다. 유치원생들을 대상으로 한 연구에서도 포르투갈어를 모국어로 사용하는 아이들에게 이야기 책을 읽어 주며, 책 속에 등장하는 새로운 단어를 설명해 줄 때 단어를 더 잘 습득한다는 결과가 있다. 당연한 말로 들리겠지만 영어 단어를 많이 알고 있는 아이들이 더 많은 책을 읽고, 더 많은 단어를 학습한다. 새로운 단어를 직접적으로 설명해 주는 것은 아이들이 단어를 많이 알고 있든 적게 알고 있든 관계없이 모든 아이들에게 도움이 된다(Collins, 2005).

단어 직접 지도 방법을 좀 더 효과적으로 실시하기 위해 고려할 변수가 하나 있다. 바로 동기이다. 영어를 말하는 친구들과 잘 어울리는 영어 학습자의 경우 대부분 학습 동기가 높아 영어 단어와 숙어, 속어들을 배우는 데 많은 노력을 기울인다. 다시 한번 강조하자면, 더 많은 어휘를 알고 있으면, 더 쉽게 더 많이 읽을 수 있다.

영어 학습자가 성공하기 위해서 얼마나 많은 어휘를 알고 있어야 하는가?

여기서 확실히 언급되어야 할 사항은 영어 학습자가 성공적으로 커뮤니케이션을 하기 위해 필요한 단어의 양에 관한 것이다. 언어 학자들은 어군(word family)이라는 표현을 사용하여 그 양을 설명하고 있다. 어군은 어근(root form: regulate), 굴절어(inflections: regulates, regulating, regulated), 파생어(derivations: regulative, regulation) 등을 포함한다. 일반적으로 2,000개에서 3,000개의 어군을 알고 있으면, 대화 상대자와 오가는 영어 대화 내용을 대부분 이해할 수 있다. 또한 8,000개에서 9,000개의 어군을 알고 있으면, 모르는 단어가 나와도 별다른 문제 없이 매우 다양한 문서를 읽을 수 있다(Schmitt, 2008). 학생들은 보다 더 효과적인 학습 방법이 무엇인지, 어떤 단어들을 학습해야 하는지에 대한 직접지도를 받아야 한다. 이러한 적절한 지도를 제공해주기 위해 존재하는 중요한 지원자가 바로 교사다. 하지만 교사의 개인적 경

영어 듣기와 말하기 교육 :

험만으로 학생들을 지도하기에는 충분하지 않다. 단어의 빈도수와 관련된 연구 결과에 의하면, 영어 원어민 화자들은 빈도수 높은 영어 단어와 빈도수 낮은 단어들을 잘 구분하지 못한다(McCrostie, 2007). 심지어 영어를 가르치는 교사들 조차도 어떤 단어가 얼마나 자주 등장해야 유용한 것인지 제대로 알지 못하고 있다. 따라서 빈도수 별 단어 목록을 참고할 필요가 있다. 또한 필요한 단어를 선택할 때에는 학생들의 나이에 맞는 적절한 수준의 단어를 선택해야 한다.

물론 어휘 학습만으로는 충분하지 않다. 영어를 배우는 학생들은 특정 단어가 무엇을 의미 하는지도 알아야 한다. 조금 더 복잡한 문제가 있다. 영어는 상황에 따라 변화하는 상황 언어(contextual language)라는 사실이다. 즉 같은 단어라 할지라도 상황에 따라 여러 가지 서로 다른 의미를 나타낸다. 예를 들어 큰 사전에서 아주 단순한 단어 run을 찾아 보면, 그 정의가 무려 120가지 이상이나 된다는 사실을 발견할 수 있다. 관련 상황이나 문장 속에서 의미를 파악해 낼 수 있어야, 단어 run을 완전하게 이해하고 있다고 볼 수 있다.

모국어 사용은 영어 단어 습득에 도움이 되는가?

외국어(제2언어) 어휘 교육과 관련한 논쟁거리 가운데 하나는 외국어 단어와 그 의미를 설명할 때, 학습자의 모국어를 사용해야 하는지 여부에 관한 것이다. 연구 결과들은 이에 대해 긍정적이다. 모국어를 사용하는 것이 왜 좋을까? 연구 결과에 의하면, 외국어 학습자들이 초기에 배우는 새로운 단어의 형태와 의미는 그에 상응하는 학습자의 장기 기억 속에 저장되어 있는 모국어의 단어 형태와 연결된다(Hall, 2001). 모국어를 사용한 번역은 대부분 영어–모국어의 단어 카드 사용으로 이어지며, 결과적으로 두뇌 속에서 조화를 이끌어내는 자연스러운 도구가 된다. 또 영어 단어의 형태를 학습하는 일이 쉽지 않기 때문에, 모국어를 사용하여 영어의 형태와 의미를 연결시키는 일은 두뇌의 인지적 자원을 영어 단어 자체에 보다 더 집중하도록 한다(Barcroft, 2002). 영어와 모국어가 서로 연결되면, 두뇌의 언어 처리 작업은 단어가 사용되는 상황과 단어의 상황 속 의미가 무엇인지를 파악하는데 집중할 수 있다.

어휘 학습 초기에는 영어 학습자의 모국어를 사용해서
학생의 이해를 돕는 것도 좋다.

하지만 영어 학습에 동반되는 두뇌의 인지 역량 한계로 인해 영어 학습자들이 초기부터 문장의 전후 문맥 상황에 완전히 몰입하는 것은 쉽지 않다. 학습 초기에는 단어의 의미를 이해시키기 위해 영어 학습자의 모국어를 사용하여 지도해도 별다른 문제점이 없고, 학습 효과도 낮아지지 않는다. 하지만 초기 단계가 지나면, 상황 속의 단어 지식을 제고해 주기 위해 새로운 영어 단어를 사용하여 이해가 필요한 단어를 설명해 주는 것이 더 효과적이다. 어휘 학습 초기에는 영어 학습자의 모국어를 사용하여 이해를 돕는 것도 좋다. 모든 영어 학습자가 같은 교실에서 같은 모국어 배경을 갖고 있는 경우라면, 지금 설명하는 방법을 보다 쉽게 진행할 수 있

을 것이다. 하지만 안타깝게도 대부분의 경우 하나의 교실 안에 다양한 모국어 배경을 갖는 학생들이 있을 것이며, 또한 학습 단계도 개별 학생마다 다르다. 교사의 적절한 상황 판단이 필요할 것이다.

경험 많은 교사들은 영어의 문법 규칙과 기본 정보를 영어만 사용하여 이해시키기 힘들다는 것을 잘 안다. 그들은 학습자의 모국어로 영어의 기본 규칙을 가르치는 것이 보다 더 효율적이라고 말한다. 영어 학습자들에게 영어의 동사 활용과 같은 구체적인 내용을 파악하도록 지도하기에는 수업 시간이 너무 제한적이라고도 말한다. 영어 학습자들이 어느 정도 영어로 대화할 수준으로 올려진 이후에 영어만을 이용한 수업이 효과적이라는 것이다. 영어 학습자들의 영어 어휘 학습과 관련한 사항은 티칭 팁 3.5를, 어휘 이해와 관련된 사항은 티칭 팁 3.6을 참조하기 바란다.

숙어

숙어는 비유적인 표현으로 의미를 전달함으로써 언어를 더욱 풍부하게 만드는 역할을 한다. 영어를 배우는 학생들이 숙어의 정확한 의미를 이해하는 것은 쉽지 않다. 영어 학습자들은 먼저 영어 단어의 문자 그대로의 의미 파악에 집중하기 때문이다. 일상적인 숙어 It's raining cats and dogs. 라는 문장을 예로 들어보자. 영어 원어민 화자들은 위 문장을 It's raining hard.(비가 많이 온다.)의 의미로 생각한다. 하지만 영어 학습자들은 "rain + cats? + dogs?", 즉 말도 되지 않는 이상한 표현이라고 생각하거나 혹은 그 의미를 파악하지 못해 어려움을 겪는다. 영어 학습자들이 숙어의 숨은 뜻을 제대로 파악할 수 있도록 도와주어야 한다. 영어 숙어와 그 의미를 알려주는 인터넷 자료들은 쉽게 찾을 수 있다. 영어 학습자들의 숙어 학습에 도움을 주고자 작성된 티칭 팁 3.7을 참조하기 바란다.

발음

발음은 단어의 소리(음소), 혹은 소리의 발화를 말한다. 영어 단어에 사용되는 철자들은 항상 같은 방법으로 발음되는 것이 아니다. 조지 버나드 쇼의 말이 시사하는 바가 있다. "단어 fish는 ghoti로 쓸 수도 있다. 두 단어의 영어 발음은 같다. 즉, 단어 ghoti의 gh는 tough의 gh 발음과 같고, o는 women의 e, 그리고 ti는 nation 안에 있는 ti의 발음과 같다."

영어(단어)는 44개의 서로 다른 음소로 구성되어 있다. 다른 언어들에 비해 조금 많은 편이다. 대부분 영어 학습자들의 모국어보다 더 많은 음소들이 영어에 존재한다는 사실은 영어 학습을 어렵게 만드는 요인이 되기도 한다. 표3.2는 로망스 어군의 언어들과 영어의 음소 개수를 비교한 것이

표 3.2 몇몇 언어들의 음소 수 비교

언어	음소
프랑스어	32 개
이태리어	33 개
스페인어	35 개
영어	44+개

다. 영어에는 없지만 로망스 어군의 언어들에 존재하는 음소를 제외하면, 프랑스, 이탈리아, 스페인 사람들이 영어 원어민 화자들과 유사하게 발음하기 위해서는 20개 이상의 새로운 음소를 배워야 한다. 영어 학습자들에게 영어에만 있는 새로운 음가를 확인시켜 주고, 해당 발음을 잘 할 수 있도록 충분히 연습시켜야 한다.

영어 학습자들의 모국어와 영어에서 비슷한 모양을 갖는 일부 자음들은 실제 매우 다르게 발음된다는 것도 가르쳐야 한다. 예를 들어, 영어의 /p/는 Peter Piper picked a peck.(피터는 한 덩이를 집어 들었다. tongue twister의 일부분)라는 문장에서 보듯이 기음화(/p/, /t/, /k/ 다음에 강세 모음이 나오면 기음인 /h/ 음을 첨가하여 발음) 현상이 나타난다. 하지만 스페인어나 프랑스어의 /p/는 기음화가 거의 일어나지 않는다. 또한 영어의 /d/는 구개 앞부분에 혀끝이 닿으면서 발성된다. 하지만 스페인어의 /d/는 영어의 /th/ 발음과 흡사하게 윗니, 아랫니 사이에 혀끝을 접촉시키면서 발성되는 음이다. 또한 흔히 이중 모음으로 발음되는 영어 모음 또한 다른 로망스 언어의 모음과는 약간 다르게 발음된다.

충분한 연습을 하면, 누구든지 영어 음소를 제대로 구별할 수 있다. 연습 방법 중 하나는 의미를 통한 연습이다. 예를 들어, 영어 학습자가 단어 cold와 gold가 서로 다른 의미를 갖는다는 점을 알고 있다면, 단어의 첫 소리 /k/와 /g/가 분명히 다르다는 점도 쉽게 판단할 수 있다. 또 다른 방법은 소리에 대한 심화 훈련을 실시하는 것이다. 음소 짝(phoneme pairs)이 포함된 영어 문장을 들려 주는 것도 하나의 방법이다. 이러한 훈련을 통해 서로 다른 음소를 추론할 수 있게 된다. 음소 짝과 같은 패턴연습은 단어의 의미를 알게 되는 이점은 없더라도, 밀접하게 관련된 음소들의 차이점을 구분해 낼 수 있는 능력을 갖도록 하는데 긍정적 영향을 미친다. 이 방법은 영어의 /l/과 /r/의 음가 구분에 매우 성공적인 성과를 보여주고 있다.

단어와 문장의 강세

음절마다 거의 동일한 강세가 주어지는 일본어 혹은 프랑스어 등과 달리 영어는 음절마다 서로 다른 강약이 주어진다. 두뇌 속 언어 처리 영역에서는 청자나 화자가 듣거나 말하는 바를 쉽게 이해하기 위해 강세를 사용한다. 하지만 이와 같은 영어 단어의 강세 변화는 영어 학습자들의 영어 이해를 어렵게 만든다. 특히 화자가 말을 빨리 할 경우에 청자의 이해는 더욱 어려워진다. 영어 강세 패턴은 이해하기 어렵지만 지속적인 영어 듣기 말하기 연습을 통해 향상될 수 있는 언어 기능이며, 정복할 수 있는 기술이다. 영어 학습자들이 먼저 영어 단어의 강세 패턴을 이해하면, 강세 기술을 더 잘 습득하게 된다는 연구 결과들이 많다(Tremblay, 2009). 문장의 강세는 영어의 운율, 특히 리듬을 만드는 주요 요소가 된다. 문장 강세란 문장 안의 일부 단어가 다른 단어보다 더 강하게, 즉 더 큰 소리로 발음 되는 것을 말한다. 영어 학습자가 영어 문장의 강세를 얼마나 잘 이해할 수 있는지는 영어 학습자의 모국어 발음 강세가 어떤 역할을 하는지와 매우 밀접한 관계가 있다. 학습자의 두뇌 속 언어 네트워크에서는 학습자 자신의 모국어 문장에서 나타나는 강세 위치를 이미 알고 있다. 하지만 영어를 배우는 학습자 입장에서 영어를 정확하게 말하고 이해하기 위해서는 학습자의 모국어 중심으로 이미 형성된 두뇌 네트워크를 영어에 맞춰 재조정해야 한다. 강세 패턴을 듣거나 말할 수 있는 능력을 갖추는 일이 중요한 이유는, 문장의 어느 부분에서 강세가 놓이는지에 따라 그 의미가 바뀌기 때문이다. 단어의 강세를 연습하는 여러 가지 전략들은 티칭 팁 3.8을 참조하기 바란다. 또한 문장의 강세 연습 전략은 티칭 팁 3.9, 3.10, 3.11을 참조하기 바란다.

억양

억양(intonation)은 강세와 관련이 깊다. 억양은 말을 할 때 목소리의 음조가 올라가거나 내려가는 현상을 말한다. 모든 언어에는 억양이 있다. 억양은 성, 수, 시제, 시간, 양을 표시할 때 사용되기도 한다. 예를 들어 영어 원어민 화자는 의문문에서 끝을 올리지만, 평서문에서는 끝을 내리는 경향을 보인다. 로망스 어군의 언어도 대개 이와 유사한 패턴을 보인다. 하지만 중국어나 베트남어와 같은 성조(tonal) 언어는 그 나름대로의 독특한 억양 체계가 있다. 성조 언어 사용자가 영어를 처음 배우게 되면, 영어 원어민 화자들이 사용하는 억양과 다른 유형을 보인다. 하지만 중국어가 모국어인 화자들은, 영어로 정확히 번역해서 설명하기는 어렵지만, 음조의 높낮이가 말의 의미를 바꿀 수 있다는 것을 잘 알고 있다(Grabe, Rosner, Garca-Albea, & Zhou, 2003).

억양을 가르칠 경우에는 문장을 별도로 분리하여 가르치는 것보다 대화와 함께 가르치는 것이 제일 좋다(Jenkins, 2004). 예를 들어, 상냥하게 말하는 경우와 화를 내며 말하는 경우를 비교하거나, 공격적인 말투와 수줍어하는 말투를 비교하는 것과 같은 방식이다. 주의할 점은 대화에서 보이는 미묘한 차이에 대한 교육은 단어나 문장의 강세 등에 관한 연습이 완료된 이후에 언급하거나 진행하는 것이 좋다.

다음에
언급 할 내용

영어를 배우는 학생들의 듣기와 말하기 실력이 향상되었다면, 이제 읽기 학습에 필요한 어휘력을 쌓아나가야 한다. 읽기는 영어 학습자 자신의 모국어로도 해내기 힘든 어려운 도전 과제이다. 외국어(제2언어) 읽기 학습은 당연히 어렵고 힘든 과업이다. 영어 읽기를 배우는 가장 좋은 방법은 무엇일까? 영어 읽기를 배울 때 학습자의 모국어를 사용하도록 허용하는 것이 더 효과적일까? 아니면 영어만 사용하도록 하는 것이 더 효과적일까? 쓰기 학습은 더 어려운 과제다. 특히 영어 학습자의 모국어 쓰기 시스템이 영어의 알파벳과 상이한 시스템일 경우에는 더욱 더 어려워진다. 영어를 읽고 쓰도록 하기 위해서 교사들이 할 수 있는 교육적 지원은 무엇일까? 제4장에서는 영어 읽고 쓰기를 어떻게 지도할 것인지에 대한 답을 제시할 것이다.

영어 듣기 평가

듣기 활동은 음성 언어에서 사용되는 단어와 구의 이해뿐만 아니라 의미의 이해까지도 포함되는 작업이다. 영어 학습자가 얼마나 잘 듣고 이해하는지를 평가하는 과정 하나를 제시하니 학습자의 나이와 영어 능력 수준 등을 고려하여 적절히 응용하여 사용하기 바란다. 듣기용 문장은 사람들 사이에서 흔히 사용되는 간단한 영어 문장이면 된다. 구절을 여러 단락으로 나누어 사용할 수도 있을 것이다. 고학년에게는 조금 더 어려운 단어를 사용하는 것이 좋다. 듣는 문장을 받아 적어도 되며, 교사의 판단에 따라 학생들에게 문장을 여러 번 들려주어도 무방하다. 학생들에게 음성 파일을 들려 준 뒤, 다음 질문들을 선택하여 사용하기 바란다.

1. 요점 이해. 청취 내용의 중요 개념이나 목적을 이해하고 있는지를 확인하기 위한 질문이다. 구체적인 내용보다는 목적과 내용 전반을 묻도록 한다.
   - 주제는 무엇인가?
   - 화자가 의도하는 바는 무엇인가?
   - 왜 화자(구체적인 이름 명기)는 그러한 주제(구체적인 주제 명기)를 하고 있나요?
2. 구체적인 사항 질문. 영어를 배우는 학생들은 구체적인 질문에 대답하기 위해 메모를 해도 무방하다. 들으면서 중요한 사항을 필기해

도 좋다. 지나치게 사소한 내용이나 부차적인 내용을 묻는 일이 없
도록 주의해야 한다.

- 화자 (이름 명기)에 따르면 무슨 문제가 발생했는가?
- 화자 (이름 명기)는 관련 사항에 대하여 무엇이라고 말했는가?
- 왜 그러한 일(구체적으로 서술)이 발생했는가?

3. 자세 이해. 대화 주제에 대한 반응과 의견 속에 암시된 내용을 파악
   하기 위해 말하는 사람의 목소리에 담긴 어조를 주의 깊게 듣는다.

- 화자 (이름 명기)의 인상은 어떤가?
- 화자 (이름 명기)는 어떻게 느끼고 있는가?
- 화자 (이름 명기)가 어떤 사항(구체적 제시)에 대해 말한 것은 어떤 의견을
   가지고 있다는 뜻인가?

4. 심층적인 이해. 이런 유형의 질문은 잘 듣도록 하기 위해 일부를 다
   시 들려 주어도 된다.

- 화자(이름 명기)가 말한 어떤 사항(구체적으로 제시)은 무엇을 암시하는가?
- 왜 화자는 주제(구체적 명시)를 언급하고 있는가?
- 해당 내용에서 사건은 어떻게 구성되어 있는가?

학생들의 심층 이해가 필요한 질문에 대답하는데 도움이 될 수 있는 확
인 리스트나 도표를 준비한다. 이와 같은 초인지 학습 전략을 사용하기 위
해서는 티칭 팁 3.3을 참조하기 바란다.

영어 듣기와 말하기 교육 :

이해력 평가를 위한 사진 활용

교사는 학생들에게 사진을 보여주면서, 4개의 지문을 큰 소리로 읽어
준다. 사진을 가장 잘 묘사한 지문을 선택하게 한다.

A. The girl is holding her shoe.(소녀는 신발을 잡고 있다.)

B. The girl is leaning on her bag.(소녀는 등을 가방에 기대고 있다.)

C. It is raining.(비가 오고 있다.)

D. The girl is wearing short pants.(소녀는 짧은 바지를 입고 있다.)

A. The teacher is writing.(교사는 글을 쓰고 있다.)

B. The teacher is wearing a hat.(교사는 모자를 쓰고 있다.)

C. There are six people in the picture.(사진에 여섯 사람이 보인다.)

D. The teacher is wearing glasses.(교사는 안경을 끼고 있다.)

A. There are three people in the picture.(사진 속에는 세 사람이 있다.)

B. The girl on the left is wearing a hat.(왼쪽 소녀는 모자를 쓰고 있다.)

C. The girl on the right is smiling.(오른쪽에 있는 소녀가 웃고 있다.)

D. The computer is behind the boy.(컴퓨터는 소년의 뒤쪽에 있다.)

영어 듣기 능력 개발을 위한 초인지 학습 전략

영어 듣기 능력 개발을 위한 초인지 학습 전략은 초등학생에게도 유용하다. Goh[2008]는 두 가지 유형의 듣기 활동을 제안한다.

통합적 체험 듣기	
학습 활동	**방 법**
순서에 따른 초인지 듣기 활동	학생들이 먼저 들은 내용을 개인적으로 평가해 본다. 이어서 반 친구들과 들은 내용을 의논해 보도록 한다.
자기 주도적 듣기	학습자 스스로 자신의 듣기 과제를 계획해 보도록 한다. 듣기 과제를 수행하며, 듣기 성과를 스스로 평가해 보도록 한다.
친구의 말 잘 들기	듣기 연습 전략 중 하나다. 연습 자료 선택부터 활동까지 친구와 짝을 이루거나 소그룹 활동을 진행한다.
친구가 만든 듣기 프로그램	소규모 그룹으로 활동한다. 학급 친구들을 위해 듣기 활동을 고안하여, 다음과 같이 활동한다. • 듣기 활동의 문제점, 원인, 가능한 해결 방안 찾기 • 듣기 능력에 영향을 주는 요소에 대해 토론 하기 • 교실 이외의 공간에서 듣기 기능을 향상시킬 수 있는 방안 찾기 • 문화적으로 부적절한 듣기 전략 제거하기
듣기 활동 후 추가 이해 활동	듣기 과제를 마친 뒤 들은 문단의 음운적 특징을 이해 할 수 있도록 한다.

다음 사항들[Goh, 2008]은 자기보고서 목록에 포함된 것들이다[Vandergrift 외, 2006].

지도 부가형 반성적 듣기	
학습 활동	**방 법**
듣기 일지 작성 (영어 쓰기가 가능한 학생용)	학생 자신의 듣기 활동을 신중히 생각해 보는 질문을 하고, 그 질문에 대한 반응을 기록한다. 예를 들면, • 듣기 활동 중 어떤 문제가 있었으며, 문제들 중 해결이 가능한 것은 무엇인가? • 가장 자주 사용하는 듣기 기술은 무엇인가? 　요점 파악인가, 세부내용 파악인가, 아니면 정보 추론과 관련된 기술인가? 왜 그런가? • 문단 내 어떤 내용이 듣기 수행에 영향을 미쳤는가? 그 이유는 무엇인가?
학습 불안/동기 차트 작성	교실 안팎에서 느끼는 불안감과 학습 동기의 변화를 나타낼 수 있도록 영어 학습자 스스로 그래프를 만든다.
과정 중심의 토론	듣기 학습이나 듣기 관련 사항에 대하여 소그룹 또는 학급 전체가 토론한다. 토론 내용은 다른 사람들과의 대화 전략, 듣기 역량 강화를 위한 각종 자료 사용 방법, 듣기 중에 발생할 수 있는 여러 나라의 언어 관련 문제 등이 포함된다.
듣기 활동 후 추가 이해 활동	학생들이 들을 때 나타나는 초인지 학습 활동과 관련하여, 사전에 지정한 목록을 이용하여 자신이 알고 있는 지식과 수행 정도를 평가한다. 다음과 같은 내용이 포함된다. • 나는 영어 듣기 활동 중, 머릿속에서 모국어로 번역했다. • 나는 지금도 영어 듣기가 영어 말하기, 읽기, 쓰기 보다 더 어렵다. • 나는 어떤 내용을 듣기 전에 이전에 들었던 비슷한 글을 떠올린다. • 나는 들은 내용이 정확하지 않다고 생각 될 때에는 해석을 스스로 바꾼다. • 나는 들으며 나 자신의 이해 수준이 만족스러운지 묻는다. • 듣기를 끝낸 뒤, 내가 어떻게 들었는지 생각해 보고 다음에는 더 나은 방법으로 들어야겠다는 생각을 한다.

자신의 이야기 말하기

영어를 학습하는 학생들의 말하기 능력을 평가한다.

- 교사는 학생들과 함께 앉아 학생 스스로 선택한 주제에 대해 말하게 한다.
- 방학, 취미, 영화, 스포츠, 읽은 책 등 어떤 것이든 가능하다.
- 학생들이 자신의 이야기를 하는 동안 교사는 향후 학생들의 말실수를 교정하는데 도움이 될만한 구체적인 사항들을 메모한다.
- 학생들이 말할 때 방해 받지 않도록 조심해야 한다. 말의 흐름을 끊거나, 공격 받는 일이 없도록 한다.
- 참고할 만한 서식은 아래와 같다.

학생 이름:	주제:	
기능	수행 능력 정도	도움이 필요한 사항
어휘	학생들이 의미 전달을 위해 사용한 단어는 정확한가? 잘못 사용한 단어는 몇 개인가?	
발음	어느 정도로 이해할 수 있게 발음하고 있는가? 수정해 주어야 할 발음 측면의 실수는 없는가?	
강세	말하는 동안 단어의 강세는 적절한가? 수정해 주어야 할 강세 패턴은 없는가?	
(기타)		
(기타)		

- 자신의 이야기 말하기가 끝나면 실수한 부분을 알려주고 어떻게 개선할 것인지에 대해 토론한다.
- 자신의 이야기로 말하는 기회를 통해 학생들의 자신감을 키워줄 수 있는 프로그램으로 발전시킨다.

영어 단어 학습

영어 학습자의 단어 학습을 도와 줄 몇 가지 제안은 다음과 같다(Swanson & Howerton, 2007).

- 미국에서 학교를 다니는 영어 학습자들은 영어에 능숙해지기 훨씬 전부터 영어로 진행되는 교과목 수업에 참여해야 한다는 사실을 염두에 두어야 한다. 대략적인 의사소통은 어느 정도 시간이 지나면 가능하지만, 학교 수업과 관련된 영어 실력을 쌓는 데에는 상당한 시간이 필요하다.
- 학생들에게 새로운 단어를 사용해 볼 수 있는 기회를 주어야 한다. 초등학교 1학년부터 6학년까지는 다 함께 읽는 방법이 좋다. 교과목 영어를 배우기 위한 튼튼한 기초가 될 수 있다. 저학년에서 고학년으로 학년이 올라갈수록 점점 더 많은 새로운 단어들이 들어간 지문으로 다 함께 읽기를 계속해 간다. 다 함께 읽기는 발음 연습은 물론 문맥을 통한 의미 파악 연습에도 효과적인 방법이다.
- 학습자들이 단어의 소리와 그 의미 사이의 관계를 연상할 수 있도록 핵심 단어와 사진을 이용한다. 명사는 쉽게 연상되는 사진을 사용하면 학습 효과가 높다. 단어를 이해하고 의미를 파악하는 연습을 위해 제시된 단어와 관련이 있는 사진과 전혀 관련이 없는 사진 두 장을 보여주며, 선택하게 하는 방법도 좋다.

- 학습자의 모국어에 대응하는 영어 음가를 맞춰 보는 것도 좋은 방법이다. 영어는 심층적 철자 구조를 갖고 있는 언어다. 심층적 철자 구조를 가진 언어란 글자와 소리 대응의 불규칙성이 큰 언어를 말한다. 영어 학습 초기에는 발음을 정확하게 발화하기 쉬운 단어를 고르는 것이 좋다.
- 교실 밖 환경에서 새로운 단어를 사용해 보도록 장려한다. 학교 밖에서 새로운 단어가 어떻게 사용되는지 경험해 보고, 경험한 것을 수업 시간에 발표하게 한다.
- 로망스어는 영어와 유사한 어근을 갖는 단어들이 많다. 유사한 어근 단어를 조사하는 방법은 새로운 단어 학습에 도움을 줄 수 있다.
- 교과목 학습에 도움이 되는 단어 리스트를 준비하여 최대한 자주 노출 시킨다.
- 수업 시간에는 어떤 단어를 사용하더라도 비난 받거나 조롱 받지 않는 안전한 환경이라는 사실을 확신시켜 주어야 한다.
- 자신의 이해 수준을 스스로 파악 할 수 있도록 지도하여, 학생들 스스로 이해하지 못했거나 교사의 도움을 요청해야 할 시점을 알 수 있도록 한다.
- 학생들에게 어떤 영어 단어를 배우고 싶은지 직접 물어본다. 참여는 모든 교육 과정에서 학생들의 흥미를 유발하고, 동기가 부여되는 아주 훌륭한 방법이다.

단어의 심층적 이해와 사용

영어 학습자들이 새로운 단어를 학습할 때는 그 형태와 의미를 연결시키는 일이 매우 중요하다. 학습 초기에는 단순히 단어 형태와 의미를 연결할 수 있으면 된다. 그러나 읽기와 쓰기 활동을 통해서는 각 단어의 형태가 어떻게 다르고, 어떤 의미를 담고 있는지 있는지 파악할 수 있도록 해야 한다. 나아가 상호 의사 소통이 필요하게 될 상황에서는 각 단어의 사용법을 정확히 알 수 있도록 해야 한다. 단어와 관련하여 더 알아 두어야할 사항을 아래에 정리한다(Nation, 2001).

단어의 형태

- 단어는 어떤 소리와 유사한가?
- 단어를 어떻게 발음하는가?
- 단어는 어떻게 생겼는가?
- 어떻게 쓰며, 철자는 어떻게 되는가?
- 의미를 잘 드러내기 위해서는 단어의 어떤 부분이 필요한가?

단어의 의미

- 단어의 형태로 볼 때, 어떤 의미가 있다는 것을 암시하는가?
- 특정 의미를 나타내기 위해 사용된 단어 형태는 어떤 것인가?
- 단어의 개념에 포함되어 있는 내용은 어떤 것인가?

- 해당 단어는 어떤 단어를 떠올리게 하는가?
- 그 단어 대신 사용할 수 있는 단어는 무엇인가?

단어의 사용
- 해당 단어를 사용할 때 나타나는 패턴은 무엇인가?
- 해당 단어를 사용할 때 나타나는 다른 패턴이 있는가?
- 함께 사용되는 단어는 어떤 것인가?
- 언제, 어디서, 얼마나 자주 해당 단어를 보게 되는가?
- 언제, 어디서, 얼마나 자주 해당 단어를 사용할 수 있는가?

교사들은 단어의 형태와 의미를 가르치는 전략을 사용해야 한다. 물론 해당 단어의 다양한 패턴과 구어체 사용을 직접 가르치는 일은 결코 쉽지 않다. 다양한 사례와 여러 종류의 자료들을 사용하는 것이 중요하다.

숙어 학습

숙어는 영어를 배우는 사람들을 자주 혼란스럽게 한다. 교사들은 교실 대화에서 일상적으로 사용되는 숙어들을 잘 파악하고 있어야 한다. 학생들에게 영어 숙어를 가르칠 때는 문자 그대로의 의미와 비유적인 의미의 차이를 이해시키도록 한다. 학생들의 모국어에서 흔히 사용되는 숙어에는 어떤 것들이 있는지 질문해 보는 것도 좋다.

- 영어 학습자들의 나이에 맞게 사용되는 일상적 숙어 목록을 만들고, 각 숙어의 의미를 물어본다. 숙어 It's a piece of cake(케이크 한 조각)의 뜻을 물어 보면, 학생들은 문자 그대로의 의미를 말하기 쉽다. 학생들의 답을 들은 뒤, 숙어 It's a piece of cake는 어떤 일이 아주 쉽게 수행된 것을 의미하는 비유적인 표현이라고 설명해 준다. 흔히 사용되는 여러 다른 숙어들에 대해서도 동일한 과정을 반복해 준다. A smart cookie(약은 녀석), All in the same boat(공동 운명체), Can't cut the mustard(기대한 만큼 성과를 올리다)와 같은 숙어들을 이용할 수 있다.

- 영어 학습자의 모국어에서 널리 사용되는 숙어에 대응하는 영어 숙어를 골라 서로 비교해 보도록 한다. 이 활동은 자주 사용되는 교실 영어를 강화시켜주고, 같은 반 급우들과의 정서적 일체감도 높여준다. 영어를 배우는 학생들은 자신의 모국어에서 사용하는 숙어를 이용하여, 학습 과정에서의 어려움을 서로 나눌 수 있기 때

문이다. 가령, 어떤 값비싼 품목을 나타내는 영어 숙어 표현 중 It costs an arm and a leg.(터무니 없이 많은 돈이 들다.)라는 숙어가 있다. 이와 유사한 의미를 갖는 스페인어는 Cuesta un oto de la cara(It costs an eye of your face. 얼굴의 눈에 값을 치르다.)라는 숙어가 사용되고 있다. 숙어의 정확한 의미를 잘 모르는 학생들은 Don't pull my leg.(장난하지 마세요.)라는 의미로 이해할 수도 있다. 이와 같은 느낌을 주는 스페인어 표현에는 No me tomes el pelo, 영어로는 Don't take my hair.(내 머리를 가져가지 마세요.)라는 숙어가 있다.

- 영어 숙어의 의미를 설명해 주는 다양한 인터넷 사이트를 활용한다.

- 학교, TV, 인기 있는 음악 가사 등에 사용되는 여러 숙어 표현들을 학생들이 직접 소개해보도록 한다. 발표할 의사가 있는 지원자의 명단을 받고, 어떤 숙어를 소개할 것인지 미리 알아 두는 것이 좋다(수업 시간에 사용해도 되는 적절한 표현인지 미리 확인하는 과정이 필요하다.).

- 수업 중 배운 숙어를 사용하여, 짧은 발표를 해 보도록 한다. 한 학생이 발표하는 동안, 다른 학생들은 집중해서 듣고, 듣기 능력을 향상시킬 수 있도록 하기 위해 숙어의 의미를 쓰게 한다.

- 영어를 읽고 쓸 줄 아는 학생들에게 숙어를 활용한 일기 쓰기 주간을 운영하도록 제안한다. 일기에 기록된 숙어는 날짜를 정하여 상호 토의하도록 한다. 토의 과정을 통해 학생들은 각 숙어에 내재된 복잡한 의미를 알아 내고자 애쓰는 사람이 자신만이 아니라는 것을 깨닫게 된다. 숙어 일기에 기재된 숙어로 별도의 노트를 만들고, 활용할 수 있게 한다. 숙어 일기 쓰기 주간의 운영, 숙어 노트

활용 등과 같은 활동을 통해 학생 스스로 자신의 영어 실력 성장 수준을 확인할 수 있다. 영어 실력이 향상된 것을 확인하면 이후 영어 학습에 더 큰 자신감을 갖고 수업에 참여하게 된다.

단어 강세

강세의 변화는 영어 문장의 의미를 바꾼다. 따라서 영어의 강세는 말하기에서 매우 중요한 역할을 수행한다. 상당한 시간을 투자하여 강세 연습을 하지 않으면, 듣기나 말하기에서 어려움을 겪게 된다. 영어의 강세 연습은 학생의 나이, 말하기 수준 등에 따라 개별적으로 진행한다.

- 두 개 이상의 음절로 이루어진 모든 단어에는 강세가 있다.
- 강세는 항상 모음에 주어진다. CAN-a-da, a-BOVE, TU-lip, TEACH-er
- 단어 마다 강세 음절이 하나씩 있다. 두 개의 강세 음절을 들었다면, 두 개의 단어를 들은 것이다.
- 유사한 단어라도 강세 음절은 서로 달리 나타난다. PHO-tograph, pho-TOG-rapher, photo-GRAPH-ic.
- 같은 단어라 하더라도 명사인지 동사인지에 따라 단어 강세가 달라지며, 그 의미가 달라지기도 한다. 일반적으로 명사는 첫 음절에, 동사는 둘 째 음절에 강세가 있다.

  예) His CON-duct was excellent. He will con-DUCT the orchestra.
  (그의 지휘는 탁월했다.)　　　(그는 그 오케스트라를 지휘할 것이다.)

  The OB-ject is made of glass. I ob-JECT to that comment.
  (그 물체는 유리로 만들어 졌다.) (나는 그 제안에 반대한다.)

This PRES-ent is for you.　　　He will now pre-SENT the gift.
(이 선물은 당신 것이다.)　　　(그는 지금 그 선물을 줄 것이다.)

■ 위 단어와 같은 범주 단어의 예; contest, contract, convict, insult, permit, perfect, produce, project, protest, recall, reject. 예로 든 단어들이 명사나 동사로 사용된 문장을 예시하여, 강세 차이를 경험해 볼 수 있게 한다.

예) I want to preSENT you this PRESent.
(당신에게 이 선물을 드릴 수 있기를 바랍니다.)

I hope my father will perMIT me to get a driver's PERmit.
(내가 운전면허증을 받을 수 있도록 아버지께서 허락해 주시기를 바란다.)

If you perFECT your stress, your accent will be PERfect.
(강세를 완전하게 한다면, 너의 악센트는 완벽해질 것이다.)

He is a REBel who wants to reBEL against the world.
(그는 세상에 반항하고자 하는 반항아다.)

■ 복합어(두 품사의 결합)의 강세는 단어의 문법적 용도에 따라 달라진다 (약간의 예외는 있다).

복합 명사의 경우에는 첫 번째 명사에 강세가 주어진다.
: FIREproof, GREENhouse, SKYscraper, SNOWdrift, UPdate 등
복합 형용사의 경우, 두 번째 형용사에 강세가 주어진다.
: kind−HEARTed, old−FASHioned, left−HANDed, sure− FOOTed 등
복합 동사의 경우, 두 번째 동사에 강세가 주어 진다.
: foreTELL, overCOME, underSTAND, upHOLD 등

영어 듣기와 말하기 교육 :

문장 강세

영어의 강세 변화는 의미를 바꾼다. 단어는 문맥에 따라 다양한 의미를 갖기 때문에 영어 문장의 강세는 학습자들이 정복하기 어려운 부분이다. 문장 속에서의 강세 연습은 구두 영어 학습에 중요한 부분을 차지한다.

- 문장 속의 어떤 단어는 다른 단어들보다 더 강하게 발음된다.
- 문장 속에서 내용어와 기능어를 구분할 수 있게 해야한다. 내용어는 의미를 전달하며, 기능어는 문법적인 정확성을 보여준다. 내용어는 주로 명사, 동사, 형용사, 부사, 부정 조동사(aren't, can't, don't), 지시사(that, this, those), 의문사(who, what, where) 등이 포함되고, 기능어는 관사(a, some, the), 접속사(and, because, but), 대명사, 전치사, 조동사(be, can, do, have, must) 등이 포함된다. I am going to California because I am buying a house.(나는 집을 사고 있기 때문에 캘리포니아로 갈 것이다.)라는 문장에서 내용어는 I, going, California, buy, house, 기능어는 am, to, because, a로 구분된다. 일반적으로 내용어에 강세가 주어지고, 기능어에는 강세가 주어지지 않는다.
- 특별한 경우에는, 진술문의 명확성을 높이기 위해 기능어에도 강세가 주어지기도 한다. 예를 들면, Didn't they go to the party last night?(어제 밤 파티에 가지 않았니?)라는 질문에 대한 대답으로 No, THEY didn't go, but WE did.(아니, 그들은 가지 않았지만, 우리는 갔어.)라고 말할 경

우에는 기능어에 강세를 주게 된다.

■ 영어 문장은 항상 박자를 가진다는 사실도 기억해야 한다. 강세가 있는 단어는 항상 강한 박자가 들어있다. 반면 강세가 없는 단어는 강한 박자를 가진 단어들 사이에서 약화되어 버린다. 또한 박자와 박자 간에는 항상 동일한 시간이 소요된다.

■ 문장 속에서 단어의 강세를 바꾸면 화자가 말하고자 하는 의미도 바뀐다는 점을 설명해야 한다.

We have to go to school의 문장을 예로 살펴보자. 단순한 문장임에도 강세를 주는 단어가 바뀌면, 말하고자 하는 의미가 어떻게 변화 되는지에 주의한다.

WE have to go to school. (We, rather than anyone else, must go.)
우리는 학교에 가야만 한다. (다른 사람이 아니라 우리가 가야만 한다.)

We **HAVE** to go to school. (There is no other choice.)
우리는 학교에 **가야만** 한다. (학교에 가야 하는 것 말고는 다른 선택이 없다.)

We have to **GO** to school. (We must leave now.)
우리는 학교에 **가야**만 한다. (우리는 지금 가야만 한다.)

We have to go to **SCHOOL**. (We are off to school rather than any other place.)
우리는 **학교에** 가야만 한다. (우리는 다른 장소가 아니라 학교에 가야만 한다.)

초등학생에게 문장 강세 가르치기

영어 학습자가 초등학생 이상이면 문장의 강세를 배울 수 있다. 기본적인 영어 문장을 읽고 쓸 줄 아는 학생이라면 더욱 성공적으로 교육할 수 있다. 아래에 참고할 만한 강세 지도 방법을 제시한다. 학생의 영어 수준이나 나이를 고려하여 적용하는 것이 좋다.

- 쉬운 문장을 선택한다. 문장에서 강세가 있는 단어를 특별히 더 강조하며, 천천히 읽어 준다. 학생들에게 교사를 따라 소리 내어 읽어 보도록 한다.
- 문장을 반복해서 말한 후, 학생들에게 리듬에 맞춰 박수를 치게 한다. 박수 리듬에 맞춰 문장을 소리 내서 읽어 보도록 한다. 두뇌가 영어 단어와 강세 사이의 연관성을 파악할 수 있도록 하기 위한 활동이다.
- 각 문장에 나타나는 리듬(비트)이 몇 개나 되는지 물어 본다. 예를 들어, The boy is running with his dog.(학생은 개와 함께 달리고 있다.) 이와 같은 문장에서는 문장 리듬에 맞춰 강세가 있는 단어(boy, running, dog)를 빠짐없이 박수를 쳐야 한다. 학생들이 어려워할 경우에는 첫 번째는 박수를 치지 않고 문장을 말하도록 하고, 두 번째부터는 리듬에 맞춰 문장을 말하면서 박수를 치도록 한다.
- loud와 quiet, 또는 big과 small 같은 단어를 사용하여 강세의 차이

점을 설명한다. 이 활동은 상대되는 개념을 이해시키기 위한 활동이다. 칠판 위에 문장을 써 놓고 학생들에게 박수를 치며, 리듬에 맞춰 읽어 보도록 한다. 소리 내서 읽은 단어들이 어떻게 발음되는지 질문해 본다(loud, big 또는 quiet, small). 이와 같은 활동을 반복하면, 학습자의 두뇌에서 강세의 변화에 따른 단어 의미 변화의 상관성을 이해할 수 있게 된다.

문장 강세 연습에 활용할 수 있는 많은 활동과 게임들이 있다.

■ 학생을 두 명씩 한 팀으로 나눈다. 한 명은 문장을 발음하고(강세가 표시된 문장을 미리 준비해서 학생들에게 나누어 준다), 다른 한 명은 소리를 들은 뒤 강세가 들어가는 단어를 받아 적는다. 강세가 있는 단어를 모두 정확하게 받아 적은 팀은 두 사람 모두에게 스티커를 준다. 두 학생의 역할을 서로 바꾸어 가며 활동을 반복한다. 정확하게 맞을 때마다 스티커를 나누어 주고, 활동이 끝날 무렵 가장 많은 스티커를 받은 팀을 시상한다.

■ 학급 전체 학생을 두 팀으로 나눈다. 각 팀에서 한 번에 한 명씩 지정한다. 교사가 문장을 말하고, 앞으로 나온 학생들은 교사의 발음을 잘 듣고 강세가 있는 단어를 받아 적는다. 모든 학생이 한번씩 번갈아 가며, 같은 활동을 반복한다. 정확하게 적은 단어가 더 많은 팀이 승리하는 게임이다. 팀으로 나누어 활동하면, 앞으로 나와서 게임에 참여하는 학생뿐만 아니라 자리에 앉아 있는 학생들도

영어 듣기와 말하기 교육 :

게임에 매우 집중한다.

- 올바른 순서대로 배열하면, 문장이 완성되는 단어 카드를 만든다. 강세가 있는 단어와 강세가 없는 단어는 서로 다른 색을 사용하여 구별되도록 한다. 단어 순서 배치와 문장 강세 사이의 관계를 이해하도록 도와주는 활동이다.

- 전신 반응 교수법(TPR, Total Physical Response)은 학습 내용과 관련된 사항을 직접 행동하도록 하면서 영어 구절을 지도하는 언어 교수법이다. 작은 그룹별로 또는 학급 전체가 큰 소리로 문장을 말하게 한다. 박자와 리듬에 맞춰 말해 볼 수 있는 문장을 교사가 미리 준비하거나, 학생들 스스로 만들도록 한다. 예를 들어, 학생들에게 What's [your] name [and] how [are you] today? 라는 문장을 말하게 한다. 네 개의 단어에는 강세가 있지만, 세 개 단어에는 강세가 없다. 전체적으로 일곱 개의 단어로 구성된 문장이다. 일곱 개의 단어를 학생마다 하나씩 책임지도록 하고, 강세에 조심하며 소리 내서 읽도록 한다. 크고 분명한 소리로 말하도록 해야 한다. 강세가 없는 단어에 강세를 넣어 말하는 학생은 따로 지도하고 몇 차례 반복적으로 연습해 보도록 한다. 무엇보다 강세가 있는 단어는 더 크고 분명한 소리로 말할 수 있어야 한다.

학생들로 하여금 문장을 만들도록 하고, 교사가 각 문장을 읽어 주며 어디에 강세가 있는지 질문해 보는 활동 또한 학생들이 흥미롭게 참여한다. 각 팀에서 만든 문장을 또 다른 팀에게 읽도록 하고, 강세가 정확한지 서로 평가해 보도록 하는 활동도 효과가 좋다.

- 그림이나 도구를 이용한 강세 연습도 있다. 큰 풍선이나 큰 공에는 강세가 있는 단어, 작은 풍선이나 작은 공에는 강세가 없는 단어를 적어 두고 연습하도록 한다.

어린이들에게 문장 강세를 가르치는 일은 그다지 어렵지 않다. 어린 아이들은 놀라울 만큼 빠르게 학습해 낸다. 가능한 쉽게 강세 개념을 설명하고, 여러 활동과 함께 반복적으로 연습하도록 하는 것이 좋다. 문장 속의 강세나 강약의 요소를 분명히 알게 되고, 연습을 통해 문장의 강세를 표현해 낼 수 있게 되면, 자연스러운 영어 리듬을 사용하여 문장을 말할 수 있게 될 것이다.

중고등학생에게 문장 강세 가르치기

티칭 팁 3.10의 활동들을 중고등학생에게도 적용할 수 있다. 문장 강세 학습은 대부분 학생이 쉽게 배우는 편이지만, 어려워하는 학생도 있다. 다양한 경험을 통해 문법과 관련된 패턴과 규칙에 익숙해져 있고, 이해력도 좋은 고학년 학생들이 문장 강세를 더 빨리 배운다. 이들은 영어를 보다 더 유창하게 읽고 말한다. 여러 개의 단어를 하나의 소리로 묶어 발음하는 청킹 기술이 상당한 수준으로 발달했기 때문이다. 물론 문장 강세 학습을 매우 어려워하는 학생들도 많다. 단어 하나 하나를 또박또박 발음하도록 교육받은 학생이나 문장을 어떻게 발음하는지에 대한 듣기 경험이 부족한 학생의 경우, 문장을 발음할 때 강세나 리듬의 표현이 부족한 경우가 자주 발견된다. 영어 발음에서 같은 실수를 반복할 경우에는 이를 정정해 주도록 해야 한다. 티칭 팁 3.10의 활동과 함께 다음 활동들도 사용해 보자.

- 문장 강세 빙고 게임: 학생들이 좋아하거나 쉽게 구할 수 있는 영어 책을 이용하여 주요 단어가 들어있는 문장을 미리 준비한다. 준비된 문장에서 강세가 있는 단어만 별도의 어휘 목록을 만든다. 학생들로 하여금 준비된 단어 목록 중 희망하는 단어를 선택하여 빙고 게임 각각의 칸을 채우도록 지시한다(5x5 격자가 가장 흔히 사용된다). 교사가 문장을 하나씩 소리 내어 읽어준다. 학생들은 교사가 읽어 주

는 문장을 들으며, 본인들의 빙고 칸에 적었던 단어들 가운데 강세가 있는 단어가 나올 때마다 하나씩 표시해 간다. 가장 먼저 빙고를 완성한 학생이 게임의 승자가 된다. 이 활동은 학생들로 하여금 강세가 있는 단어에 특히 집중할 수 있게 하며, 빙고를 완성하기 위해 사용하는 5x5 격자 안의 모든 단어들을 더 잘 기억하게 된다. 최소 대립쌍(minimal pairs)을 이루는 단어가 있는 문장을 사용하면 더욱 효과가 좋다. 또 다른 활동에는, 전체 문장은 비슷하더라도 강세 패턴이 변화하는 내용을 넣어보는 것이다. 예를 들어, I am running in the field.(나는 들판을 달리고 있다.)라는 문장과 I run in the field.(나는 들판을 달린다.)라는 문장으로 연습해 본다.

■ 강세 단어가 들어 갈 곳을 빈칸으로 만들고, 강세가 없는 단어(대명사, 전치사, 접속사 등)로 만들어진 문장을 준비하여 학생들에게 나누어 준다. 학생들 스스로 강세 단어 위치를 빈 칸으로 만들 수도 있고, 교사가 만들어 주어도 좋다. 학생 한 명은 강세 단어를 빈칸으로 만들고, 다른 한 명의 학생은 빈 칸에 적절한 강세 단어를 채워 가며 문장을 완성하도록 하는 것도 또 하나의 방법이다. 이 활동은 대명사와 조동사의 기능을 강조하는 수업에도 효과적이다. 강세가 없는 대명사 등과 함께 명사, 동사, 형용사가 포함된 문장을 이용하여 강세가 있는 단어와 없는 단어를 찾게 하는 연습을 한다.

■ 단어 기억 게임도 문장 강세를 연습하는 재미있는 방법들 중 하나다. 받아 쓰기(dictation)와 같은 방법의 게임을 하도록 한다. 교사는 5개 이상의 문장을 미리 준비해 둔다. 강세 단어나 강세가 없는 단

영어 듣기와 말하기 교육 :

어 등 필요에 따라 단어를 빈칸으로 만들어 두고 이를 학생들에게 나누어 준다. 교사가 각 문장을 읽어준다. 5개 문장을 모두 읽을 때까지 학생들은 빈 칸에 들어갈 단어를 머리 속에 기억해 두어야 한다. 5개 문장을 다 읽고 나면, 학생들은 기억해 두었던 단어들로 문장 속의 빈칸들을 채운다. 빈칸이 많을 수록 난이도는 높아진다.

■ 문장 속 강세를 이해한 뒤에는 여러 가지 다른 활동으로 자연스럽게 이어갈 수 있다. 소리 내어 읽기는 교실 현장에서 매우 쉽게 적용할 수 있는 활동이다. 학생을 한 명씩, 또는 짝을 지어서 읽거나, 반 전체가 마치 합창하듯 읽거나, 교사가 먼저 읽고 학생들이 따라 읽게 하거나, 교사가 한 줄을 먼저 읽고 이어서 학생들이 한 줄씩 따라 읽게 하는 등 매우 다양한 방법들을 사용할 수 있다. 소리 내어 읽는 사람을 제외한 교사, 학생들은 소리 내어 읽고 있는 학생의 낭독 소리를 듣고 문장 강세가 정확한지 평가할 수 있다.

■ 영어 가사로 된 노래를 듣는 것도 학생들이 재미있게 참여하는 활동이다. 노래를 들으며 강세 단어를 찾아 보도록 하면, 더 오랫동안 학습에 흥미를 느낀다. 영어 노래 속 가사에는 강세가 없는 요소(대명사, 전치사 등)가 일상적인 대화에서 보다 더 길게 발음되거나 강조되는 경향도 있다는 점에 주의해야 한다.

■ 영화 속 장면 하나를 보여주며, 배우들이 말하는 문장의 억양을 주의 깊게 듣도록 한다. 배우들이 사용한 억양을 확인하기 위해서는 배우들의 감정과 분위기, 몸짓에 집중해야 한다. 영화 대본의 관련 부분을 나누어 주고, 각 학생마다 하나씩 배역을 선택한 다음 배우

가 연기한 그대로 목소리부터 몸짓까지 최대한 비슷하게 연기해 보도록 한다. 먼저 보여주었던 영화 속 장면을 한번 더 보여준다. 두 번째는 화면에서는 영화 장면을 소리가 없는 상태로 보여주고, 학생들이 영화 속 배우처럼 음성을 넣어 연기하게 한다. 이 활동은 학생들이 흥미를 느끼는 매우 효과적인 억양 연습 방법이다. 영어 원어민 화자와 영어 학습자 간의 말투를 자연스럽게 비교함으로써, 억양의 차이를 발견하고 수정할 수 있는 매우 유익한 방법이다.

제3장
생각해 보아야 할 핵심 내용

조금 더 자세히 살펴 보아야 할 부분이라고 생각되는 핵심 내용, 개념, 전략, 자료들을 적는다. 아래 사항은 개인 학습 정리 노트이며, 기억을 되살리는 참고 자료가 된다.

제4장

영어 읽기와
쓰기 지도

앞 장에서는 학생들의 듣기 말하기 기능을 어떻게 향상시킬 것인지에 대해 살펴보았다. 듣기와 말하기는 영어의 음소, 형태, 구조, 의미와 관련된 특징들을 처리하는 두뇌 네트워크 형성의 기본 요소다. 학생들이 영어를 정확하게 읽고, 쓸 수 있기를 바란다면 영어의 음소 인식 연습이 충분해야 한다. 영어를 배우는 학생들의 모국어 읽기와 쓰기 성취도 수준을 알아 두는 것도 매우 유용하다. 학생들의 모국어 읽기와 쓰기 성취도 수준을 알아보는 방법들에 관해서는 티칭 팁 4.1을 참조하기 바란다.

읽기

인간은 수만 년 전부터 음성 언어를 사용해 오고 있다. 오랜 기간 동안의 음성 언어 사용을 통해 두뇌는 언어 습득과 그 처리 능력을 향상시켜 왔다. 두뇌가 단어를 듣고 난 후 재빨리 기억하는 능력은 매우 자연스럽고도

영어 읽기와

경이로운 능력이다. 말하기 또한 유전적으로 단단하게 연결되어 있는 능력이다. 하지만, 읽기의 경우는 그렇지 않다. 읽기와 특별히 관련된 특정한 두뇌 영역은 없다. 사실 읽기는 어린 아이들의 두뇌가 감당해야 할 일들 가운데 가장 어려운 일이라고 생각된다. 그 동안의 연구를 통해 밝혀진 바에 의하면 읽기는 유전자와 결합되어 있지 않다. 오랜 기간 생존을 위한 기술로 사용된 음성 언어와 달리 읽기는 두뇌가 당장의 생존에 필요한 기술로 해석하지 않았기 때문일 것이다.

말하기 능력은 타고난다; 하지만, 읽기는 그렇지 않다

읽기가 자연스럽게 습득되는 능력이라면, 누구나 쉽게 읽을 수 있을 것이다. 하지만 현실은 그렇지 않다는 것을 보여준다. 미국의 경우 글을 제대로 읽거나 쓰지 못하는 성인 문맹자가 무려 4천만 명을 넘는 것으로 보고되고 있다. 학생들이 영어 읽기를 배울 때 직면하게 되는 문제점을 언급하기 전에, 학생들의 두뇌가 자신의 모국어 읽기 학습 과정에서는 어떤 작업을 수행하는지 먼저 살펴보도록 하자.

읽기의 초기 단계

아이들은 읽기를 배우기 오래 전부터 주변 사람의 말 소리를 들으며 단어를 습득한다. 가까운 주변 사람의 말에 호응하며 발음을 연습하고, 새로 ⁢의 사용법을 익혀 나간다. 때로 어른들이 수정해 주는 내용을 포함한 여러 경험으로 아이들은 단어의 기본적인 사용법도 알아 간다. 읽기 능력은 아이들의 단어 학습 형태에 따라 크게 영향을 받는다. 아이들이 음성 언어로 이미 사용하고 있는 단어들이 많이 포함된 읽기 자료로 시작하면, 초기 읽기 학습의 성공 가능성이 크게 높아진다. 아이들이 음소와 형태소의 연결을 보다 쉽게 이해 할 수 있을 것이기 때문이다. 물론 아이들은 계속된 읽기 과정을 통해 자신의 두뇌 속 어휘 저장소에 새로운 단어를 추가시켜 나간다. 요약하여 말하자면, 음성 언어를 인식하는 두뇌 시스템과 문자 언어를 인식하는 두뇌 시스템 사이에 일종의 신경 연결망이 존재하고 있다고 말할 수 있다.

읽기 학습은 말 소리가 개별적인 소리 값, 즉 음소로 이루어지며, 글로 쓰여진 상징은 소리를 나타낸다는 인식으로부터 시작된다. 어떤 언어든 음소 인지 신경 시스템은 성인보다 어린 아이들이 더 효율적으로 작동한다. 또한 신경 시스템의 효율성은 유전적 복합체와 관련이 깊다. 이러한 유전적 요소는 환경에 따라 변화되기도 한다. 음성 언어 습득 단계에서 보이는 소리 인식 능력은 향후 문자 언어 학습에 매우 중요한 역할을 한다.

음운 인식

음운 인식이란 음성 언어가 더 작은 요소로 나뉜다는 사실을 알아채는 능력이다. 즉 문장은 단어로, 단어는 음절로, 궁극적으로는 개별 음소로 나누어진다는 것을 인식하는 일이다. 아이들의 경우 음운 인식은 대개 단어의 첫 음 혹은 라임을 알아 차리는 것으로부터 시작된다. 문장 또한 단

영어 읽기와 쓰기 지도 ：

어라는 보다 작은 요소로 나누어지고, 또한 단어는 음절로 분해되며, 음절을 합성하여 단어가 된다는 사실을 인식하는 것이다.

음소 인식

음소 인식은 음운 인식의 하위 개념으로, 단어는 개별 소리(음소)로 구성되며 개별 소리들로써 새로운 단어를 만들어낼 수 있음을 알아차리는 것이다. 이는 한 음소를 단어의 다른 소리와 분리해 내는 능력이며, 단어를 구성하는 음소들로 나누거나, 혹은 어떤 단어로부터 특정한 음소를 제거하는 능력을 말한다. 기초적인 음소 인식 능력을 갖추었더라도 보다 복잡한 음소의 인식 능력으로 쉽게 이어지지는 않는다. 하지만 음소 인식 능력은 아이들의 읽기 학습 성공 여부를 가늠하는 매우 중요한 지표가 된다.

음소와 문자소의 대응

어떤 언어로 된 글이든지 그 글을 읽기 위해서 문자로 나타나는 구불구불하고 임의적인 선의 체계를 두뇌가 기억해야 한다. 또한 두뇌는 어떤 상징, 즉 문자소(grapheme-의미를 나타내는 최소 문자 단위)와 머리 속 어휘부에 이미 저장되어 있는 음소가 어떻게 상호 대응하는지를 파악해야 한다. 모국어가 알파벳 체계가 아닌 학생들이 영어 읽기를 더 어려워한다. 모국어를 알파벳 체계로 변환시켜야 하는 어려움도 있고, 어떤 경우에는 학생 자신의 모국어에서 사용되는 알파벳 음소와 영어의 음소가 같음에도 불구하고 전혀 다른 음을 나타내기 때문이다. 대부분의 유럽 언어에서는 소리가 합쳐진 단어를 글로 나타낼 때 추상적인 글자, 즉 알파벳이 사용된다. 이러한 철자의 사용 규칙을 철자법(orthography)이라고 한다. 한 언어의 철자법이 그 음소의 발음을 얼마나 잘 상징하는지 그 정도에 따라, 해당 언어를 얼마나 정확하게, 그리고 얼마나 빨리 학습할 수 있을 것인지를 예측할 수 있다. 스페인어, 이태리어, 핀란드어의 경우 문자소와 음소 간의 상호 대응 정도가 높은 편이다. 이러한 경우를 두고 표면 철자체계(shallow orthography, 철자와 발음 사이에 밀접한 관련성이 있는 문자 쓰기 체계)라고 말한다. 이 언어들의 경우, 철자 체계 규칙을 배운 뒤에는 어떤 단어를 처음 만나더라도 정확하게 쓸 수 있다. 철자 체계 규칙에 예외적인 사항이 거의 없기 때문이다.

하지만 영어는 단어의 발음 체계와 철자 체계가 서로 상응하지 않는 경우가 많다. 영어와 같이 문자소와 음소 간의 대응이 제대로 이루어지지 않는 알파벳으로 구성되어 있는 경우를 심층 철자체계(deep orthography)라고 일컫는다. 영어를 습득하는 아이들의 두뇌는 어떤 문자소가 어떤 음소를 나타내는지를 대응시켜가면서, 같은 상징으로 표기되더라도 종종 서로 다른 소리를 나타낸다는 사실을 알아차리게 된다. 예를 들면 cat과 father의 단어 안에 있는 a는 서로 다른 발음이 난다는 것을 경험과 교육을 통해 차츰 인식해 간다. 마찬가지로 bough, cough, dough, rough처럼 동일하게 배열되어 있는 −ough 네 철자들의 발음이 서로 다르다는 점도 알게 된다.

두뇌는 소리와 철자의 패턴이 일치하지 않는다는 것을 인식해 가며 어

185

표 4.1 각 언어의 소리(음소)와 철자의 숫자

언어	소리의 수(음소)	철자의 수	
이탈리아어	33	25	표면 철자 체계
스페인어	35+	38	
프랑스어	32	250+	심층 철자 체계
영어	44+	1,100+	

러움을 느끼고, 정확한 철자를 쓰거나 의미와 함께 읽어 나가는 일이 결코 쉽지 않다는 점을 깨닫는다. 하지만, 영어를 배우는 학생들은 자신의 두뇌 속에 26개의 알파벳 철자와 44개(혹은 45개)의 음소를 각 단어에 맞춰 연결시켜 나가야만 한다. 표4.1은 로망스 어군 언어와 비교할 때, 영어가 보다 복잡한 철자법을 갖는다는 사실을 보여준다. 44개(혹은 45개)의 영어 음소는 1,100 가지 이상의 철자 조합을 만들어낼 수 있으며, 실제로 그러하다.

소리와 상징의 대응

사용하는 언어가 다르더라도 어떤 문장을 읽고자 할 경우에는 두뇌가 소리와 상징을 대응시킬 수 있어야 한다. 읽기 능력은 세 가지 두뇌 신경 시스템이 서로 협동하며 형성된다. 각 언어의 특유한 소리와 그 소리에 대응하는 상징과의 관계를 해독할 수 있어야 한다. 결코 쉬운 일이 아니다. 소리와 상징을 연결시키는 능력은 직접적인 교육 없이 개발되지 않는 기술이다. 그림 4.1은 영어를 배우는 학생들이 책을 읽을 때 두뇌가 사용하게 되는 세 개의 기본 신경 시스템을 보여준다. 먼저 시각 처리 시스템이 단어 dog를 인식한다. 이어서 브로카 영역이 작동하며, 단어 dog를 구성하고 있는 음소를 분석한다. 만약 음소 조합 /d/aw/g/가 이미 심적 어휘에 존재하고 있다면, '잘 짖어 대는, 털이 보송보송한 어떤 동물'을 지칭한다는 것을 전두엽에서 확인하게 된다. 그림과 글자를 구분하는 단계 (logographic)의 시스템을 사용하는 언어의 경우에는 그림을 관장하는 우반구가 활성화되어 그림이 나타내는 상징의 분석 작업을 도와 준다.

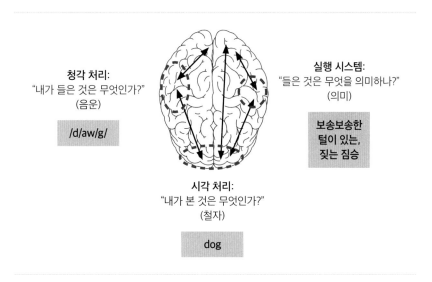

그림 4.1 읽기 과정은 시각적 처리로부터 시작된다. 음소는 좌반구에서 청각적 과정을 거치는데, 이때 두뇌는 관련된 음소의 결합이 어휘부에 이미 존재하고 있는지를 검색한다. 끝으로 전두엽에서는 관련 정보를 모두 취합하여 '보송보송한 털이 있고, 짖어대는 짐승'이라는 의미를 만들어낸다.

187

알파벳 원리

하나 혹은 그 이상의 단어를 나타내기 위해 복잡한 문자를 사용하는 중국어는 그림과 글자를 구분하는 단계의 시스템을 사용한다. 중국어와 다르게 알파벳 언어는 서로 분리되는 글로 표현된 상징 시스템, 즉 문자를 사용한다. 이들 각 문자는 하나 이상의 소리를 나타낸다. 알파벳 원리(이전에는 파닉스phonics라고 했음)란 음성으로 발음되는 단어는 음소로 구성되며, 음소는 문자로 표현될 수 있다는 원리를 말한다. 음소를 나타내기 위해 문자를 사용하는 시스템은 소수의 문자를 사용하여 다수의 단어를 적을 수 있기 때문에 매우 효율적인 시스템이다. 책을 읽을 때, 각 소리에 맞는 문자를 대응시키면 인쇄된 수많은 단어를 인식할 수 있다. 예를 들어 영어 단어 lap, pal, slap, laps, pals 등의 단어를 읽을 경우, 음소 /a/, /l/, /p/, /s/와 네 개의 문자를 사용하여 연결시키면 된다.

두뇌는 소리와 문자 연결 능력을 타고 나지 않았다.
소리와 문자 연결 능력은 직접적인 교육없이 자동적으로 습득되지 않는다.

알파벳 시스템은 효율성이 높은 편이지만, 알파벳 언어들 중에서도 상대적으로 학습하기에 더 쉽거나 더 어려운 언어가 있다. 앞서 살펴본 바와 같이 이태리어와 스페인어는 음소와 문자의 관계가 매우 일관성 있게 잘 대응한다. 하지만 영어의 경우에는 약 44개의 음소를 가지고 있지만, 알파벳은 26개에 불과하다. 각 음소와 문자가 일대일로 대응하지 않는다. 또한

모음은 12개가 넘지만 음소를 나타나는 것은 a, e, i, o, u 5개의 문자뿐이다(가끔 y도 포함된다.). 각 문자의 발음 방법은 그 글자와 함께 등장하는 주변의 다른 문자에 따라 달라진다는 점을 학생들이 인식해야 한다. 모음 e를 예로 살펴보자. dead, deed, dike에 나타나는 e는 서로 다르게 발음된다. 또한, 2개의 자음 글자들이 하나의 음소를 나타내기도 한다. 자음 이중음자(digraphs)라고 부른다. 예를 들어 ch, sh, ph는 2개의 문자로 구성되어 있지만, 그 소리 값은 하나이다. 뿐만 아니라 3개의 자음 글자가 1개의 음소를 나타내는 경우도 있다. 이는 삼중음자(trigraphs)라고 부른다. 예를 들면, tch, thr 등이다. 학생들은 많은 단어 인식 훈련을 통해 단어를 보다 빠르고 정확하게 인식할 수 있게 되며, 읽기 유창성도 향상된다.

영어를 배우는 학생들이 영어의 알파벳 원리를 직접적인 교육을 통해 배우든, 암묵적인 경험을 통해 배우든, 영어 철자법의 일관성 부족으로 인해 야기되는 여러 문제는 반복된 연습을 통해서만 해결이 가능하다. 충분한 연습, 효과적인 연습을 한 이후에라야 학생들은 문자소와 음소의 대응을 문맥에 맞게 이해하고 사용할 수 있게 되는 것이다. 나중에는 철자 c 뒤에 나타나는 −ough와 철자 thr 뒤에 나타나는 −ough의 경우, 철자가 같을지라도 그 발음이 서로 다르다는 것도 알게 된다.

영어 읽기와 쓰기 지도 :

글자와 단어의 대응

해독

초보 영어 독자들이 이미 알고 있는 구어체 영어 단어와 인쇄된 단어를 연결시켜 인쇄된 단어들을 해독하는 음운 인식 과정을 해독(decoding)이라고 한다. 해독 과정은 음소를 나타내는 연속된 문자(문자소)를 통해 인쇄된 단어를 인식하는 일이다. 또한, 음소를 결합하여 해당 단어를 발음해 내는 일도 포함된다. 두뇌 발달 과정에서 어떻게 단어와 소리를 연관시켜 성공적인 해독을 할 수 있는지에 대해서는 확실히 알려진 바가 없다. 하지만 두뇌 스캔을 포함한 몇몇 연구 결과들을 통해, 글읽기를 시작한 아동의 단어 지식 발달과정을 조금 더 잘 이해할 수 있게 되었다. Ehri박사가 개발한 모델(1998)에 의하면, 글을 읽기 시작하는 시기에 확인되는 4단계의 단어 인지 과정이 있다(그림 4.2). 심리학자들은 지금도 Ehri박사의 모델을 계속 사용하고 있다. 아동들이 단어를 인지할 때 관찰되는 모습을 잘 설명하고 있기 때문이다. 이 모델의 단계는 다음과 같다(Morris, Bloodgood, Lomax, Perrney, 2003).

알파벳 쓰기 시스템을 갖고 있지 않은 언어를 모국어로 사용하던 학생들이 영어 읽기 능력을 성공적으로 확보하고자 한다면 먼저 알파벳 원리에 숙달되어야 한다. 또한 영어 학습자는 단어 인식과 관련, 다음 네 가지 단계를 경험한다. 네 가지 단계를 요약하면 다음과 같다(Morris, Bloodgood, Lomax, & Perney, 2003).

1. 알파벳 전 단계(Pre-alphabetic phase). 이 단계에서는 아이들이 단어의

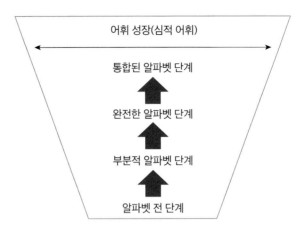

그림 4.2 알파벳 전 단계(Pre-alphbetic Phase)에서 통합된 알파벳 단계(Consolidated Alphabetic Phase)로 발전해 가며 독자의 단어 인지(word recognition) 능력이 향상되고, 독자의 어휘(심적 어휘) 목록도 크게 늘어난다(Ehri, 1998)

시각적 단서(bell에서의 두 개의 'l' 이나, 'dog'의 끝부분의 곡선)를 뜻과 발음에 연결시키며 단어를 기억한다. 글자-소리의 체계적인 연결 고리가 없기 때문에, 아동은 새로운 단어나 이미 배운 단어를 기억 속에 저장하는데 있어 시각적으로 비슷한 단어(bell, ball, will, dog, bug, dig)를 볼 때에는 혼란스러워 한다.

2. 부분적 알파벳 단계(Partial alphabetic phase). 하나 이상의 글자를 소리와 연관 지으며 단어를 기억한다. 예를 들어 talk의 첫 자와 끝 자(t와 k)를 각각의 소리인 tuh, kuh와 연결시켜 단어를 기억하게 된다. 아이들이 읽기를 시작하면서 글자-소리의 연관성을 알아가며, 단어의 첫 소리와 끝 소리를 분리할 수 있게 되는 단계이다. 알파벳 전 단계(Pre-

191

alphabetic phase)에서 사용하던 불확실한 시각적 단서에 의존하기 보다는 더 확실한 글자−소리 시스템에서 단어를 처리하기 때문에 기억하기가 쉬워진다. 종종 일견 단어 읽기(sight-word reading)라고도 불리는 이 단계에서 아이들은 자주 접하게 되는 낯익은 특정 단어들에 대한 인식 능력을 발달시켜 간다. 그러나 어린 아이들의 경우 아직까지는 기억력이 제한적이기 때문에 새로운 단어를 기억할 수 있는 능력이 부족하다. 글자를 혼동하는 아이들은 take, tack를 talk로 읽기도 하며, 자신의 심적 어휘 목록에 저장되지 않은 단어들이 포함된 글은 읽지 못하는 경우가 많다.

3. 완전한 알파벳 단계(Full alphabetic phase). 읽기 실력이 지속적으로 향상되고 음소의 인식이 개선되면서 이제 3단계에 접어들게 된다. 여기서는 단어를 구성하는 글자들과 단어의 발음에 사용되는 음소를 정확하게 연결시켜 특정 단어를 어떻게 읽는지 기억하게 된다. 예를 들어 trap이라는 단어를 읽을 때, 앞부분의 자음 조합에 /tr/, 중간 모음 부분에 /a/, 마지막 자음에 있는 /p/를 인지할 수 있게 된다. 이러한 완전한 음소−문자소의 관계 인식은 단어를 장기 기억에 저장하게 함으로써 보다 더 정확한 읽기가 가능해진다.

4. 통합된 알파벳 단계(Consolidated alphabetic phase). 기억 속에 저장되어 있는 단어들로부터 공통된 글자의 연속된 조합(예, cake, make, take의 끝부분인 -ake, 또는 bent, cent, tent의 끝부분인 -ent)을 파악하기 시작하는 단계이다. 이처럼 공통되고 연속된 글자 조합을 그룹(chunk)으로 묶으면, 글을 읽는 속도가 빨라지고 효율성이 좋아진다. 또한 연속된 글자 조

합 그룹이 포함된 새로운 단어(이를테면 dent)를 만나면, 각 글자를 따로 따로 처리하기보다는 첫 자음과 연속된 글자 그룹만 처리한다. 그룹화(chunking)는 practice, measurement, traditional 처럼 더 길고 음절이 많은 단어를 읽고 처리하는 데 도움을 준다.

학생들은 위의 각 단계를 거치면서, 놀라울 정도로 영어 어휘가 늘어난다. Ehri의 모델은 다른 학자들의 모델과도 일치하고 있다. 각 단계를 거치면서 아이들의 음소 인식도가 점점 증가한다는 것을 볼 수 있다. 알파벳 원리는 성공적인 영어 읽기 학습을 위해 반드시 필요하다.

영어 읽기 지도

읽기 지도 교사들을 어렵게 만드는 여러 가지 문제들 가운데 하나는 영어를 배우는 학생들의 모국어 읽기 능력 향상을 우선시 해야 할 것인지, 아니면 영어 읽기 능력 향상을 우선시 해야 할 것인지에 대한 문제다. 서로 다른 개별 연구에서 도출된 결론에 따르면, 초기 읽기 교육에서는 학생들의 모국어가 영어의 읽기와 쓰기 교육에 긍정적인 영향을 미치며, 학습의 수용력 정도를 높여 준다(Rolstad, Mahoney & Glass, 2005; Slavin & Cheung, 2005). 이러한 연구 결과는 우리의 직관과 상반되게 나타나는 것으로 보인다. 학생들의 모국어 읽기 능력을 향상시키는 일이 어떻게 영어 읽기 능력 향상에 기여한다는 말인가? 이 주장을 뒷받침하는 설명들이 많지만, 가장 주목을 끄는 것은 제2장에서 살펴본 바 있는 전이(transfer)의 개념을 이용한 설명일 것이다.

다른 기능이나 지식처럼 읽고 쓰는 능력도 언어의 다른 능력에 전이 된다는 연구 결과가 많다. 즉, 어떤 특정한 언어에 대한 해독 능력이나 이해 능력을 갖게 되면, 다른 언어를 배울 때도 이미 습득된 능력을 사용할 수 있게 된다는 것이다. 음운 인식 능력도 다른 언어 학습에 전이 되지만, 학생들의 모국어가 러시아어, 아랍어, 중국어 등과 같이 영어와 전혀 다른 철자 시스템을 갖고 있는 경우에는 그다지 도움이 되지 않는 것으로 나타났다(Bialystok, McBride-Chang, & Luk, 2005).

영어를 말하지 못하는 아이들에게 적절한 준비 없이, 영어 읽기를 재촉한다면 대개의 경우 역효과가 난다. 앞서 논의한 바와 같이, 어떤 언어를 읽기 위해서는 말할 때 사용되는 단어가 머리 속에 미리 저장되어 있어야 한다. 다시 말하면, 영어를 배우는 학생들이 해야 할 최우선 과업은 영어를 듣고 말할 수 있도록 연습하는 일이다. 말하기 연습은 구어의 구조를 되새기고 구어를 듣고 이해할 수 있는 기초가 된다. 구어 학습 과정을 통해 알파벳 원리를 배우며, 이 원리를 영어의 소리에 적용할 수 있게 된다는 뜻이다.

읽기만으로도 영어 단어를 습득할 수 있는가?

학생들이 말하기를 통해 새로운 단어를 배우듯, 읽기만으로도 새로운 영어 단어를 학습할 수 있다고 주장하는 학자들이 있다. 학생들이 처음보는 단어가 있더라도 이후에 계속해서 같은 단어를 볼 기회가 있기 때문에, 구두상의 명시적 단어 교육이 반드시 필요한 것은 아니라는 논리에 기반한 주장이다. 즉 어떤 단어를 계속해서 보게 되면, 결국 그 단어를 알 수 있게 되고, 나아가 관련된 맥락 속에서는 해당 단어의 의미도 알게 된다고 주장한다. 매우 흥미로운 주장이다. 일부 학생들에게는 그 주장이 맞을 수도 있다. 하지만 구두 단어와 문자 단어 간에 서로 다른 신경 네크워크상 처리 과정이 요구 된다는 근거로 해석하자면, 읽기만으로 영어 단어를 학습할 수 있다는 주장에 선뜻 동의하기 어렵다. 그 이유는 다음과 같다.

우리는 제1장에서 각 두뇌 영역들이 음성 언어를 습득하고 처리하는 과정을 살펴보았다(그림1.5 참조). 인간은 오랜 기간 동안 서로 대화를 하며 생활해 왔다. 오랜 기간 경험으로 두뇌의 각 부위는 음성 언어 처리에 필요한 유전적인 기능이 매우 견고하게 작동하고 있다. 이러한 유전적, 신경 구조학적 특성으로 어린 아이들은 직접적인 교육 없이도 모국어 말하기를 학습 할 수 있다. 읽기와 쓰기는 듣고 말하기에 비해 새롭고 창의적인 영역이다. 읽기 쓰기와 관련한 두뇌 부위, 즉 문장을 해석하고, 생성하며, 추상적인 상징을 처리하는 두뇌 부위는 유전적으로 전문화되지 않았다. 읽기와 쓰기 기능이 말하기 기능보다 더 많은 신경 네트워크가 요구되는 이유가 바로 여기에 있다.

표 4.2는 음성 언어와 문자 언어가 서로 어떻게 상호 작용하는지에 대한 구조를 보여준다. 단어는 음성 언어나 문자 언어라는 통로를 통해 시스템 안으로 입력 된다. 음성 언어 통로를 이용하면 입력된 단어를 더 쉽게 습득할 수 있다. 음성 언어 통로는 타고난 유전적 영향을 더 많이 받은 시스템이며, 여기에 추가해서 브로카 영역과 베르니케 영역이라는 언어에 특별히 전문화된 부분이 함께 관여하기 때문이다. 문자 언어 처리 과정도

읽기를 관장하는 특화된 부분을 통해 처리된다. 하지만 음성 언어 통로와는 달리 낮은 단계에서는 쉽게 학습되지 않는다. 읽기는 의미를 끌어내기 위해 소리를 암호화하고 해독하는 과정을 수없이 반복해야만 하는 계속적인 자극이 요구되는 기술이다.

읽기 작업과 관련된 수많은 두뇌 활동 사진들의 분석 결과를 보면, 실

표 4.2 각 단어는 음성 언어인지 문자 언어인지에 따라 각자의 경로에 맞는 시스템 안으로 들어가 처리된다. 음성 언어 경로를 통해 입력된 단어들이 보다 더 빠르게 학습되는 이유는 유전적 영향과 전문화된 두뇌 영역이 있기 때문이다. 아래에서 세 번째 줄의 수평(철자코드화 → 음운 코드화)으로 표시된 화살표는 시각적 단어 형태(철자 코드화)를 암호화하는 능력이 청각 단어 형태(음운 코드화)를 만들어 내는 두뇌 능력에 상당 부분 의존한다는 것을 뜻한다.(Gazzaniga 외, 2002에서 발췌)

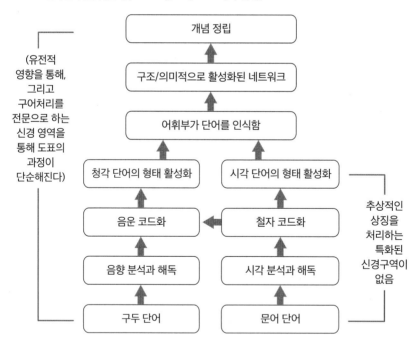

험 참여자들이 단어를 쓸 때는 브로카 영역과 베르니케 영역이 모두 활성화되고 있다(Joseph, Noble, & Eden, 2001). 이 모델에 의하면, 시각적 단어 형태를 생성하는(철자를 통한 코드화) 능력과 청각적 단어 형태 구성(음운 코드화) 능력이 매우 밀접한 관련을 가지고 있다. 영어를 배우는 학생들이 얼마나 빨리, 잘 읽게 되는지의 여부는 학생들이 음성 언어를 얼마나 습득했는지, 또 얼마나 연습했는지에 따라 달라지게 된다.

(미)국립연구회의(National Research Council, Snow 외, 1998)는 아이들이 영어 유창성이 부족한 상태로 학교에 입학하게 되더라도 유능한 교사가 각종 교육 지침서와 관련 자료를 이용해 아이들의 음성 언어 능력과 읽기 기술을 습득하도록 도와주도록 한다. 아울러 학생들이 자신의 모국어를 활용한 책 읽기를 지도하도록 권고한다. 영어를 배우는 학생들의 모국어로 된 학습 자료 확보가 어렵거나, 학생의 모국어를 활용한 지도가 어려울 경우에는 먼저 학생들의 영어 듣기 말하기 유창성을 높이는데 모든 노력을 경주해야 한다. 공식적인 영어 읽기 지도는 아이들이 적절한 수준으로 말을 할 수 있을 때까지 기다렸다가 실시해야 한다.

말하기 능력 향상과 읽기 기술 향상을 동시에 만족시키기 위한 지도 전략으로 학생들이 두 명씩 짝을 이루어 수업을 진행하는 방법이 있다. 즉, 영어를 배우는 학생들이 영어 원어민 학생들과 짝이 되어 영어 읽기를 배우는 것이다. 이는 학생들이 자신의 모국어와 영어를 모두 사용할 수 있게 허용한 상태에서 읽기 학습을 진행하는 이중 언어 교육 방법이다(Calder n & Minaya-Rowe, 2003). Slavin과 Cheung(2003)은 이 분야와 관련한 17개의 연구 결과를 분석한 뒤 다음과 같은 결론을 얻었다. 즉 대부분의 경우 이중 언어 접근법은 상당히 효과적이었으며, 읽기 성취도 측면에서는 두 가지 언어를 모두 사용한 읽기 지도 방법이 특히 더 효과적이라는 것이다.

독해(Reading Comprehension)

학생들이 문장 속 단어를 정확하게 발음하고 읽을 수 있다고 해서 읽고 있는 바를 제대로 이해한다고 보기는 어렵다. 영어를 배우는 대부분의 학생들은 영어 원어민 학생들 보다 영어를 읽고 이해하는 일을 어려워한다. 영어를 배우는 학생들은 영어로 된 텍스트를 이해하는데 필요한 영어 배경 지식도 부족하다. 직전의 영어 학습 수준에서 배운 내용의 난이도가 낮아 오히려 현재 읽고 있는 텍스트 이해를 방해하기도 한다. 영어 어휘에 대한 과거의 경험도 부족하고 관련 지식도 별로 없기 때문에 어떤 단어의 표면적 의미만으로 읽은 내용을 이해하기란 쉬운 일이 아니다. 교육 환경이 좋은 지역이나 가정에서 성장한 학생이라도 문화적 차이 혹은 경험이나 배경 지식의 부족으로 인해 읽은 바를 이해하지 못하게 되는 경우도 많이 발견된다.

영어를 배우는 학생들의 영어 유창성 수준과 그 학생들이 읽어 내야 하는 텍스트의 수준이 서로 맞지 않음으로 인해 읽기 학습이 어려워지기도 한다. 이해력이 뛰어난 학생이나 유창한 수준의 영어 실력을 가진 학생들이라 하더라도 흔히 사용되지 않는 어려운 단어, 은유적 표현, 복잡한 문장 구조, 익숙하지 않은 문체나 장르를 만나면 대부분의 영어 원어민 학생들과는 달리 어려움을 느낀다.

국립읽기위원회(National Reading Panel, 2000)는 이해 전략(comprehension strategies)을 가르치는 일이 학생들의 독해 능력 향상을 위해 매우 중요한 일이라는 점을 강조한다. 이해 전략에는 주요 개념 파악하기, 원인과 결과 알아내기, 분명한 내용 직시하기, 비교 및 대조하기, 자기 수정하기, 추론하기, 단어 해독하기, 문장 다시 읽기, 몇 개의 문장으로 요약하기, 작가 관련 혹은 텍스트 관련 주요 내용 질문하기 등이 포함된다. 이와 같이 읽은 내용의 이해에 필요한 사항들을 어떻게 접근할 것인지에 대하여는 티칭 팁 4.2를 참조하기 바란다.

협동 학습 전략

영어를 배우기 시작하는 단계의 아이들에게 협동 학습은 적절하고 효과적인 교육 방법이 될 수 있다. 협동 학습을 진행하기 전에 학생들의 모국어 읽기 성취도 향상 교육이 먼저 진행되어야 한다. 이와 관련한 100여 개의 연구 결과를 분석한 Slavin(1995)은 협동 학습 방법을 이용한 학생 그룹의 성취도가 비교 그룹의 성취도보다 훨씬 더 높게 나타났다고 말한다. 외국어 학습 관련 연구에서도 학생들이 학습할 새로운 언어에서 뛰어난 활용 능력을 확보하고자 한다면, 상호 음성으로 대화하는 시간을 늘리고, 문제 해결 과제를 협동으로 진행하며, 의미 파악을 위한 노력이 계속되어야 하는 것으로 보고되고 있다. 협동 학습은 학생들이 이해한 내용을 여러 친구들과 함께 나누며 작업할 수 있는 기회가 많기 때문에 영어 읽기 단계로 진입해야 하는 학생들에게 매우 유익한 전략이다.

협동 학습 전략은 이중 언어 학습자에게 특히 더 성공적인 전략이 될 수 있다. 이중 언어 읽기 및 쓰기 통합 모형(BCIRC: Bilingual Cooperative Integrated Reading and Composition)은 각각 다른 문화에서 성장한 4명의 학생들을 한 팀으로 만들어 학습하게 하는 방법이다. 학습이 끝난 학생들은 스토리의 구성 요소 찾기, 단어 찾기, 요약 하기, 독해 하기, 동료와 함께 읽기, 과정 중심의 쓰기 접근 방법을 이용한 창의적 글쓰기 작업 등을 팀 별로 수행한다. 이중 언어 읽기 및 쓰기 통합 모형을 사용하여 영어를 배우는 초등학교 2, 3학년 학생 222명을 대상으로 한 연구 결과가 보고된 바 있다. 이들은 먼저 학생들의 모국어를 활용한 수업을 진행하고, 이어서 영어를 사용한 수업을 진행했다(Calder o n, Hertz- Lazarowitz, & Slavin, 1998).

이중 언어 읽기 및 쓰기 통합 모형 학습에 참가했던 초등학교 2, 3학년 학생들에 대한 읽기 테스트 결과, 학생들의 모국어 읽기 성적과 영어 읽기 성적 모두 매우 높은 성과를 나타냈다. 이중 언어 읽기 및 쓰기 통합 모형을 적용하면서 교사들은 읽기 전, 읽기 중, 읽은 후 전략을 모두 포함하여 전체적으로 15가지 전략을 사용했다. 대부분의 활동은 5일 주기로 완료되었으며, 프로그램의 효과를 확인하기 위해 각 활동을 지속적으로 시행했다(Cheung & Slavin, 2005). 티칭 팁 4.3에는 성공적으로 사용된 15가지 활동 내역들을 정리해 놓았다.

읽기 발전 속도

영어 원어민 학생의 읽기 발전 속도와 마찬가지로, 영어 학습자의 읽기 발전 속도 또한 여러 가지 원인들로 인해 각 학생마다 다르게 나타난다. 학생의 읽기 발전 속도에 영향을 미치는 요소에는 나이, 모국어 읽기 숙련도, 영어 어휘력, 읽기 능력에 영향을 주는 성장 발달상의 문제 등이 있다. 영어를 배우는 학생의 읽기 발전 속도는 주기적으로 확인하는 것이 좋다. 연구 결과에 따르면 영어 학습자의 음운 처리 과정, 철자에 대한 지식, 단어 또는 텍스트 읽기 등을 측정함으로써 어떤 부분을 추가, 보완해야 할지 판단할 수 있다(Geva & Yaghoub-Zadeh, 2006). 가급적 이른 나이인 초등학교 때부터 위와 같은 세심한 처방과 훈련을 거친 영어 학습자는 영어 원어민과 비슷한 속도의 영어 읽기 발전 속도를 나타냈다(Lesaux & Siegel, 2003). 읽기 발전 과정의 확인 방법에 대해서는 제 5장에서 설명할 것이다.

영어 교사의 지원

연구에 따르면, 미국은 현재 빠른 속도로 늘어나는 영어 학습자를 책임질 교사의 수가 상당히 부족하다고 한다(Barron & Menken, 2002). 영어를 배우는 학생은 대부분 전문 교사의 도움을 받고 있다. 하지만 영어 학습자를 지도하는 대부분의 교사들은 전문 교육 과정을 수료하지 않았다. 대부분의 교사들은 언어적 배경이 다양한 학생 교육을 위해 필요한 전문 교육 과정을 거치치 않았으며, 필요한 준비가 부족하고, 특히 영어 학습자 수가 늘고 있는 몇몇 지역의 경우 교사 수급 상황이 매우 좋지 않다. 교사들이 영어 학습자와 다른 교과목 교사를 돕는 방법에 대해서는 티칭 팁 4.4를 참조하기 바란다.

영어 읽기와 쓰기 지도 :

쓰기

쓰기는 영어의 네 가지 기능 중 가장 어려운 분야로 간주된다. 모국어를 배울 때는 먼저 듣기 말하기를 배우고 이어서 읽기와 쓰기를 배운다. 하지만 영어 학습자는 언어의 네 가지 기능을 동시에 학습해야 한다. 영어를 배우는 학생이 쓰기 학습을 할 경우, 그 동안의 듣기, 말하기, 읽기의 모든 학습 경험을 종합하여 수행하게 된다. 또한 음운, 철자, 통사, 의미론, 문법 법칙을 동시에 사용하게 된다. 영어 쓰기 작업은 학생들에게 잠재되어 있던 몇 가지 문제를 밖으로 드러나게 한다. 문제는 보통 다음 세 가지 범주로 나타난다.

1. 쓰기 기술: 알파벳 철자 규칙은 어떻게 맞출 것인가? 형용사는 어디에 놓을 것인가? 단어의 철자는 어떻게 써야 하는가? 구두점은 어떻게 사용할 것인가?.
2. 영어 유창성: 영어 학습자의 두뇌 속에 내재된 어휘 수준, 영문법과 작문 규칙에 대한 이해 수준과 관련된다.
3. 내용에 관한 지식: 주어진 작문 주제에 대해 영어 학습자가 알고 있는 사전 지식 수준과 관련된다.

영어에 대한 사전 지식이 부족한 학생들이 영어 쓰기를 배울 경우, 다음과 같은 문제점이 나타난다.

- 어휘 지식의 한계로 영어 쓰기 문장에 같은 단어나 구를 여러 차례 반복해서 사용한다.
- 동사의 시제를 정확하게 사용할 줄 모르기 때문에 현재 시제를 사용하는 경우가 많다.
- 가능한 자신이 철자를 정확히 쓸 수 있는 단어 위주로 영어 문장을 쓴다.
- 영어 학습자 자신이 쓴 영어 문장을 같은 반 친구들과 함께 보게 될 경우, 실수를 지적 당하거나 부끄러운 상황이 두려워 함께 보지 않으려고 한다.
- 자기 의견을 말하기 힘든 문화적 환경에서 성장한 학생은 자신의 모국어를 사용한 창의적 문장 쓰기 경험도 많지 않을 것이다. 문화적 환경은 학생의 글쓰기에 큰 영향을 미친다. 예를 들어, 질 높은 교육을 받은 멕시코 출신 영어 학습자들은 세련된 언어가 들어있는 문장, 즉 서술식 문장으로 글쓰기를 시작하는 경우가 많다. 이 학생들은 간단한 문장으로 시작하는 쓰기를 부끄럽게 여긴다. 또 주제에 관한 언급을 도입부의 내용이 끝나기 전까지 언급하지 않는 것이 일반적이다. 이와 달리, 한국인 영어 학습자들은 자세한 내용을 먼저 언급한 후에 주제나 결론으로 이어지는 글쓰기를 선호한다. 이른바 귀납적인 구조를 자주 사용하는 경향이 강하다. 한국 학생들의 수사적 접근법에 익숙하지 않은 교사들은 한국 학생들의 표현이 간접적이며, 자신의 주장에 확신을 갖지 못한다고 생각할 수 있다. 또 모국어가 아랍어인 학생들은 장황한 묘사

를 좋아하기 때문에 주제 부분을 건드리지 않고 우회하는 것으로 생각될 것이다. 베트남 학생들은 줄거리를 발전시켜 나가기 보다는 장면 설정에 초점을 두는 경향이 있다. 교사들이 문화적 차이를 이해하지 못하면 학생들의 작문 능력에 잘못된 인상을 갖게 된다(Caldero n, 2004).

일반적으로 학생 자신의 모국어로 개념을 발전시킨 뒤, 영어로 번역한다. 물론 영어 학습자들은 모국어 중심의 작문을 하지 않으려 노력하지만 어쩔주 없이 모국어에 기초한 사고를 먼저 하게 된다. 이로 인해 학생들의 영작문에는 부정확한 동사 시제, 이해할 수 없는 문장들이 다수 들어가게 된다. 교사는 학생들의 실수를 교정해 주어야 하기 때문에 해야 할 일들이 매우 많아진다. 그릇된 방법으로 오랜 기간 연습하면, 잘못된 습관이 되어 오랫동안 남게 된다. 영어 학습자들은 자신의 생각을 모국어 여과기에 통과시킨 다음 영어로 표현하는 일을 줄이도록 노력해야 한다. 모국어 여과기를 거치는 방식으로 글쓰기를 반복하면, 영어 문법이나 구조가 허술한 문장을 계속해서 만들게 된다.

쓰기 기술

영어를 배우는 학생의 쓰기 학습을 어렵게 하는 요소는 특정한 단어 안에 있는 영어 알파벳 문자와 연관되는 소리에 대한 인식이다(파닉스). 또 다른 요소는 종이 위에 쓰여진 문자를 다시 발성하는 물리적 행위이다. 해결하기 더 어려운 문제는 첫 번째 요소와 관련된다. 쓰기(철자 쓰기)는 구두 영어를 대표하지만, 구두 영어는 쓰기를 대표하는 것이 아니기 때문이다. 즉, 영어의 강세와 발음은 시간이 지나며 변화될 수 있지만, 영어의 쓰기는 거의 변함없이 일정하게 유지 된다는 뜻이다. 미국 영어(center, color, behavior, program)나 영국 영어(centre, colour, behaviour, programme)에서 보는 바와 같이 지역별로 사용되는 철자에 약간의 변형된 형태가 있지만, 영어 음소가 어떻게 철자화(표4.1 참조)되는지, 그 대응 관계를 제대로 알지 못하면 쓰기 학습의 불확실성이 높아진다.

교사들이 소리에 집중하여 지도하면, 쓰기 문제와 관련된 학생들의 걱정거리를 줄여 줄 수 있다. 먼저 말을 하고, 나중에 글을 쓴다는 점은 모든 언어에서 보이는 공통적인 특성이다. 영어의 발음은 크게 어렵지 않다. 어려운 점은 영어 발음을 다시 철자로 적는 일이다. 영어는 같은 소리가 다른 철자 형태로 나타나기도 하며(I have read the book.; My favorite color is red.), 같은 철자가 다른 소리로 나타나기도 한다(I have read the book.; I like to read.)

구두점도 영어 쓰기에서 중요한 부분이다. 영어는 12개 이상의 중요한 부호와 보조 부호가 있다. 학생들은 영어 부호를 알고, 어떤 목적으로 사용되는지에 대한 사용법도 알아두어야 한다. 각 부호가 문장의 의미를 분명하게 만들어 주기 때문이다. 제대로 된 구두점 사용법을 소개하는 재미있는 사례를 보자. Woman without her man is nothing. 남학생들은 다음과 같이 부호를 넣었다: Woman, without her man, is nothing(남자 없는 여자는 무용지물). 이에 대한 여학생들의 응답은 다음과 같았다: Woman! Without her, man is nothing.(여자! 여자 없는 남자는 무용지물.) 구두점을 어디에, 어떻게 사용하는지에 따라 문장의 의미는 완전히 달라진다.

영어를 배우는 학생들이 실제로 영어를 얼마나 잘 쓸 수 있느냐의 문제는 영어 알파벳과 학생들의 모국어 문자가 얼마나 유사한가와 밀접하게 관련된다. 로망스 어군의 알파벳 변이형을 모국어로 사용하는 학생들은 학생 자신의 모국어 쓰기에서 영어 쓰기로의 교차 전이 확률이 상당히 높다. 반면에 학생의 모국어 문자가 영어 알파벳 문자와 상당히 다를 경우 교차 전이 확률은 매우 낮아진다. 당연히 영어 쓰기에서 더 많은 어려움을 겪게 된다. 영어, 그리스어, 키릴어(Cyrillic)의 알파벳 철자들은 서로 비슷해 보이지만, 발음은 매우 다르다. 아랍어와 히브리어는 비슷한 모양의 철자가 거의 보이지 않는다. 일본어나 중국어에서 사용되는 표어문자(Logographs)는 영어 알파벳과 닮은 점이 거의 없다. 일본인이나 중국인이 영어 쓰기 학습에서 특히 더 많은 어려움을 겪는 이유가 된다. 다른 언어 기능 학습에서처럼 영어를 배우기 시작하는 시기가 빠르면 빠를수록 쓰기 기능도 비교적 더 쉽게 배운다.

쓰기 숙련도 향상

이 분야와 관련된 최근 연구는 그다지 많지 않다. 하지만 관련 분야의 연구자들이 공통적으로 동의하는 내용이 있다. 즉 읽기와 소리 내어 읽고 듣는 활동은 영어를 배우는 학생들의 작문, 단어 습득, 영어의 다른 여러 언어 기술을 발전시키는 긍정적인 효과를 얻는다는 점이다. 초등학생들에게 영어 학습을 잘 하도록 도와주는 환경을 만들어 주면, 시간이 지날수록 글을 많이 쓰며 나아가 매우 잘 쓰게 된다. 특히 교사들이 글쓰기의 내용과 형식 측면에서 적절한 피드백을 제공해 줄 경우에는 학생들의 글쓰기 향상도가 더욱 더 빨라진다(Yedlin, 2003). 학생 스스로 그린 그림을 이용하면 학생과의 대화를 보다 쉽게 이끌 수 있고, 일기를 활용하거나 일상 생활에 대한 소재로 이야기를 나누면 글쓰기를 대하는 학생들의 태도가 보다 더 진지해진다. 특히 주고 받는 대화 내용을 기록하는 일지 쓰기도 효과적이다. 일지 쓰기는 학습 내용, 교사와 서로 주고 받은 말, 기타 관심을 유발하는 어떤 내용이든 무방하다.

연구 결과, 쓰기 지도는 교사의 명확한 설명이나 즉각적인 설명이 동반될 경우에 더 효과적인 것으로 보고되고 있다. 교사가 먼저 작문 과정을 시범적으로 보여주도록 한다. 목적, 청중, 장르, 단어 선택, 철자법 등에 관한 자신의 생각을 학생들에게 구두로 설명 한다. 이어서 교사가 쓴 글의 내용을 소리 내어 읽고, 평가하여 교정하고, 편집하는 과정을 시범적으로 보여 준다. 학생들은 이 과정을 조용히 바라보거나 듣는다. 학생들에게 간간히 의견을 묻고, 도움을 청하는 등 학생들의 참여를 유도한다(Ydelin, 2003).

학생들이 쓰고, 다시 읽고, 교정하도록 돕는 또 하나의 검증된 전략이 있다. 영어 작문 사례 안에 나타난 구조적 특징을 그림으로 보여 주고, 참조 표시를 하는 방법이다. 예를 들어, 교사가 문장의 특징을 설명할 때 시작, 중간, 마지막 부분에 초점을 두면서, 배경과 인물에 대해 토론하거나 원인과 결과에 대한 설명하도록 한다. 교사들은 문맥 속에서 중요한 신호를 주는 단어(once upon a time, but, since, because, for example)에 대해 자세히 설명

207

해 주는 것이 좋다. 교사는 다 함께 참여하는 작문 활동에 가능한 많은 학생들이 참여하도록 독려한다. 단계를 거치며, 학생들은 스스로 쓸 수 있는 독립심을 키워 나가게 된다(Carasquillo, Kucer, & Abrams, 2004).

학생들이 쓰기 활동에 부담 없이 참여하도록 하기 위해서는 복잡한 쓰기 과업을 단계별로 단순하게 만드는 것이 중요하다. 단계별 활동으로 나뉜 쓰기 활동은 감당할 수 있고 관리 가능한 단계라고 생각하게 되어 더 적극적으로 쓰기 활동을 할 수 있다. 과제물을 이용한 쓰기, 예를 들어, 기사, 에세이, 편지, 역사적인 인물에 대한 관련 자료 쓰기 등 다양한 작문 활동을 통해 영어 학습자에게 자기 관심 분야의 교과목에 대한 작문 기회를 제공하도록 한다. 영어 학습자들은 실용적인 쓰기 활동(초청장 쓰기, 편지 쓰기, 음식 조리법 쓰기, 아이들을 위한 간단한 책자 만들기 등)을 통해 쓰기에 대한 흥미와 동기가 생겨날 것이다. 구전 되어온 역사, 국가 보고서, 국가적 영웅, 유명 인사들의 전기를 쓰게 하는 활동도 같은 결과를 가져다 준다. 쓰기는 가장 어려운 학습 분야 중 하나지만, 학생들의 반응을 잘 살필 수 있는 환경에서 미리 계획된 과제물을 제시하면, 학생들을 성공적인 작가로 만드는데 크게 기여할 수 있다. 영어를 배우는 학생들의 쓰기 학습을 도와줄 구체적인 제안 내용은 티칭 팁 4.5를 참조하기 바란다.

다음에
언급 할 내용

모든 교육 현장에서 볼 수 있는 것처럼 영어를 배우는 학생들에게도 학습 능력에 문제가 발생할 수 있다. 어떤 학생이 영어 습득 과정에서 어려움을 겪는지, 아니면 학습 능력에 문제가 있기 때문에 어려워하는 것인지 구별하는 것은 쉬운 문제가 아니다. 단지 영어 습득 속도가 늦을 뿐인 학생을 학습 능력에 문제가 있는 학생으로 잘 못 해석할 수도 있다. 어떻게 하면 제대로 구별할 수 있을까? 제5장에서는 영어를 배우는 학생들이 직면하고 있는 학습 능력 문제의 성격과 그 해결 방법을 제안하고 토론할 것이다.

영어를 배우는 학생들에 대한 사전 정보

영어 학습자 대부분은 자신의 모국어로 생각하고, 말하고, 읽고, 쓰는 능력을 상당 부분 갖춘 상태에서 학교 수업을 받고 있다. 학생들의 능력은 학교 교육, 가정에서 사용되는 여러 언어들, 모국어 문학 작품에 대한 노출 정도 등에 따라 학생마다 다르다. 영어 읽기와 쓰기를 지도하는 교사들이 학생들의 배경 지식이나 사전 지식을 미리 파악한다면 훨씬 더 재미있고 성공적인 수업을 할 수 있을 것이다. 학생은 교사가 자신만의 성장 배경에 관심을 보일 때 특히 더 좋아한다. 또한 학생 자신의 문화와 언어에 대한 관심도 커진다. Dong(2009)은 영어 학습자의 경험을 보다 더 자세히 알아보기 위해 다음과 같은 질문을 하라고 제안한다.

- 모국어는 무엇인가요?
- 모국어는 언제 어떻게 배웠나요?
- 가장 기억에 남는 책은 무엇인가요? 쓰기 과제는 어떤 것이었나요? 어떻게 기억할 수 있나요?
- 모국어 교사는 모국어 읽기와 쓰기를 어떻게 가르쳤나요?
- 지금도 모국어로 책을 읽고, 글을 쓰고 있나요? 주로 어떤 내용 인가요?
- 지금 다니는 이곳과 모국에서 다닌 학교는 어떤 점이 비슷하고, 어떤 점이 다르나요?

영어 쓰기를 어려워하는 학생들에게는 그들의 모국어로 쓰는 것을 허용하는 것이 좋다. 이중 언어를 사용할 수 있는 교사는 학생이 자신의 모국어로 쓴 내용을 영어로 번역해 주어도 좋을 것이다.

내용 이해 돕기

유창한 영어 수준에 이르지 못한 학생은 텍스트 내용을 완전히 이해하지 못한다. 교사들은 학생들이 읽은 내용을 잘 이해할 수 있도록 특별한 관심을 가져야 한다. 내용 이해를 돕는 여러 방법들 중 몇 가지를 제시한다. 학생의 나이와 영어 수준을 고려하여 적절히 변형하여 사용하기 바란다.

- 필요한 시점에 알파벳을 가르친다. 학생들의 읽고 쓰는 수준은 개인별로 차이가 많다. 영어 알파벳 원리를 모르는 학생에게는 파닉스 교육을 시작하는 동시에 철자의 모양과 철자 인식에 대한 직접적인 교육이 병행되어야 한다.

- 영어로 진행될 교과목 수업 내용의 이해를 돕기 위해 학생들이 알아야 할 배경 정보를 미리 준비한다. 학생들의 사전 지식 수준을 평가하여, 부족한 사전 배경 지식을 채워주도록 한다. 배경 지식을 쌓기에 가장 효과적인 활동은 교사로부터 관련 정보를 듣는 것이 아니라, 학생들 스스로 직접 경험하거나 자료를 찾아 보게 하는 것이다. 유용한 활동은 역할극, 과학 실험, 정보 분류 활동, 미리 교과서를 훑어보고 질문 만들어 보기, 학생들 스스로 만든 질문에 학생들끼리 의견 교환하기 등이 있다.

- 영어를 배우는 학생을 배려한 이해 관련 수업을 마련한다. 영어 원어민 학생들이나 실력 차이가 많이 나는 학생들 사이에서 초보자가 내용을 이해하고 수업을 따라 가기란 매우 힘겨운 일이다. 좌절

하거나 자신이 실패했다는 느낌을 가질 수도 있다. 단순히 기대 점수를 낮추거나 수업에서 다루는 내용의 난이도를 낮게 하는 것으로 문제가 해결되지도 않는다. 기대 점수 낮추기, 내용의 난이도 조절 보다는 자신의 학년 수준에 맞는 어휘력과 문법, 내용을 이해하는 실력을 갖추도록 지도 방법을 수정하거나, 보충 수업을 통해 따라 갈 수 있도록 하는 것이 더 나은 방법이다.

■ 학생들의 이해력 향상을 위해 가능한 한 비언어적 보조 수업 자료를 많이 사용한다. 사진, 도표, 손짓, 몸짓, 연기, 컴퓨터 프로그램 등 다양한 자료들을 사용할 수 있을 것이다. 학생들이 읽기 활동을 하는 도중에 스토리 맵과 같은 자료를 만들어보도록 하는 것도 좋다. 시각적 자극을 활용하여 어떤 정보 사항을 지도하면, 이를 중요한 내용으로 인식하고 더 쉽게 이해한다.

■ 영어를 배우기 시작한 학생이나 독해 실력이 기대만큼 오르지 않는 학생의 경우에는 소리 내어 읽어 주는 활동이 좋다. 처음에는 표현을 가득 넣어, 마치 천천히 말하는 것처럼 읽어주고, 이어서 조금씩 속도를 높여가며 차츰 정상적인 속도로 읽어준다. 교사가 읽어 주는 문장을 듣는 학생들이 내용을 완전히 이해할 수 있도록 가능한 충분한 시간을 두고 운영하도록 한다.

■ 소리 내어 읽거나, 눈으로 읽으며 읽고 있는 단어를 손가락으로 짚어 가며 읽도록 한다. 단어를 뛰어 넘으며 읽게 되는 습관을 교정할 수 있고, 왼쪽에서 오른쪽으로 읽어 가는 훈련과 줄을 유지하며 읽는 연습도 하게 된다.

영어 읽기와 쓰기 지도 :

■ 읽고 있는 내용을 잘 설명할 수 있는 그림을 찾아 본다. 그림에서 필요한 사항을 말해 보도록 하고, 간단하게 설명하는 시간도 가져 본다. 교사가 yes, no 또는 either, or로 대답할 수 있는 질문을 하고, 학생들의 대답을 유도해 보도록 한다. 학생들이 맞고 틀리는 부분에 불안해하지 않도록 배려하는 것이 중요하다. 학생들은 모두 배우는 단계에 있기에, 완전히 유창한 수준이 아니다. 도움이 된다면 누가, 언제, 무엇을, 어디서, 왜 등과 같은 질문으로 단답형 괄호 채우기 연습을 하는 것도 좋다.

■ 같은 내용을 며칠 동안 반복해서 읽어 주는 활동도 좋다. 교사가 중요하다고 생각되는 부분에서 읽기를 잠시 멈추고, 단어나 문장에 대한 질문을 해 본다. 관련되는 배경 지식을 더 이야기 해주어도 좋다. 학생들이 반복된 지문에 익숙해지면, 교사를 대신해서 학생들에게 단어나 문장들을 읽어 보게 한다. 어린 아이들인 경우에는 글과 그림이 함께 들어 있는 큰 책을 이용한다.

■ 너무 긴 페이지나 두꺼운 책을 한번에 읽어야 하는 과제 제시는 자제해야 한다. 영어를 배우고 있는 학생이라는 사실을 잊어서는 안된다. 읽기는 욕심으로 완성되지 않는다. 유창성이 확보되기 전의 학생들에게 너무 많은 양의 읽기 과제를 주면, 잔뜩 겁을 먹거나, 읽기를 포기하게 만드는 원인이 될 수도 있다. 당연한 말처럼 들리겠지만 과제는 적을수록 좋다. 많은 내용, 어려운 내용, 두꺼운 책에 부담을 느껴 영어 학습에 좌절하거나 포기하게 만드는 것 보다, 몇 페이지에 불과하더라도 단어와 문장을 보다 확실하게 이해하

고 내용에 흥미를 느낄 수 있는 과제를 주는 것이 훨씬 낫다.

- 같은 작가가 쓴 자료, 비슷한 유형으로 된 읽기 자료를 준비한다. 제한된 읽기 방법은 필요한 지식과 단어에 초점을 맞추어 보다 빠른 읽기 능력 습득을 목적으로 한다. 초점을 좁혀 읽으면, 문장 속에서 새롭고 낯선 단어를 만나더라도 문맥 속에서의 의미 유추가 쉬워진다. 학생들은 자신의 읽기 실력에 자신감을 갖게 되고, 내용 이해는 물론 수업에 더 많은 관심을 갖게 된다. 텍스트로 활용할 주제는 에너지 대책, 환경 오염 등과 같은 학생의 주변 환경과 관련된 사항이나 음악, 자연 등의 영역으로 자유롭게 선택할 수 있다. 어떤 주제를 선택할 것인지 학생들끼리 상의해서 결정하도록 하는 것도 좋다. 주제 선정을 위한 토의 그 자체 또한 좋은 학습이 된다.

- 학생 스스로 질문하기, 요약하기, 이해 정도 확인하기 등과 같은 이해에 필요한 전략은 명시적으로 지도한다. 이해 전략을 지도한 뒤 학생 자신의 영어 성취도 수준에 맞는 적절한 지문으로 연습하게 한다. 명시적인 이해 전략 지도에서 성공적으로 학습하지 못하면, 다른 교과목 시간이나 읽기 자료를 독해하는 작업에서도 어려움을 느낄 수 있다.

- 이야기 전개 순서에 맞는 순서 배열 능력도 이해 과정에서 매우 중요하다. 이야기 중 한 단락을 출력하여, 각 문장을 분리해 둔다. 분리해 놓은 문장을 펼쳐 놓고 학생들에게 이야기 순서에 맞게 배열해 보도록 한다. 이는 학생 개인 활동으로도 좋고, 그룹별 활동으로도 적합하다.

영어 읽기와 쓰기 지도 :

협동 학습 전략을 활용한 읽기 지도

학생의 모국어와 영어를 동시에 사용하는 이중 언어 읽기 및 쓰기 통합 모형(The Bilingual Cooperative Integrated Reading and Composition)은 초등학생 대상 읽기 지도에 성공적인 것으로 나타났다. 몇몇 활동은 연령에 맞춘 약간의 변화만으로도 다양한 수준의 학생들에게 적용할 수 있다. 협동 학습 전략을 활용한 15가지 활동을 소개한다.

- 배경 지식과 어휘 축적. 어렵거나, 낯설거나, 중요한 단어를 선택한다. 단어를 챠트에 적고, 학생들과 함께 개념 지도(concept map)를 그린다. 완성된 개념 지도를 교실 벽에 붙이고, 이어지는 읽기, 토론, 쓰기 수업에서의 도구로 활용한다.

- 추론. 추론하는 방법과 추론한 내용을 확인하는 시범을 보여준다. 이어서 이야기의 제목이나 그림을 이용하여 학생들끼리 팀을 구성하여 추론 활동을 진행한다.

- 선택한 부분 읽기. 교사가 먼저 이야기의 한 부분을 소리 내어 읽고, 학생들이 따라 읽는다. 두 번째 부분은 교사와 학생들이 조용히 함께 읽는다. 이어서 교사가 다시 소리 내어 읽고, 다 함께 조용히 읽기를 반복한다.

- 짝과 함께 번갈아 읽기, 묵독하기. 친구와 짝이 되어 한 단락씩 번갈아 가며 소리 내어 읽게 한다. 어려운 발음이나 의미 해석은 서로 도와 주도록 한다. 이어서 각자에게 주어진 텍스트를 조용하게

읽게 한다. 묵독 과정이 제대로 진행되었는지 확인하기 위해 간단한 구두 질문 등으로 평가하는 방안을 고려해 보도록 한다.

- 보물 찾기. 이 활동의 초점은 이야기의 내용을 이해하는 것이다. 파트너 학생이 먼저 내용을 읽는다. 이어서 인물의 성격, 장면, 문제점, 문제점의 해결 방안 등과 같은 이야기 속의 핵심 사항들에 대해 서로 질문하고, 대답하며, 토론한다. 짝과 함께 읽고 이해하는 작업을 통해 질문과 관련된 내용을 보다 더 깊게 이해할 수 있게 된다. 또 해답을 찾고, 이를 확인하는 단서를 찾는 과정이나 추론 과정을 통해 서로의 공통점이나 차이점을 이해하게 된다.

- 스토리 맵 만들기. 보물 찾기 활동을 마친 뒤, 여러 시각 활용 도표를 이용한 추가 활동을 검토해 본다. 시각 자료들 중 하나인 스토리 맵은 이야기 구성 요소 파악을 쉽게 하도록 도와준다. 주인공 이름, 무대 장치, 주요 생각, 주요 사건, 주인공에게 닥친 문제 등 이야기 구성 요소에 대한 토론을 정리하게 할 수도 있다. 스토리 맵은 학생 자신의 생각을 창의적으로 표현하고, 시각적 단서를 활용한 이야기 재구성을 쉽게 하며, 맥락에서 벗어나지 않고 스토리와 관련된 쓰기 작업을 할 수 있게 도와준다.

- 스토리 다시 말하기. 만들어 둔 스토리 맵을 이용하여, 읽었던 이야기를 다시 말해 보도록 한다. 또 친구가 말한 내용을 평가할 때 참고해서 말해도 무방하다. 이야기의 어떤 부분을 좋아하는지 파트너와 함께 이야기하고, 서로 같은 점과 다른 점을 이해하도록 한다.

- 스토리와 관련된 글쓰기. 스토리와 관련된 다양한 쓰기 활동을 할

수 있다. 함께 읽었던 내용에 관해 쓰기 활동을 하는 것이다. 영어를 배우는 학생들에게는 적절한 쓰기 활동 사례를 매 수업시간마다 보여주는 것이 좋다. 2~4명씩 팀을 이루어 여러 장르의 글을 쓰게 하는 방법도 있다. 학생들은 줄거리 전개, 주인공의 인물 설정, 사건 배열 작업을 하고, 서로 피드백을 주고 받으며 쓰기 활동을 도와준다. 또 초안을 쓰고 난 뒤 수정, 다시 쓰기, 다시 수정, 편집, 인쇄 등 여러 단계의 학습을 서로 도와가며 진행하게 한다.

■ 단어와 철자를 큰 소리로 말하기. 스토리 속에 나타난 단어들의 목록을 만든다. 학생들은 목록의 단어를 의미, 발음, 철자까지 완전히 습득할 때까지 큰 소리로 말해야 한다. 이 활동은 학생들이 단어를 유창하게 읽고, 철자를 말하며 문장 속 단어의 의미를 정확하게 이해할 수 있게 한다. 한번에 10개에서 12개 정도의 단어를 사용하는 것이 적절하다.

■ 파트너의 확인. 한 학생이 앞서 작성한 단어 목록으로 연습을 하고 나면, 그와 짝이 되는 학생이 연습을 잘 했는지 평가하는 과정이다. 사전에 교사는 평가 항목을 만들어 두어야 한다. 학생의 속도에 맞춰 활동이 진행되기 때문에 쓰기 활동이나 또 다른 책을 더 읽어야 할 경우, 시간 배분을 적절히 조정하도록 한다. 개별 학생의 평가 점수를 팀 전체의 점수에 더하는 방법으로 운영하면, 서로의 과제 확인에 더 많은 관심을 갖게 된다.

■ 의미 있는 문장 만들기. 학생들에게 스토리에 등장하는 단어 중 5개 이상을 세심하게 선택하도록 한다. 선택한 단어의 의미를 서로 토

론하도록 한다. 또 선택한 단어를 사용하여 의미 있는 문장을 만들 경우를 가정한 토론을 해 보게 한다. 선택한 단어의 의미를 나타내는 그림을 그려보면, 의미를 보다 더 명확하게 이해할 수 있게 된다.

- 평가. 수업이 끝난 뒤, 스토리 이해를 확인하는 간단한 평가를 해 본다. 선택한 단어로 의미 있는 문장을 써 보도록 하고, 교사나 다른 친구들 앞에서 소리 내어 읽어 보도록 한다. 이때는 다른 학생들에게 도움을 청할 수 없다. 팀 별로 평가 점수가 주어지기 때문이다. 주기적인 평가는 학생들의 듣기, 말하기, 읽기, 쓰기 실력이 어떻게 향상되어 가는지 알 수 있게 한다. 또한 추가로 진행되어야 할 수업 활동을 미리 고려할 수 있게 하며, 학생 자신도 성장하는 모습에 만족감을 느끼며 보다 더 오랫동안 학습에 몰입할 수 있게 한다.

- 독해 직접 지도. 주요 개념 찾기, 요약, 비교, 대조와 독해 기술은 직접 지도하도록 한다. 지도 후 연습은 개인 또는 각 팀 별로 실시한다.

- 글쓰기 워크숍. 글쓰기 워크숍은 글쓰기 수업 중에 실시하도록 한다. 먼저 쓰기 과제 완성에 필요한 설명과 개념을 단계별로 보여준다. 그런 다음, 학생은 미리 쓰기, 쓰기, 교정, 수정하기 등의 작업을 친구 혹은 교사와 함께 진행해 나가도록 한다.

- 개별적인 책 읽기. 학생에게 매일 저녁 최소 20분 이상, 스스로 고른 책을 읽게 한다. 학생의 부모도 자녀와 독서에 대한 토의를 진행하도록 격려한다. 토의를 시작하기 전에 최소한 지정된 책은 독서를 완료해야 효과적인 지도와 팀 별 토의가 가능하다는 것을 학생 스스로 이해할 수 있게 한다.

영어 읽기 학습을 돕는 방법

다음은 학생들의 읽고 쓰는 능력과 독해력을 증진시키는 활동들이다
(NCTE, 2006).

- 영어 학습자의 문화적 배경이 들어있는 읽기 자료를 수업 중에 소개한다.
- 영어 학습자의 배경 지식, 경험과 관련된 자료를 읽기 과정으로 연결시킨다.
- 지문 내에 들어있는 문화적 내용을 포함하여, 읽은 내용에 대한 토의를 독려한다.
- 과제로 부여된 지문을 읽기 전에, 관련 주제를 보다 쉽게 접할 수 있는 내용을 미리 읽고 수업에 참여하도록 한다.
- 각 학생들의 모국어로 번역된 내용을 미리 읽고 수업에 참여할 수 있도록 부모와 협력한다.
- 반복되는 읽기 연습에도 흥미가 유지되도록 다양한 지도 방법을 준비한다.
- 학생의 모국어로 혹은 영어로 조용히 읽을 수 있는 기회를 제공한다.
- 학생이 영어의 소리와 구조에 익숙해지면, 읽은 내용을 제대로 이해할 수 있도록 큰 소리로 자주 읽어 준다.
- 학생은 텍스트를 쳐다보고, 교사가 큰 소리로 읽어 주는 활동은 글

자와 소리를 연결하는 유용한 활동이다.

- 수업을 진행하기 전에 관련 내용을 재미있게 소개해주면, 학생들의 호기심을 북돋운다.

- 교재를 쉽게 이해할 수 있도록 하기 위해 교재의 구성, 단어, 교재와 문장 수준에서의 문법 등에 관한 언어적 구성 요소를 확실하게 알려준다.

- 모국어는 물론 영어도 충분한 연습만이 읽기와 쓰기 실력 향상을 기대할 수 있음을 이해시킨다.

- 학생의 다양한 문화적 경험을 교육할 주제의 내용과 연결시킨다.

- 학생이 주제와 관련된 내용을 준비할 수 있도록 교재 내용을 미리 확인하고, 요지를 살피며, 여러 다른 전략들도 소개해 준다.

- 주제와 관련된 토론을 원활하게 하는 미리 읽기를 실시한다.

- 주제 이해에 필요한 핵심 단어를 가르친다.

- 쓰기 경험은 읽은 바를 분명히 이해하는 데에도 도움이 된다는 사실을 강조한다.

쓰기 능력 개발

여러 가지 다양한 연구 결과에 따라 제시된 학생들의 쓰기 능력 개발에 필요한 구체적인 전략들은 다음과 같다(Carasquillo 외, 2004; Samway, 2006).

읽기와 쓰기가 어떻게 상호 연결되는 것인지 알려 준다.

- 친구, 선배, 교사 등 학생들과 함께 읽을 수 있는 다양한 책을 준비하여 독서 시간이 늘어나도록 한다. 같은 내용이지만 장르가 서로 다른 두 권의 책을 선택한다. 예를 들어, 동물의 행동을 다룬 책 중 한 권은 소설, 다른 한 권은 소설이 아닌 책자를 선택한다. 또는 어떤 동물의 서식처, 음식, 종, 새끼 양육 등 같은 정보에 대한 책을 학생 그룹에 나누어 주고 함께 읽도록 한다. 질문이나 벤 다이어그램과 같은 정리 방법을 이용하여, 내용을 요약하고 비교하도록 한다.
- 가정 학습과 연결 가능한지 살펴 본다. 학교에서 읽을 책을 집에서 가져오게 하거나, 학교에서 읽던 책을 집으로 가져갈 수 있도록 하는 것도 좋은 방법이다. 영어로 말하고 읽을 수 있는 가족이 있으면 더 좋다. 큰 소리로 읽어 주는 활동은 많은 도움이 된다. 부모가 영어로 말하지 못하더라도 자녀의 영어 책 읽는 모습을 보며 대견해 하고, 칭찬하는 과정을 통해 자녀의 학습 동기를 유발할 수 있다. 가족들이 같은 시간에 독서를 즐기는 독서 몰입 시간을 운영해도 좋다.

가능한 글 쓰기 경험을 자주 해야 한다. 처음부터 완벽하게 쓰도록 지도하기보다, 쓰기는 수정과 교정이 반복되는 활동임을 이해시키도록 해야 한다. 수정과 교정 과정이 반복된다는 사실을 이해한 학생은 글쓰기를 어려워하지 않게 된다. 처음부터 완벽한 글쓰기란 없다. 반복된 연습과 교사의 적절한 개입이 완벽한 글쓰기를 돕는다.

- 작가들이 작품 활동을 위한 아이디어를 어떻게 얻는지 설명해주도록 한다. 또한 작가 자신이 쓴 내용을 어떻게 평가하고 있는지를 묻는 질문과 대답 사례를 보여주어도 좋다.
- 벤 다이어그램 등 글쓰기에 시각적 자료를 어떻게 사용하는지 알려준다.
- 자신이 쓴 글을 평가하는 방법을 알려 주고, 그러한 사례를 보여주고, 학생들도 같은 방법으로 평가해 보도록 한다. 학생들은 다음과 같은 질문을 하게 될 것이다. 이야기의 제목은 적절한가? 주인공 소개를 도입부에서 하는 것이 맞는가? 언제 어디에서 일어난 사건인가?
- 학생 자신의 글쓰기 목록을 검토하고, 새롭게 배운 내용을 다시 말해 보도록 한다. 글쓰기 목록에서 무작위로 하나를 선택하여, 새롭게 배운 글쓰기 방법을 적용하여 수정해보게 한다.

쓰기 연습을 하는 시범을 보여주고, 선택한 작품의 작가가 의도하는 주제를 어떻게 쓰고 있는지를 설명해 준다. 학생들은 어떤 종류의 글이 영어 문화권에서 널리 사용되고 있는지, 학교에서는 쓰기 연습을 어떻게 하는지 제대로 알지 못한다. 다음과 같이 사례를 들어 설명해 주면 좋다.

- 글을 읽는 사람의 수준에 적절하고, 목적에 맞게 쓰는 법을 보여준

영어 읽기와 쓰기 지도 :

다. 학생들이 교사의 글쓰기 과정을 자세히 관찰하고 적극적으로 참여하면, 글 쓰는 방법을 보다 쉽게 이해할 수 있게 된다.

- 쓰기 주제 선택에 대해 학생들과 토론한다. 글쓰기 과정에서도 여러 가지 필요한 결정 사항이 있음을 알려 주고, 의견도 들어본다. 이와 같은 참여식 접근법은 학생들로 하여금 작가로서의 글쓰기 작업을 연습하게 하고, 의사 결정 과정도 경험해 볼 수 있도록 한다.

브레인스토밍, 초안 작성, 수정과 교정 작업은 반복적으로 순환되는 과정임을 명확하게 인식시킨다.

- 학생들에게 더 많은 정보와 더 정확한 정보를 담도록 요구하며, 이미 써 놓은 글을 수정하고 교정해 보도록 격려한다. 글 쓰기에 대한 수정 작업은 교사와 학생 모두에게 좋은 효과를 낸다.

- 몇 번이고 다시 읽고, 고쳐 쓰도록 한다. 교정 과정에서 신중하고 명확한 단계별 글쓰기 구조를 습득하게 된다. 학생들에게 단계별로 이야기를 구성하도록 한다. 서론, 본론, 결론 등으로 구분할 수 있을 것이다. 각 단계가 끝날 때마다 쓴 글을 같은 반 학생들에게 소리 내어 읽게 한다. 낭독에 대한 반응에 따라, 쓴 내용이나 읽는 기술을 수정하게 한다. 교사는 글을 컴퓨터로 타이핑하며 소리 내어 읽고, 질문하고, 수정한다. 마지막으로 출력할 때에는 간단한 삽화를 추가하거나, 여러 사람의 글쓰기 작품을 책처럼 묶어 놓거나, 교실 방문객, 가족, 친구들에게 읽어 준다.

학생의 영어 글쓰기 수준에 관계없이 점점 더 다양하고 도전적인 글쓰기 경험이 되도록 한다. 학습 초기에는 가벼운 대화체 형식의 글쓰기 경험도 좋다. 초급 수준을 넘어설 경우에는 보고서 형식, 짧은 단막극, 허구적인 서사 형태의 글 등과 같이 보다 다양하고 도전적인 글쓰기 경험이 될 수 있게 한다.

- 저널, 이야기, 편지, 연극, 시, 보고서, 실험실 보고서, 책 리포트, 설득용 에세이 등 다양한 장르의 글쓰기 경험을 하도록 하고, 다음 단계에서는 같은 내용을 반복 연습하면 좀 더 효과적이다.
- 철자 이름, 소리, 구두점, 대문자, 소유격, 어포스트로피(apostrophe)의 사용과 관련하여 학생들이 이전에 경험하지 못했거나 숙달하지 못했던 글쓰기 장르를 다시 안내한 다음, 보다 새롭고 도전적인 과제를 추가해주도록 한다.

실제 사용된 문장을 이용하여 문법을 가르친다. 학생들은 듣고, 말하는 과정에서 무의식적으로 영어의 구조를 학습한다. 글쓰기의 경우 문법적으로 정확하지 않더라도 의미 전달이 가능하다(예를 들어, Want paper, Him taking mine book 등). 어린 학생들은 맞고 틀린 것에 대한 생각을 많이 하지 않는다. 하지만 아이들에게 훌륭한 모범이 되고, 바른 방향으로 잘 이끌며 연습시키고, 문법적으로 바른 것을 정확하게 설명해 주면, 시간이 흐르고 경험이 쌓여가면서 맞는 것과 틀린 것에 대한 인식이 제대로 형성된다.

- 글쓰기 수업 과정을 표준화하며, 문법과 관련된 소규모 학습을 실시한다. 만약 학생이 We talked in class yesterday. I answered a question.라는 문장을 썼다면, Why did I put the −ed after the verbs talk and answer?(왜 동사 talk와 answer 다음에 -ed를 써 넣었지?)라고 질문 한다. 각 동사의 마지막 음소를 학생의 귀에 정확히 들리도록

영어 읽기와 쓰기 지도 :

다시 발음해 주며, What sound do you hear at the end? ^{(마지막 부분에서} ^{서 어떤 소리를 들었지?)}, What does that sound tell you? ^{(그 소리가 뜻하는 바가} ^{무엇인지 알겠니?)}와 같은 질문을 한다.

- 학생들이 쓴 글을 사용하는 것도 문법에 초점을 두는 지도 방법 중 하나다. 학생의 글에서 문법적인 실수가 발견되면, 그 실수에 대해 학생과 토의하고 정확한 문법 형식과 수정 방법을 알려 준다. 만약 같은 실수를 반복하면, 실수를 줄이는데 필요한 문법 내용을 구체적으로 경험하는 글쓰기 연습을 계획한다. 예를 들어, 주말에 친구와 무엇을 했는지 세 문장으로 써보라고 한다. 쓰기 과제를 하며, 사용 가능한 동사의 과거형 목록도 함께 만들도록 지시한다. 학생들이 제안할 사항은 없는지도 물어본다. 글쓰기 과제를 하며 학생들이 사용한 단어를 칠판에 적고, 단어를 규칙형과 불규칙형으로 분류한다. 예를 들어, went, saw, had, ate, bought, made 등을 한 그룹으로, talked, fished, played, cooked, visited 등을 다른 그룹으로 분류한다. 학생이 listen의 과거 시제 사용 지점에서 과거형 시제를 사용하지 않으면, 교사는 즉시 과거 시제는 listened라고 알려 준다. 글쓰기를 끝낸 학생이 큰 소리로 읽으면, 친구들이 듣고 수정이 필요한 부분에 대해 의견을 낸다.

학생 자신의 글쓰기에 이용할 핵심 단어 목록을 만든다. 학생들의 글쓰기 성공 여부는 대부분 학생들이 선택한 단어와 관련된다. 글을 쓰는 사람은 효과적인 의사 전달을 위해 많은 단어를 알아야 하며, 아울러 단어의 의미를 분명히 알아 두어야 한다. 단어를 문법에 맞게 사용하는 방법을 알아야 한다는 것을 뜻한다. 즉, 어떤 단어는 어떤 단어와 함께 사용되며, 어느 정도의 격식을 갖추게 되는지를 알아야 한다는 것이다. 이러한 단어 사용 지식을 습득하기 위해서는 시간이 필요하고, 다양한 문맥 속에서 많은 단어를 만나보아야 한다. 영어 원어민 학생이나 수준 높은 영어를 구사하는 학생들처럼 읽고 쓰기 위해서는 단어와 관련된 학습량이 상당 수준에 도달해야 한다.

- 이전 단계에서 배웠던 단어와 다음 단계에서 배워야 할 핵심 단어의 어휘 양을 확대해 간다.
- 글쓰기에 필요한 단어를 정의한다. 내용 관련 단어와 주제 관련 단어도 포함시킨다. 전반적인 교과 과정뿐만 아니라 과학, 수학, 사회 등의 교과목 분야로 넓혀간다.

철자 학습을 읽기와 쓰기 교육과 통합한다. 학생들이 단어를 소리 내어 말하고, 철자를 소리 나는대로 쓰는 일은 결코 쉬운 일이 아니다. 영어를 배우는 학생들은 대부분 어떤 단어가 어떻게 발음되는지에 대한 정확한 표상을 갖고 있지 않기 때문이다. 영어의 특정 소리를 어떤 철자로 표기할 것인지에 대해서도 정확히 모르고 있을 것이다. 철자를 학습하기 위해서는 학생들이 실제 읽고 쓰는 문장에서 사용되는 영어 철자법과 관습적 철자법에 대한 명시적 교육이 진행되어야 한다.

- 읽기 활동 중에 만나는 단어의 철자에 집중하여 지도한다.
- 일반적인 철자 패턴을 알려 주고, 같은 패턴을 따르는 단어 그룹(bark, dark, lark, mark 등)과 파생어 패턴(truth/truthful 등)에 대해서도 안내한다.
- 특이한 철자(/f/로 발음되는 phone, photograph 또는 good, could에 나타나는 각운 따위)

에 주의하도록 한다.

■ 학생들과 함께 글쓰기를 할 경우에는, 단어의 음소는 어떻게 구성 되는지, 철자들은 어떻게 음소를 이루게 되는지를 알려주도록 한 다. 묵음 -e, silent e, 또는 이중철자(double letter) 등과 같은 전문 용 어를 사용하도록 한다.

■ 글쓰기 과정에서 참고 할 규칙을 알려준다. 예를 들어, I am going to write about our parties. How do you spell party?(파티에 대한 글을 쓰 려고 한다. 파티의 철자가 어떻게 되지?) When we write the plural of parties, I change this -y to -i and add -es. (파티의 복수 형태를 쓸 경우 -y를 -i로 고치 고 -es를 추가한다.) Do you know any other words like that? How about puppy and bunny?(이와 같은 형태로 변화되는 다른 단어를 알고 있니? putty와 bunny 의 경우에는 어떻게 변하지?) 등과 같은 질문을 던져볼 수 있다.

■ 일부 학생은 실수를 피하기 위해 자신이 알고 있는 단어들만 사용 하려고 한다. 자신의 생각을 표현하는 새로운 단어를 떠올려 보라 고 격려한다. 학생들이 낯선 철자를 사용하여 단어를 쓰는 것은 소 리와 문자의 관계를 실험하고, 재미있는 무엇인가를 더 말해 보려 는 의지의 표현이기 때문에 그러한 발전을 칭찬해 주어야 한다. 정 확한 철자 사용을 안내해 주고, 단어와 철자, 음절, 접두어, 접미어 가 들어 있는 단어들을 적절히 이용한다. 학생들 스스로 정리하고, 합치고, 대응할 수 있게 하는 철자 학습 활동으로 나아갈 수 있도 록 도와준다.

제4장
생각해 보아야 할 핵심 내용

조금 더 자세히 살펴 보아야 할 부분이라고 생각되는 핵심 내용, 개념, 전략, 자료들을 적는다. 아래 사항은 개인 학습 정리 노트이며, 기억을 되살리는 참고 자료가 된다.

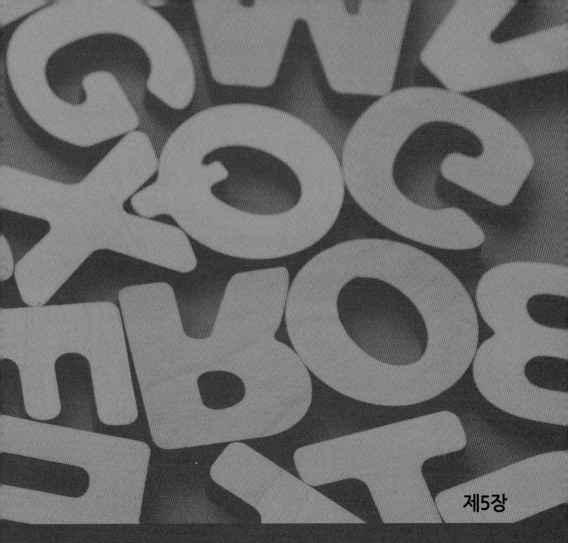

제5장

영어 학습 관련
문제점의 인식과
해결 방안

연습 부족인가?
학습 능력 문제인가?

4년 전에 뉴저지(New Jersey)로 이사 온 Juan은 영어를 배우는 데 어려움을 겪고 있다. 4학년이 되었지만, 담임 교사는 Juan이 영어로 말하거나 읽을 때 거의 알아들을 수가 없다. Juan의 부모는 베네수엘라 출신이다. Juan의 부모는 아이들이 보다 더 빠르게 영어를 배웠으면 하는 마음으로 집에서도 가능한 영어만 사용하려고 노력하고 있다. 다행히 Juan보다 두 살 아래 동생은 영어 실력이 하루하루 눈에 띄게 좋아지고 있다. 하지만 왜 Juan은 동생처럼 영어 실력이 늘지 않는 것일까? Juan의 담임 교사는 스페인 출신 학생들을 오랫동안 지도해 왔다. 하지만 Juan의 경우 영어를 배우는 속도가 너무 느려서 언어 학습 장애가 있는 것은 아닌지 걱정했다. 보다 정확한 원인을 찾기 위해 담임 교사는 Juan을 특별 교육을 담당하는 아동연구팀(Child Study Team: a special education pre-referral panel)에 의뢰했다. 여러 가지 검

영어 학습 관련 문제점의 인식과 해결 방안 :

사를 해 본 결과, Juan은 영어 소리와 알파벳 글자가 정확한 타이밍에 연결되지 않는 문제로 책 읽기에서 어려움을 겪는 것으로 나타났다. 다행히 Juan과 같은 학생을 지도해 본 경험이 많은 전문 교사가 Juan과 같은 경우에는 개선의 여지가 충분하다고 말하면서, 필요한 학습법을 추천해 주었다. 하지만, 영어를 배우는 학생들 중에는 Juan처럼 영어 실력이 늘지 않고, 책 읽기도 힘들어 하며, 결과적으로 학교 수업을 따라가지 못하는 학생들이 많이 있다. 필요한 시기에 적절한 도움을 받지 못한 채 학생 혼자 고민을 안고 가는 경우도 상당히 많다.

영어를 배우는 학생을 지도하는 교사가 당면하는 중요한 문제가 있다. 학생의 영어 습득이 느린 이유는 '연습이 부족했기 때문인가, 아니면 영어 습득과 관련된 학습 능력에 장애가 있기 때문인가'를 판단해야 하는 문제다. 먼저, 연습 부족으로 인한 문제인지, 학습 능력 부족으로 인한 문제인지에 따라 어떤 차이가 나타나는지를 구별할 수 있어야 한다. 그 다음으로는, 연습 부족일 경우 무엇을 어떻게 해줄 것인지를 알고 있어야 한다. 마찬가지로 학습 능력 문제일 경우에도 무엇을 어떻게 해줄 것인지 알아 두어야 한다. 대부분 교과 과정은 중간 정도의 실력을 보이는 그룹을 기준으로 만들어진다. 즉, 중간 정도 실력을 보이는 학생들의 문화적, 사회적 성장 배경에 맞춰 교과 과정이 설계되고, 진행되고 있다. 교과 과정이 학생들의 다양한 성장 배경을 공통적으로 수용하고 있는 예를 찾아보기 어렵다. 결과적으로 영어를 배우는 학생들은 영어와 관련된 어려움 뿐만 아니라 문화적으로 생소한 교과 과정의 내용을 접하게 되는 과정에서도 많은 어려움을 겪게 된다. 다양한 요인으로 영어 말하기, 나아가 영어로 읽고 쓰는 학습 과정에서 숱한 어려움을 겪는 것이다. 조심할 점은 영어를 못하는 학생을 학습 능력이 없는 학생으로 오해하지 않도록 하는 일이다.

학습 능력에 문제가 있는지 여부를 판단하기가 어렵다

학습 능력이 있는지 없는지를 파악하는 것은 매우 어렵다(Sa nchez, Parker, Akbayin, & McTigue, 2010). 뉴욕 주 소재 3개 학교 학생을 대상으로 학습 능력 보유 여부와 관련된 연구를 실시하였다. 약 10,000명 정도의 학생 중 영어를 배우는 학생은 13%에서 28% 정도였다. 분석 결과, 영어를 배우는 학생 중 학습 능력에 장애가 있는 학생을 찾는 작업 과정에는 다음과 같은 문제들이 있었다.

- 정책 지침을 따라야 하는 문제
- 영어를 배우는 학생들을 언제부터 관리해야 하는지에 대한 이해 관계자들 간의 서로 다른 견해
- 전문가들의 학생에 대한 이해 부족
- 영어를 배우는 학생들에 대한 지속적이며 적절한 서비스 제공과 관련한 문제
- 학생 지도를 위탁하는 과정에서 사전 안내와 협력 체계 부족
- 영어 학습 발달이 늦어지는 것과 학습 능력 장애 간의 차이점 구별의 모호성
- 영어를 배우는 학생들에 대한 일관성 있는 평가 혹은 측정 체계 미흡

영어 학습 관련 문제점의 인식과 해결 방안 :

학습에 어려움을 겪는 학생들을 돕기 위해 제정된 규정은 마련되어 있다(IDEA: Individuals with Disabilities Education Act of 2004). 영어를 배우는 학생들이 겪는 학습 문제가 적절한 지도를 받지 못했기 때문인지, 아니면 학생들의 영어 실력이 수업에 필요한 유창성 수준에 미달하기 때문인지를 밝히고 그 증거를 제시하도록 한 규정이다. IDEA 규정은 학습 능력에 문제가 있는 학생으로 판명하기 전에 학생의 영어 성취도가 부족했음을 보여주는 증거를 제시할 것을 요구하고 있다. 그간의 연구 결과들에 의하면, 영어를 배우는 학생들에 대하여 학습 능력에 문제가 있는 학생으로 잘못 판단하는 실수를 범하지 않기 위해서는 다음의 다섯 가지 요소를 갖추도록 해야 하는 것으로 나타났다.

- 충분한 전문 지식. 문화적 차이, 언어 발달 과정, 학습 장애, 나아가 담임교사, 전문가 등 전체적인 문제에 관한 전문 지식을 갖추는 일
- 효과적인 교육과 연습. 영어를 배우는 학생들을 다른 과정으로 보내기 전에 효과적인 교육과 연습을 시키는 일
- 효과적이고 타당성 있는 평가와 중재. 타당성 있는 평가를 실시하고 효과적인 중재 전략을 실천하는 일.
- 협력 체계. 영어를 배우는 학생을 도울 수 있는 협조 체계를 만들고, 문제를 해결할 수 있도록 교사에게 기회를 제공하는 일
- 분명한 기준. 영어를 배우는 학생들 중 학습 능력에 문제가 있는 학생을 찾기 위한 절차와 기준 설정 등 명확한 지침을 제공하는 일

아이들이 영어를 못한다고 해서 곧바로 학습 문제로 연결되는 것은 아니다. 실력 있는 교사들도 영어 습득 과정에서 나타나는 문제와 학습 능력 상의 문제에 어떤 차이가 있는지를 배워야 한다. 이 문제에 대하여 별도로 배우지 않으면, 영어 습득 과정상에 나타나는 문제를 학습 능력에 문제가 있는 것으로 잘못 판단하는 실수를 범하게 될 것이다(Layton & Lock(2002).

언어 능력 차이가 곧 학습 문제는 아니다.

---

1. 학습 속도가 느린 것은 교과목 별로 고르게 발달시키지 못한 기본적인 문제로부터 발생할 수도 있다. 영어를 배우는 학생들의 학습 속도가 느린 것은 영어를 늦게 배우게 됨으로써 나타나는 부정적 영향이 반영된 것일 수도 있다.

2. 의사 전달이 능숙하지 못한 것은 영어 습득이 어렵다는 현실적인 문제와 함께 두뇌의 정보 처리 체계에 문제가 있을 수 있다는 점을 고려해야 한다.

3. 교사의 지시대로 따르지 않고, 눈을 잘 마주치지 못하며, 주의가 산만하며, 딴 생각을 하는 듯한 문제적 행동이 증가하는 경향은 영어를 배우는 학생들에게서만 나타나는 문제가 아닌 일반적인 학습 문제로 다루어야 하는 현상이다.

4. 읽기 기술 습득 과정에서 어려움을 겪는 학생도 많다. 영어를 배우는 학생들은 실제로 영어 자료를 읽을 때 소리를 파악하고 분석하며 종합하는 능력, 나아가 단어를 음운적 부분으로 분해하는 기술을 습

영어 학습 관련 문제점의 인식과 해결 방안 ⦂

득하는 과정에서 어려움을 겪는다.

5. 다양하고 풍부한 표현을 사용하여 말하지 못하는 것은 학생들이 시간, 공간 용어가 포함된 특정 개념을 설명할 때 보다 명확히 드러나며, 영어를 배우는 학생들과 학습 과정에서 어려움을 겪고 있는 학생들에게 공통적으로 관찰되는 특징이다.

6. 서술하는 기술, 이야기를 다시 말하는 기술, 추상적인 언어를 사용하는 기술 등 읽기와 쓰기 분야 성취도가 제한적으로 나타나는 것은 영어를 배우는 학생들이나 학습 과정에서 어려움을 겪는 학생들에게서 모두 볼 수 있는 공통적인 현상이다.

교사는 영어 습득 과정에서 겪는 애로 사항과 본질적인 학습 정보 처리 과정에서 겪는 어려움을 구별할 수 있어야 한다. 해당 과정으로 인한 문제인지, 본질적인 문제인지를 구별하는 것은 영어를 배우는 학생들에게 큰 영향을 미치기 때문이다. 영어 습득과 관련된 문제인지 여부를 제대로 구분하는 것은 학생들의 지도안을 만들고 발전 과정을 평가하는 데에도 매우 중요하다. 학생들이 겪고 있는 당면 문제를 처리하거나, 필요한 사항들을 파악하지 못하는 교사들도 있다. 영어를 배우는 학생들이 어떤 상황에 처해 있는지 일깨워 주는 교사들을 위한 특별한 교육 과정이 필요한 시점이다.

학생들의 문화, 환경, 기대치, 가치, 친구 관계, 가족, 학교, 지역사회 등의 차이를 이해하고 존중하는 내용이 포함된 훈련을 진행하고, 그 결과를 분석한 연구가 있다(Layton & Lock, 2002). 연구 보고서에는 전형적인 언어 발달 관련 정보, 보통의 학습자와 학습에 어려움을 겪고 있는 학생 사이에서 보이는 차이에 대한 정보, 그리고 언어 발달 과정이 평가와 교육에 어떤 영향을 미치게 되는지에 대한 정보를 담고 있다. 훈련을 마친 뒤 다시 실시한 조사 결과, 훈련을 받지 않은 학생 집단에 비해 훈련을 받은 집단이 문화 간의 이해심과 상호간의 존경심이 향상되었다.

여러 가지 다양한 노력들이 진행되고 있지만, 영어를 배우는 학생들의 영어 습득 혹은 학습과 관련한 문제를 제대로 확인하는 작업은 결코 쉽지 않다. 다양한 문화와 언어를 가진 학생들에게 적절하고, 신뢰도 높은 평가 도구를 준비하는 일도 쉽지 않은 작업이다. 교실마다 서로 다른 언어, 서로 다른 문화를 잘 이해하고 있는 교사를 배치하기는 더욱 어렵다. 교과목 수업과 영어 교육, 특수 교육 프로그램을 운영하는데 충분한 커뮤니케이션이 거의 이루어지지 않고 있는 실정이다. 심지어는 영어를 배우는 과정에 있는 학생들에게도 영어로 된 시험을 보게 하는 현실이다. 과연 학생들의 지식을 정확히 평가하고 있는 것인지 고민해야 할 시점이다.

연구 결과들이 말하는 바는 무엇인가?

여러 연구들이 진행되었지만, 영어를 배우는 학생들이 교과목 지식 습득에 어려움을 겪는 원인이 영어를 배우는 과정의 문제인지, 근본적인 학습 능력의 문제인지, 혹은 두 가지 원인이 결합된 결과인지 정확하게 판단하기 위해서는 교사들의 더 많은 노력이 요구된다. 미국 내에서 실시된 여러 교육청별 조사에 따르면, 영어를 배우는 학생들을 위한 특별 교육 과정

　영어 학습 관련 문제점의 인식과 해결 방안 :

이 어떤 지역에서는 너무 많고 또 어떤 지역에서는 너무 적다고 한다. 학습 자체를 어려워하는 학생이 어떤 그룹에서 많이 나타나는지 정확히 조사된 자료는 없다. 다만, 영어가 모국어가 아닌 소수 언어 가정에서 학습 문제를 보이는 학생들의 비율이 높게 나타나는 편이었고, 영어 학습자들의 시각 장애나 청각 장애 등과 같은 의학적 측면의 장애 비율은 유의미한 차이가 없었다(Bedore & Pea, 2008).

영어 원어민 학생들과 비교해서, 영어를 배우는 학생들이 학습 능력에 문제가 있는 것으로 판명되는 비율을 조사한 사례가 있다. 눈에 띄는 것은 학년 별 패턴이 서로 다르다는 점이었다. 미국 교육부에서 어린 유아를 대상으로 장기간 실시한 연구 결과, 영어를 배우는 학생들이 학습 능력 문제로 유치원과 초등학교 1학년에서 특수 교육을 받는 학생의 비율은 다른 모든 학년에서의 비율과 별반 다르지 않았다. 하지만 3학년 시점이 되면 특수 교육을 받는 영어 학습자 비율이 영어 원어민 학생 비율에 비해 상당히 높아졌다. 또한 영어를 배우는 학생들이 영어 원어민 학생들보다 더 많은 특수 교육 지원이 필요한 것으로 나타났다. 어떤 연구에서는 학습 문제를 지닌 초등학교 4학년부터 6학년까지의 영어 학습자들은 영어 원어민 학생들보다 2~3년 더 많은 시간 동안 특수 교육을 받아야 하는 것으로 밝혀졌다(McCardle, Mele-McCarthy, Cutting, Leos, & D'Emilio, 2005).

영어를 배우는 학생들은 또래 영어 원어민 학생들보다 영어 실력이 낮고, 영어 문제로 학업 성적이 높지 않기 때문에 간혹 받지 않아도 되는 특수 교육을 받기도 한다. 필요가 없는 교육을 받기도 하는 것이다. 영어를 배우며, 특별 과정에 참여해야 하고, 교과목도 배워야 하는 상황에 놓이게 되는 것이다. 부족한 영어 실력이 문제인데, 그로 인해 더 어려운 영어로 된 특수 교육을 받고 있는 아이들을 생각해 보라. 영어 원어민 학생보다도 더 과중한 학습량을 소화해야 하고, 문제가 없는 학생임에도 불구하고, 이런 저런 이유로 학습 능력이 없는 학생으로 분류될 위험성도 커진다. 다양한 문화와 언어를 가진 학생들의 영어 실력이나 학습 능력 문제를 진단할 때, 발생할 수 있는 애로 사항들은 다음과 같다(Barrera, 2008).

- 문화와 관련된 애로 사항
  - 진단: 측정 도구와 평가 대상자의 특정 경험 간에 나타나는 불일치
  - 지도: 학생의 학습 동기와 미리 준비한 교과과정 사이의 차이와 그 차이에 대한 교사의 선입견
  - 평가 결과: 진단에 사용한 내용과 학습 교과과정 혹은 프로그램 사이에 존재하는 불일치. 즉, 영어를 배우는 학생들의 현실적 필요 내용과 평가 결과의 불일치

- 언어와 관련된 애로사항
  - 진단: 영어 학습자의 모국어를 이용한 평가와 달리 적절하고 타당한 평가를 받기가 어려움. 즉, 평가 기준에서 기대하고 있는 언어 능력과 영어 학습자들이 보여주는 언어 능력 사이의 괴리
  - 지도: 평가에 대비하거나 다양한 언어 배경을 지닌 영어 학습자들을 가르치는 교사 훈련 혹은 훈련 기관의 부족
  - 평가 결과: 관련 내용의 숙지가 아닌 언어 숙련도 결과를 평가함. 졸업 기

영어 학습 관련 문제점의 인식과 해결 방안 :

영어 구두 유창성 개발 과정의 문제점

많은 학교와 교육청에서는 학생들의 영어 읽기와 쓰기 능력 개발에 중점을 둔 읽기 프로그램을 채택하고 있으나, 구두 영어 능력 개발에는 그다지 관심을 두지 않고 있다. 하지만 제2장에서 살펴본 것처럼 어떤 학생이 얼마나 잘 읽는지, 혹은 얼마나 빠르게 읽기 기술을 습득하는지 알아보는 중요한 방법은 학생의 구두 유창성과 밀접하게 관련되어 있다. 교사들이 영어를 배우는 학생들의 구두 유창성을 향상시키는 지도를 계속해야 학생들의 독해와 유창성이 개발되고, 어휘력도 강화된다. 구두 유창성의 향상 없이 독해 능력이나 어휘 능력의 향상을 기대하기는 어렵다. 효과적인 읽기, 쓰기 프로그램은 교재를 읽고 쓰는 활동뿐만 아니라, 듣기 말하기에 대한 교육을 확실하게 강조한다.

학생들의 구두 영어 능력이 개발되면, 핵심 단어를 제대로 살피고 이해할 수 있고, 나아가 영어의 문법적 구조, 문학 형식의 설명, 이야기하기, 이야기 다시 말해보기 등 여러 가지 능력들을 향상시키는 결과를 낳게 된다. 학생들이 영어 유창성을 높이기 위해 어떤 노력을 하고 있는지 관찰하는 일도 중요하다. 주의 깊은 관찰을 통해 학생들에게 추가하거나 보충해 주어야 할 부분들이 무엇인지 알 수 있다. 교실에서 조금 더 짜임새 있는 대화를 하게 하면, 여러 대화 맥락들을 통해 학생 자신의 구두 유창성을 평가해 볼 수 있는 기회가 된다. 또한 학생 스스로 영어능력의 발달 과정을 확인하고 관찰할 수 있다. 학생들로 하여금 각자의 진척 상황을 확인할 수 있도록 학습 일기 사용을 권장하도록 한다. 매일 한 두 문장으로 된 간단한 내용을 기록할 수도 있고, 읽고 있는 책에 대한 느낌을 적어 둘 수도 있으며, 학습 진도를 표나 그림으로 표현하게 하면 된다. 교사들은 학생 개인별 기록지를 제공하는 등 여러 가지 수단을 사용함으로써 학생들 스스로 자신의 학습 상황을 살펴 보도록 지도할 수 있다. 이와 같은 자기 관찰과 점검 과정은 학생들의 학습 동기도 높여 준다. 동기가 성공적인 지도와 성공적인 학습에서 가장 기본적인 요소라는 것은 더 이상 말할 필요가 없을 것이다. 교사들은 학습 동기가 없는 학생을 나태하거나, 공부를 싫어하는 학생이라고 생각하는 경향이 있다. 하지만 교사들은 이러한 결론을 내리기 전에 자기가 가르치는 내용이 학생들과 밀접하게 연관된 것인지를 확인해야 한다. 난이도는 적절한지, 학생들이 학습 목표를 제대로 이해하고 있는지, 학습 목표 달성을 위해 사용하는 자료들은 적절한 것인지를 확인해야 한다. 분명한 교육 내용, 교육 내용에 대한 학생들의 반응, 동기가 충만한 교실, 구두 영어 능력 개발 목적으로 진행되는 연습 등이 영어 유창성을 결정하는 중요한 기준이 된다.

영어 읽기 지도에서의 문제점

제3장에서 우리는 책 읽기를 배우기 위해 두뇌가 글로 나타난 표식을 소리와 어떻게 대응시키는지에 대해 살펴 보았다. 책 읽기를 시작하는 독자들은 성공적으로 책을 읽기 위해 필요한 다섯 가지 중요 능력을 개발해

야 한다. 다섯 가지 능력은 음소인식, 알파벳 원리, 단어 습득, 유창성, 이해력을 말한다(National Reading Panel, 2000). 물론 경중의 차이는 있겠지만, 다섯 가지 능력은 언어의 종류에 관계 없이 읽기 능력 확보를 위해 꼭 필요한 것들이다. 이 능력들은 영어를 모국어로 배우는 사람이든, 제2언어로 배우는 사람이든 상관없이 읽기 학습을 시작하는 모든 사람들에게 필요하다. 하지만 소수 민족 출신 아동과 청소년 언어를 관장하는 국립 리터러시 위원회(National Literacy Panel on Language Minority Children and Youth)에서는 영어를 배우는 학생들의 읽기 지도에서는 이 다섯 가지 기술을 가르치는 교육에 약간의 변화를 주어야 한다고 말한다(August & Shanahan, 2006). 즉, 이 아이들을 영어 원어민 학생들과 같은 방식으로 지도하면 힘들어 하거나, 혼란스러워 할 수 있으며, 자칫 교사들이 학습 능력에 문제가 학생으로 오해할 수 있다는 것이다.

위 다섯 가지 항목을 영어를 배우는 학생들에게 적용하는 과정에서 발생할 수 있는 문제점은 다음과 같다(Klingner & Geisler, 2008).

1. 음소 인식

- 영어 학습자의 모국어 음소가 영어 음소와 상이할 경우, 영어의 소리는 학생들에게 익숙한 소리가 아니다. 따라서 새로운 영어 소리를 발음하거나 구별하는데 어려움을 겪게 되며, 나아가 음운 인식과 관련된 모든 활동들이 힘들어진다.

2. 알파벳 원리

- 영어 철자법과 다른 철자법을 갖고 있는 언어들이 많다. 생소한 소리와 다양한 철자법은 영어 해독을 어렵게 만든다. 철자와 소리를 배우

는 것이 기술적인 일이 아닌 추상적인 일이 되기 쉽다.

3. 단어 습득

- 단어를 발음해 보지만, 소리 내어 읽은 단어를 이해하지 못한다.
- 학생들은 전치사, 대명사, 연결사(however, therefore), 혹은 여러 가지 의미를 갖는 단어나 직유법, 은유법, 숙어 등 비유적인 단어들이 등장하면 당황스러워 한다.

4. 유창성

- 영어를 배우는 학생은 영어 원어민 학생과 비교할 때, 영어로 소리 내어 읽어 볼 기회가 거의 없다.
- 영어를 배우는 학생들은 읽기 속도가 느리고, 이해도 또한 낮은 편이다.
- 대부분의 영어 학습자들은 자신의 모국어에 존재하는 고유 강세 패턴을 유지한 상태로 책을 읽는다.

5. 이해

- 구두 영어 유창성 정도, 어휘 수준, 단어 인식 기술, 흥미, 문화적 차이 등 읽은 내용을 이해하는데 영향을 미치는 요소들이 많다.
- 영어를 배우는 학생들의 이해도를 평가하기 위해서는 사례를 제시하거나, 표나 그래프를 이용하거나, 학생들의 모국어를 이용하여 설명과 질문을 하는 등 다양한 방법을 사용해야 한다.

앞서 설명한 여러 문제점으로 인한 어려움을 줄이면서, 읽기 실력을 높여주는 다양한 방법들에 대해서는 티칭 팁 5.1을 참조하기 바란다.

영어 학습 관련 문제점의 인식과 해결 방안 :

읽기 향상도 확인

학생들이 영어 읽기를 배우는 동안, 교사는 아래 요소들이 포함된 프로그램을 사용하여 학생들의 진척 상황을 계속적으로 확인해야 한다.

- 신뢰성 있는 평가와 평가 체계 개발. 학교에서는 핵심적인 읽기 프로그램이 지속적으로 진행될 수 있는 유연한 체계를 만들어내야 한다. 동일한 읽기 평가 기준을 일관성 있게 사용하면, 언제 어떻게 개입할 것인지 적절한 결정을 내릴 수 있다. 영어를 배우는 학생들의 경우 읽기 학습 진척도가 느릴 가능성이 크기 때문에 평가 주기를 짧게 한다.

- 추가 지도와 개입 결정에 학습 평가 활용. 영어 학습자를 지도하는 교사 혹은 독서 지도사는 학생 개인 및 그룹 평가서를 이용하여 학습 결과를 해석한다. 학습 결과를 체계적으로 살펴보는 일은 보다 정밀한 관찰과 지도가 필요한 학생을 선발하는데 도움이 되며, 지도 교사에게도 유용하다.

- 평가 결과에 대한 해석과 지도, 전문 지식 개발. 의외로 많은 교사들이 평가 자료에 대한 체계적인 분석 방법을 정확히 이해하지 못하고 있다. 하지만, 약간의 도움만 있으면, 추가적인 관심과 지도가 필요한 학생을 빠르게 선별하고, 학생마다 어떤 부분을 보강해 주어야 할지 판단하여, 올바른 지도 방법을 선택할 수 있게 된다.

쉽게 알아 들을 수 있는 말, 명확한 지침을 가진 프로그램, 학습 동기가 넘치는 교실 환경, 검증된 지도 방법들을 적용하더라도 영어 읽기와 쓰기를 힘들어 하는 학생들은 여전히 많다. 만약 영어를 배우는 학생 중 일부가 학습 능력에 문제가 있다면 어떻게 할 것인가? 어느 시점에서 개입하는 것이 좋은가? 쉽게 답하기 어려운 질문이다. 영어를 배우는 학생들을 담당하는 교사들이 교육 전략을 수립할 때 참고할 기본 방법들에 대하여는 티칭 팁 5.2를 참조하기 바란다.

읽기 학습을 어려워하는 학생들

일부 학생들은 읽기 학습을 매우 어려워한다. 이와 같은 학생의 경우 영어뿐만 아니라, 자신의 모국어 읽기도 제대로 되지 않으며, 모든 학습 영역에서 그 증상이 나타난다. 읽기 학습을 어려워하는 정도가 심한 학생들은 난독증(dyslexia) 학생 그룹으로 분류된다.

난독증. 난독증이 나타나는 언어적, 비언어적 원인은 12가지가 넘는다. 어떤 아이들은 하나의 요인이 아닌 여러 요인으로 읽기 학습에서 어려움을 겪고 있으며, 어려움의 크기는 점차 더 커진다. 두뇌 이미지 영상 촬영 기술의 발달 덕분에 난독증으로 읽기 학습에서 어려움을 겪고 있는 아이들과 일반 아이들의 비교가 가능해졌으며, 이를 통해 흥미로운 차이점들을 알 수 있게 되었다. 어린 시절부터 말하기 학습을 어려워했던 아이들은 말하기 능력이 조금씩 발전해가는 아이들에 비해 난독증 발생 비율이 더 높게 나타난다. 이러한 현상은 두뇌 MRI를 활용한 연구에서도 일관

영어 학습 관련 문제점의 인식과 해결 방안 :

되게 나타났으며, 음성 언어를 관장하는(브로카 영역과 베르니케 영역 - 1장 참조) 신경 구역들과 밀접하게 관련되어 있었다. 즉, 말하기 학습을 어려워하는 아이들은 읽기 학습에서도 어려움을 겪게 된다는 것이다(Leonard, 2001).

난독증은 히브리어나 아랍어와 같이 오른쪽에서 왼쪽으로 읽어 내려가는 언어에서뿐만 아니라 모든 언어에서 발견되고 있다. 읽기 난조의 핵심은 철자와 소리 간의 일대일 대응 관계 여부와 그 격차에 있다. 예를 들어, 읽기 난조가 있는 이태리 사람은 특별한 어려움 없이 이탈리아어를 사용한다. 제3장에서 언급한 바와 같이 이탈리아어는 철자가 25개, 철자의 혼합으로 나타나는 음소가 33개에 불과하기 때문으로 보인다. 반면 읽기 난조 증세를 보이는 프랑스 사람은 많은 어려움을 겪게 되는데, 그 이유는 32개로 구성되는 불어의 음소들이 250여개의 철자로 혼합되어 나타나기 때문이다. 영어는 이보다 상황이 훨씬 더 심각하다. 44개의 음소를 나타내는 철자 혹은 혼합된 철자가 무려 1,100개 정도에 이른다. 물론 영어를 배우는 학생들과 다르게 영어 원어민 학생들은 이렇게 복잡한 음성 구조를 취학전이나 저학년 학교 과정에서 충분히 경험하게 된다(Paulesu 외, 2001).

중국어나 일본어처럼 단어를 나타낼 때 복잡한 상징 체계를 사용하는 언어, 즉 표어 언어(logographic language)가 모국어인 영어 학습자, 영어 독자들의 어려움도 적지 않다. 두뇌 이미지 연구에 따르면, 표어 언어로 된 책을 읽는 독자들은 상징의 의미를 해석함에 있어 알파벳 언어로 된 책을 읽는 독자와는 다른 (시각적 처리 과정을 포함하는) 두뇌 신경 영역을 활용한다. 시각적 처리를 담당하는 두뇌 부분이 손상되면, 시각-공간 기억 영역의 역할이 희미해져 시각적으로 혼란을 겪는다. 읽기 난조를 보이는 중국인들이 철자의 소리 전환보다 상징의 의미 전환을 더 어렵게 느끼는 이유가 바로 여기에 있다. 이와 같은 내용은 읽기 난조 증상에 다양한 원인이 있다는 것을 말해 준다. 전문가에 의하면, 읽기 난조 현상은 독자가 성장한 문화에 따라 각각 다르게 나타난다(Siok et al, 2008). 반면에, 다른 입장을 취하는 학자도 있다. Dehaene(2009)에 의하면 읽기는 모든 문화와 전 지구적으로 비슷한 양상을 보이는 두뇌의 작용을 따른다고 한다. 즉, 알파벳 쓰기 시스템을 배우고 난 뒤 읽기 난조 현상을 보이는 사람들은 음운상(즉 소리와 관련된) 문제가 있는 반면, 표어 언어 체계를 배우고 난 뒤 읽기 난조 현상을 보이는 사람들은 방대한 문자의 기억과 재생산 활동에 문제가 있다고 주장한다.

증상. 영어와 모국어로 읽기 학습을 하는 학생들이 상당 기간 동안 아래 징후를 보이는지 살펴보아야 한다(대부분 아래 목록 중 일부 징후를 보이며, 모든 징후를 보이는 사람은 없을 것이다.)

- 글로 쓰여진 단어 인식을 어려워함
- 음절 리듬이나 연속되는 음절 인식을 어려워함
- 간단한 문장의 주제와 의미 파악을 어려워함
- 단어 소리를 부호화 하는 것 즉, 철자법에 맞게 쓰는 것을 어려워함
- 알파벳 철자와 숫자 이름을 연속해서 말하는데 어려움을 느낌
- 음성 언어 실행이 지연됨
- 음성으로 말하는 단어에서 소리 분절을 어려워함
- 머리 속 생각을 밖으로 소리 내어 표현하는 것을 어려워함
- 오른 손과 왼손 작업 파악을 어려워함

영어 학습 관련 문제점의 인식과 해결 방안 :

- 손 글씨 쓰기를 어려워함
- 읽기 난조 증상과 관련한 가족력이 있음

영어 학습자들이 읽기 학습을 진행하는 동안 음성 언어 분야에서 많은 실수가 발생한다는 점을 기억하기 바란다. 시간이 지나면서 음성 언어 실수가 점차 감소해야 읽기 학습 부분의 발전이 가능해진다. 또한 영어 학습자들에게 자신의 모국어 독해 능력과 영어 독해 능력이 향상되고 있다는 명확한 증거를 보여주도록 해야 한다. 읽기 학습 과정에서 꾸준한 향상이 있는지 확인하기 위해서는 말하기와 읽기 유창성을 세심하게 관찰하는 상당 기간의 노력이 필요하다. 대부분의 아이들은 성장하면서 말하기 능력과 읽기 능력이 함께 발전한다.

신뢰성 있는 평가 척도 사용

교실에서 영어를 배우는 학생들의 학습 문제를 확인하는 절차는 매우 신중하고 세심하게 진행되어야 한다. 어떤 과업을 영어로 수행하는 능력이 있다 하더라도, 해당 과업에 대한 숙지가 불완전한 상태의 영어 학습자를 영어로만 평가한다면 평가 결과의 신뢰성이 떨어지게 된다. 영어를 배우는 학생들이 학교에서 배운 지식이나 기술을 차별 받지 않고, 과감하게 보여줄 수 있는 평가 방법이 갖추어져야 한다. 영어 원어민 학생들과 같은 절차와 평가 방법을 따르다 보면, 영어가 능숙하지 못한 학습자들이 인지적, 신체적 장애로 인한 특수 교육이 아니라 자칫 문화적 차이나 언어적 배경 때문에 일반 교육 과정에 소속되지 못하는 위험에 처하게 될 것이다. Hoover & Barletta(2008)는 특수 교육이 필요한 영어 학습자인지를 평가하고, 분별하는데 사용되고 있는 여러 가지 도구들의 신뢰성을 재검토 해 보아야 한다고 주장한다. 영어를 배우는 학생들이 학습 능력 자체에 문제를 보이는지 그 증상을 평가함에 있어, 다음 특징들이 나타나는 것은 아닌지 다시 한번 살펴볼 것을 강조한다.

- 영어 원어민 학생들과 비슷한 수준의 지식을 가지고 있음에도 불구하고, 영어 학습자들의 수행 평가 성적이 계속적으로 낮게 나타난다.
- 영어 학습자들의 영어 유창성 수준이 교육 내용과 평가 방법에 따라 다르게 나타난다.
- 특히 내용 중심의 평가 결과가 영어 학습자들의 배경 지식에 따라 매우 다양하게 나타난다.
- 영어를 배우는 학생들에 대한 평가는 타당성과 신뢰도가 높지 않다는 점, 특히 영어 유창성이 낮을 경우에는 더욱 낮은 평가 신뢰도를 보인다는 점을 이해하고 있어야 한다.
- 언어를 구성하는 여러 요소들이 적절한 평가 도구를 만들기 어렵게 하는 원인이다. 즉, 언어 구성 요소들이 평가 도구의 타당성과 신뢰도에 많은 영향을 준다.

또한 영어 학습자들을 평가함에 있어 특별한 관심이 요구되는 분야는 언어의 특징(features), 방언(dialect), 그리고 사용역(register)에 관한 것이다. 각 언어에 포함되어 있는 다양한 특징들로 인해 영어 학습자들의 평가 결과에 영향을 미치게 된다. 언어의 특징에는 비교와 대조의 개념, 구체적이거나 추상적인 예, 긴 명사와 긴 질문으로 된 구문, 전치사 구, 수동태와 능동태, 문장의 길이, 종속절, 단어의 길이, 단어의 친숙도 등 여러 가지가 있다. 평가 교사는 각 언어의 특징이 영어 학습자를 평가하는데 어느 정도 반영되는지 파악해 두어야 한다. 언어의 다양한 특징을 평가 도구에 반영하면, 영어 학습자의 평가 점수도 실력과 비례하는 결과로 나타날 것이다.

방언은 말하는 사람이 소속된 집단의 사회 구조(Social structure)를 반영하는 언어의 변이형이다 모든 언어 속에는 단어, 문법, 발음, 대화의 법칙 등에서 서로 다르게 구별되어 나타나는 방언이 있다. 예를 들어, automobile(자동차)은 car, wheels, ride, auto 등 여러 가지 다른 단어로 표현되고 있다.

언어 사용역은 다양한 직업 집단이나 사회 경제적 집단과 관련이 있는 특정한, 혹은 변이된 음운, 어휘, 숙어, 표현 등을 통해 나타난다. 예를 들어, bag, bat, plate, strike와 같은 단어들은 사용된 서로 다른 문맥 속에서 다양한 의미를 나타낼 수 있지만, 야구에 한정하여 사용될 경우에는 특정한 의미만을 갖는다. 이 단어들이 야구에서 사용될 때 갖는 특정 의미가 언어 사용역의 사례가 된다. 영어 학습자에게 적용되는 평가는 언어학적으로도 적절해야 한다. 평가에서 사용된 언어적 특징들, 즉 방언과 사용역이 조화를 이루지 못하는 경우들이 종종 발견된다. 영어의 유창성 정도와 학습 문제 진단 목적으로 학생을 평가했으나, 정작 학생의 언어적 특징이 제대로 반영되지 않았다면 실패한 평가가 되고 말 것이다. 결과적으로는 영어 유창성 수준과 학습 과정에서 문제가 있는지의 여부를 제대로 확인하지 못하게 된다. 평가 과정에서 언어학적으로 적절한지의 여부를 확인해 보고 싶다면 티칭 팁 5.3에 나와 있는 내용들을 참조하기 바란다.

일부 연구자들은 영어 학습자의 모국어와 영어 유창성 정도, 그리고 학습 능력 문제를 평가하기 위해 사용되는 교육 과정들도 충분한 검토가 이루어져야 한다고 주장한다. Solano-Flores(2008)는 영어 학습자의 의사 소통 능력 평가도 잘못된 가정이나 예전의 관습에 따라 진행하고 있기 때문에 효과가 제한적이라고 말하고 있다. 개선이 필요한 가정이나 관습에는 다음과 같은 것들이 있다.

- 학생들을 영어 숙달 정도에 따라 몇 개의 범주로 분류한다.
- 영어 학습자들을 동일한 언어 사용자로 동일하게 간주하고 상황별로 처방하고 있다.
- 모든 영어 학습자들에게 적용될 수 있는 편리한 평가 형식을 찾고 있다.
- 학생들의 모국어 성취도에 대한 고려 없이 영어 발달 부분 위주의 평가를 실시한다.
- 모든 학교에서 공통적으로 적용할 수 있는 적절하고 편리한 테스트가 있을 것이라고 생각한다.

우리가 속한 사회적, 언어적 집단은 역동적이다. 단순하고, 쉽게 통제 가능한 평가 절차로는 평가할 수 없는 매우 다양한 변수들이 존재한다. 미국의 경우, 비록 같은 교실에서 공부하는 학생들이라 하더라도 서로 다른 언어, 서로 다른 이주 역사, 모국어 또는 영어로 받은 공식적인 교육 유형의 차이, 모국어와 영어 사이에 존재하는 다양한 방언 등으로 인해 서로 이질적인 집단으로 분류되기 쉽다. 또한 영어 유창성 평가도 미국 내 각 주 별로 서로 다른 도구를 사용하고 있고, 영어 학습자를 정의하는 기준도 달라, 평가 점수를 신뢰성 있는 전국적인 기준으로 삼기도 어렵다.

영어 학습자들의 학습 능력 자체에 문제가 있는지 여부를 평가하기 위해서는 보다 더 근원적인 정보가 필요하다. 이와 관련하여 Wilkinson과 그의 동료들(2006)은 영어 학습자들의 영어 유창성 수준과 학습 진행 과정, 조기 개입, 평가, 적절성 판단, 자료 수집 문제, 기타 검토 되어야 할 여러 문제들을 제시하고 있다.

중재반응모델과 영어를 배우는 학생들 ───────────────

읽기 과정에서 어려움을 겪는 영어 학습자들을 대상으로 한 읽기 중재 모델의 효과가 확인된 연구들이 있다. 한 연구에서는 남미 출신 유치원생에서 3학년까지의 학생들을 대상으로 읽기 이해력에 관련된 중재 모델의 효과를 살펴보았다(Gunn 외, 2000). 대상 학생들을 하루 25분에서 30분 정도로, 짧게는 5개월 길게는 2년의 기간 동안 직접 지도가 진행되는 영어 읽기 교육 프로그램에 참여하게 했다. 1,2학년 학생들은 음소 인식, 소리와 철자의 대응 관계, 파닉스, 읽기 이해력 연습에 중점을 둔 중재와 지도가 진행되었고, 비교를 위해 통제 집단에 대한 조사도 병행되었다. 3,4학년 학생들은 파닉스, 문장 구조 분석, 읽은 내용의 해독, 유창성, 이해력 관련 교육에 주안점을 둔 중재와 교육이 진행되었다. 3,4학년도 마찬가지로 통제 집단에 대한 조사를 병행했다. 연구 결과, 직접적인 중재를 진행한 그룹과 통제 집단 간에 두드러진 차이를 보이는 부분은 구두 읽기 유창성과 관련된 부분이었다. 통제 집단에 비해 중재 그룹의 구두 읽기 유창성 성적이 눈에 띄게 높았다. 철자 확인, 단어, 문장 이해도 측면에서도 중재 그룹의 점수가 통제 집단의 점수보다 높았지만, 구두 읽기 유창성에 비하면 그 폭이 작았다.

다른 연구는 이중 언어 프로그램에 참가하고 있는 초등학교 2학년에서 5학년까지의 학생들을 대상으로 진행되었다. 여기서는 총 22회 수업 중, 2회 실시한 읽기 개입의 효과를 살펴보았다(Denton 외, 2004). 읽기 학습이 크게 지체되는 학생 그룹과 보통의 학생 그룹으로 학생들을 구분하였다. 읽기 학습에 문제가 있는 학생들은 해독, 유창성, 이해 등 부문별로 체계적인 개입 지도를 받았으나, 문제가 없는 학생들에게는 단지 프로그램만 제공해 주었다. 연구 결과, 체계적인 음소 교육을 받은 학생들은 단어 인식 부문에서 상당한 진전이 있었다. 하지만, 단어를 빨리 알아차린다거나 문장을 이해하는 부문에서는 특별히 눈에 띄는 진전이 이루어지지 않았다.

위 두 연구 결과는 기대감을 갖게 하지만 의문이 드는 부분도 없지 않다. 제한적인 성공 사례를 영어 학습자에게 적용하여 나온 결과를 다양한 문화적, 언어적 배경을 가진 학생들에게 일률적으로 적용해서는 곤란하다. 단순한 추정치에 불과하기 때문이다. Klingner, Barletta & Hoover[2008]는 연구자들이 학생들에게 적용한 중재 방법은 다음과 같은 잘못된 가정이 전제되어 있다고 주장한다. 영어 학습자를 위한 최상의 교육적 선택을 하기 위해서 깊이 있는 이해가 필요하다는 것이다.

- 영어 읽기 학습은 모국어 읽기 학습 방법과 비슷하다. 두 언어의 읽기 학습 방법은 언어 발달 측면에서 유사성이 있지만, 중요한 차이점도 있다. 앞서 지적한 바와 같이 영어 학습자들은 음성 언어 교육을 통해 더 많을 것을 배운다.
- 개입을 통한 지도에 실패한 학생들은 학습 능력 자체에 문제가 있는 경우가 많다. 교육은 어떤 한 가지 접근법으로 모든 것을 설명해 내기 어렵다. 개입이나 중재 방법이 모든 학생들에게 효과가 있는 것은 아니다. 교육 수준이 맞지 않을 수도 있고, 학습 환경이 맞지 않을 수도 있기 때문이다.

위 내용은 학습에 어려움을 겪는 영어를 배우는 학생들에 대한 중재 모델 적용이 성공적인 결과를 낼 수 없다는 것을 뜻하지 않는다. 미국 내 일반 학생들에게 적용되는 교육 전략이 열심히 노력하고 있는 영어 학습자들에게도 자동적으로, 동일하게 적용될 것으로 가정해서는 안 된다는 점을 말하고자 하는 것이다. 엄중한 평가와 적절한 선택이 필요하다. 예를 들어, Linan-Thompson와 그 연구팀은 읽기 부문에서 특별한 관심이 필요한 저조한 성적의 1학년 영어 학습자들에게 한 학기 동안 중재 접근법을 적용했다(Linan-Thompson, Vaughn, Prater, & Cirino, 2006). 읽기 부문에서 저조한
성적을 보이는 학생들을 중재 그룹과 통제 그룹으로 임의 분류하였다. 중
재 그룹에 속한 학생들은 10월부터 다음해 4월까지 소규모 그룹에서 매일
50분 동안 추가적인 읽기 교육을 실시했다. 통제 그룹 학생들은 읽기 학습
을 어려워하는 학생들에게 사용되었던 기존 교육 프로그램을 사용한 보충
교육을 실시했다. 1학년 말과 2학년 말에 적용한 중재 반응 모델의 적절성
여부를 측정하기 위해 미리 평가 기준을 준비해 두었다. 실험 결과, 1학년
때 영어 중재 프로그램에 참가했던 학생들이 그렇지 않은 학생들 보다 기
준치에 더 가까이 접근한 것으로 나타났다. 또한 프로그램의 긍정적 영향
은 2학년 말까지도 계속 유지되었다.

읽기 문제 극복

읽기에 어려움을 겪는 초등학생들에게 읽기 중재 프로그램을 적용하
여 성공한 사례들이 있다. 단어 인지에 어려움을 겪는 학생들은 글자와
소리 관계에 대한 지식이 부족했고, 독해 기능도 제한되어 있었다(Lovett 외,
2008). 대상 학생들에게는 105시간의 보충 수업을 실시하였다. 주로 음운
적인 측면의 단어 인지 훈련이 집중적으로 이루어졌다. 또 단음절부터 5
개 이상의 복잡한 다음절까지, 높은 주파수의 단어부터 낮은 주파수의 단
어까지 단어 훈련도 집중적으로 실시했다. 읽기 자료는 난이도를 고려하
여 느린 속도로 진도를 나가도록 했으며, 학생의 개인적인 요구와 진척 상
황에 따른 개별 교육도 진행되었다. 그런 다음 학생들이 얻은 평가 결과를

영어 학습 관련 문제점의 인식과 해결 방안 :

비교해 보았다. 동일한 분량의 읽기 교육 과정으로 수업 받은 동급 학생들에 비해 훨씬 더 좋은 성적을 얻었다. 나아가, 시간이 지날수록 읽기와 읽기 관련 기능에서 높은 성장률을 보여 주었다. 의미 있는 차이였다.

또 다른 흥미로운 연구 결과가 있다. 몽족 언어(Hmong)가 모국어인 영어 학습자 중 학습에 문제를 보이는 5학년에서 7학년 사이의 학생들과 담당 교사에게 어떤 전략이 읽기 실력을 가장 많이 향상시켰는지를 물었다 (Shyyan, Thurlow, & Liu, 2008). 학생과 교사들은 모두 다음 순서대로 도움이 되었다고 답했다.

- 읽기 유창성 훈련: 빈도수 높은 단어에 더 많이 노출될 수 있는 연습과 훈련, 유창성을 높이는 전략을 사용한다.
- 직접적인 단어 지도: 짧은 시간 동안 듣기, 말하기, 읽기, 쓰기를 통해 직접적으로 단어를 지도하는 전략. 학생들은 다양한 방법과 활동을 실시한다. 활동중에도 목표한 단어에 집중할 수 있도록 한다.
- 학생들의 경험과 관련된 읽기 활동: 학생 자신의 경험과 관련된 내용을 읽고, 소규모 그룹 내에서 관련 내용을 말하며 연습한다.
- 의미 구절로 묶어서 큰 소리로 말하고 질문하기: 학생들에게 이야기를 큰 소리로 읽어 준다. 일정 구간을 읽어 준 뒤 학생들의 이해 정도를 확인하기 위해 내용 중 구체적인 사항이나 핵심 내용에 대해 질문한다.
- 다른 표현 사용하여 다시 말하기: 스토리 내용 중 다른 표현을 사용하여 다시 말하게 하거나, 요약하여 쓰게 한다.

위 연구는, 학습에 어려움을 겪는 학생들에게 효과적인 교육 전략이 어떤 것인지를 교사와 학생들이 함께 인식함으로써, 학생들의 잠재력을 자극하고 학습 성취도를 높여줄 수 있다는 점을 말해 준다. 학습에 어려움이 있는 학생들이 말하는 내용을 주의 깊게 들어보면, 효과적인 교육 전략이 무엇인지 파악할 수 있게 된다. 학생들은 학년이 올라갈수록 학습해야 할 내용이 복잡해지고, 입력(input)해야 할 학습 내용도 점점 더 많아진다. 티칭 팁 5.4는 읽기를 힘들어 하는 영어 학습자를 위한 지도 전략이다.

쓰기 문제 극복

영어를 배우는 학생은 영어라는 새로운 말소리를 배우는 엄청난 과업을 수행하며, 영어의 소리를 표상하는 추상적 상징물인 문자를 추론해내야 하는 더 어려운 과제에 직면하게 된다. 제4장에서 살펴본 바와 같이 학생의 모국어 쓰기 체계와 영어 쓰기 체계가 얼마나 비슷한가에 따라 관련 활동의 난이도가 좌우되기도 한다. 손글씨 쓰기 또한 학생들의 쓰기 과업 수행에 필요한 미세한 근육의 움직임을 두뇌가 확실히 통제할 수 있을 때 비로소 가능하게 된다. 일부 영어 학습자들의 경우 쓰기와 관련된 근본적인 문제점을 안고 있다. 그들의 모국어 글쓰기에서는 문제가 없었는지 확인할 필요가 있다. 학생의 모국어 글쓰기에 문제가 없었다면, 영어 단어 쓰기 연습에 집중하도록 한다. 모국어 쓰기에서 문제가 있는 학생은 자신의 생각을 전달하기 위한 쓰기나 글씨 따라 쓰기와 같은 여러 형태의 쓰기 기초 기술 습득 작업에도 어려움을 겪는다.

실서증(agraphia-글자 장애라고도 함)이라는 쓰기 문제(dysgraphia) 증상을 보이는 학생도 있다. 이 학생은 철자와 숫자를 쓰는데 필요한 연속적인 움직임을 익히는데 있어 심각한 어려움을 호소한다. 실서증은 그 증세가 다양하다. 다른 학습 과정에서는 전혀 문제가 없지만 유독 실서증만 나타나기도 한다. 한편, 영어를 배우는 것과 무관하게 고학년으로 올라 갈수록 쓰기와 관련된 어려움을 겪는 학생들이 늘어난다. 손으로 쓰는 일이 효율적이지 않은 실서증 학생은 높은 학습 장벽을 만나게 된다. 필기 속도는 느리고, 글자를 쓸 때마다 일관된 동작이 나오지 않고 서로 다른 철자와 표기법을 혼동해서 사용하기도 한다. 모국어로 적더라도 남들이 쉽게 알아보지 못한다. 교사는 실서증이 학생을 힘들게 하고 있다는 사실을 인식해야 한다. 이 증상은 학생의 나태, 무관심, 노력하지 않음, 부주의로 인해 생겨나는 것이 아니라는 사실을 이해해야 한다는 뜻이다. 실서증의 증상은 다음과 같다.

- 글자를 쓸 때 일관성이 없다. 대문자와 소문자를 섞어 쓰거나, 인쇄체나 필기체를 섞어 쓴다.
- 단어나 철자를 쓰며 끝을 맺지 못한다.
- (시간을 많이 주어도) 알아보기 힘든 글자를 많이 만들어 낸다.
- 글을 쓰면서 혼잣말을 많이 한다.
- 글을 쓰며 자신의 손을 계속 쳐다 본다.
- 빈 칸이나 줄이 쳐진 부분에 일정한 간격을 두지 않는다.
- 느린 속도로 쓰거나, 느린 속도로 베껴 쓴다.
- 단어를 빠뜨리며 쓴다.

- 철자와 단어 사이의 공간이 일정하지 않다.
- 의사소통 목적의 글쓰기를 어려워한다.
- 연필 잡는 손이 너무 경직되었거나 부자연스럽다.
- 몸이나 손목 또는 종이의 위치가 부자연스럽다.

실서증이 발생하는 원인에는 다음과 같은 것들이 있다(Heilman, 2002). (1) 난독증 쓰기 문제(dyslexic dysgraphia): 음소와 글자 간 전환이 효율적이지 못한 사람에게 나타난다. 즉, 말 소리를 글자로 바꾸지 못하는 경우를 말한다. (2) 운동신경 쓰기 문제(motor dysgraphia): 손, 팔목, 손가락 근육을 조절하지 못해 발생하는 쓰기 문제를 말한다. (3) 공간 쓰기 문제(spatial dysgraphia): 우뇌의 공간 처리 시스템 에러로 발생하는 쓰기 문제를 말한다. 쓰기 문제는 써 놓은 글자로 살펴 보는 것만으로 진단되지 않는다. 자격을 갖춘 전문가를 통해 직접 상담 받는 과정이 필요하다. 학생이 어떠한 종류의 쓰기 문제를 지니고 있는지를 파악하기 위해서는 섬세한 운동 신경의 상호 협응 관계, 쓰기 속도와 그 구성, 단어와 철자에 대한 지식과 사용 정도, 집중 능력 등을 정밀하게 평가해 보아야 한다. 쓰기 문제가 있는 것으로 진단된 학생이 있다면, 그 학생을 도와줄 교사와 도움 전략이 필요하다. 티칭 팁 5.5를 참조하기 바란다.

다음에
언급 할 내용

앞서 우리는 학생들의 모국어와 제2언어(여기에서는 영어) 습득에 관한 여러 가지 양상과 영어 학습자가 구어체 영어로부터 문어체 영어로 이동할 때에 겪게 되는 애로 사항들을 살펴 보았다. 어떻게 하면 이런 어려움을 극복할 수 있을까? 영어 학습에 효과적인 프로그램 설계를 위해 극복해야 할 선입견은 없는 것일까? 가장 기본이 되는 것은 무엇일까? 학생들의 영어 지도를 책임진 교사들은 어떤 전문적인 지식을 더 알아야 할까? 학생들의 듣기 말하기와 읽고 쓰기 실력 개발을 위해 필요한 것은 무엇이며, 어떻게 가르쳐야 할까? 이 질문들에 대한 대답은 다음 장에서 살펴볼 것이다.

영어 읽기, 5가지 필수 기술

읽기를 배우기 위해서는 이해와 의미 전달에 사용되는 글자 상징과 소리를 성공적으로 연결시키는 기술의 습득과 개발이 필요하다. 영어에서는 26개의 알파벳과 말 소리를 구성하는 44개의 음소를 연결시킬 수 있어야 한다. 영어 읽기를 구성하는 다섯 가지의 하위 기술은 영어를 배우는 학생들의 모국어 경험으로 인한 방해 때문에 약간의 적응 교육이 필요하다 (Klingner & Geisler, 2008).

음소 인식

■ 소리에 대한 혼란은 새로운 언어를 습득할 때 생겨나는 자연스러운 현상이다. 청각 변별과 음소 인식을 어려워한다고 해서 학습 능력이 없는 것으로 단정해서는 안 된다.

■ 학생의 모국어에는 존재하지 않는 영어 음소가 무엇인지 학생들과 함께 찾아 보고, 그 소리를 잘 구별할 수 있도록 특별 지도한다.

■ 학생의 모국어에 없는 낯선 음소 인지를 어려워하는 학생을 듣기 학습에 문제가 있는 학생이라고 성급한 결론을 내리지 않도록 주의 해야 한다. 어려워하는 소리는 지속적인 연습으로 빠르게 향상될 수 있다.

알파벳 원리(파닉스)

■ 영어는 소리를 직접적으로 가르치는 일이 중요하다. 예를 들면, fit 와 feet의 발음은 구별된다. 즉, fit[fit] 과 feet[fiːt]를 구별할 수 있도록 가르쳐야 한다.

■ 같은 소리를 갖지만, 철자가 다른 단어에 주의 한다(allowed, aloud 등). 학생들은 소리 해독도 힘들어 하고, 철자 부분에서도 자주 실수한다.

■ 학생들이 단어를 어떻게 읽고, 단어가 어떤 의미를 갖는지 이해할 수 있도록 문맥 속에 나타나는 핵심 단서에 관한 사항을 알려준다.

단어 습득

■ 학생이 혼란스러워 하는 단어는 자주 등장하는 일상 용어라 하더라도 분명하고 명시적으로 가르친다. 여기에는 전치사(above, in, on), 대명사(John was sick. He hoped he would be able to leave work early. 라는 문장 속에서의 he), 연결사(however, therefore) 등 여러 형태가 있다.

■ 하나의 단어가 많은 의미를 가질 경우(예; bat, light 등)에는 더 많은 시간을 할당한다.

■ 직유법(red as a rose 장미처럼 붉은, tough as nails 못과 같이 단단한, swims like a fish 물고기처럼 헤엄치는)과 은유법(a sea of troubles 고난의 바다, solid as a rock 바위처럼 단단한), 숙어(I'm all ears, get a kick out of it 나 잘 듣고 있어요, 즐거워요.) 등을 이해할 수 있도록 설명해 준다.

■ 같은 어족에 속하는 단어들을 강조한다. Animal의 경우 영어, 불

어, 스페인어의 철자가 모두 같다. 하지만, 가짜 동족어 단어들(스페인어의 embarasada는 영어의 embarrassed가 아니라 pregnant의 의미)도 있다는 사실에 주의한다.

■ 새로운 영어 단어의 개념, 의미와 관련된 모국어 개념을 함께 알려주면 단어 이해 수준이 더욱 높아진다. 영어 단어의 개념이 새롭고 낯설 경우에는 단어가 의미하는 내용 설명에 보다 더 많은 주의를 기울일 필요가 있다.

유창성

■ 학생들에게 영어를 큰 소리로 말하거나 읽을 수 있는 기회를 최대한 많이 제공한다. 잘못 말했거나 읽은 부분을 스스로 수정하는 것을 편안한 마음으로 시도해 볼 수 있도록 하는 안전한 교실 환경 조성을 위해 노력한다.

■ 제공된 교재의 내용을 학생이 이해하고 있는지, 또 교재를 읽기 전에 필요한 핵심 단어에 대한 지식 수준이 어느 정도인지 미리 확인한다.

■ 유창하고, 표현이 풍부한 읽기 시범을 보여주고 소리 내어 따라 읽게 하거나, 짝과 함께 읽기, 다 함께 읽기 등의 활동을 반복하여 학생이 유창하게 읽을 수 있도록 도와준다.

■ 소리 내어 읽는 활동을 항상 모니터링 할 수 없는 현실적 제약을 극복하기 위해 녹음 파일을 활용하는 것도 좋다. 최근에는 실시간 음성 인식 기술을 활용하여 마치 교사와 부모가 옆에서 돕는 것처

영어 학습 관련 문제점의 인식과 해결 방안 :

럼 학생들의 영어 낭독 연습을 돕는 컴퓨터 프로그램도 개발되어 있다(역자 주, Reading Assistant, www.nslearning.co.kr)

■ 느린 속도로 읽거나 표현력이 풍부하지 않다고 해서 문제가 있는 학생으로 성급하게 결론 내리는 일이 없어야 한다. 읽기 실력은 꾸준히 연습하면 향상된다. 소리 내어 읽기를 연습할 수 있도록 기회를 제공해주어야 한다.

읽기 이해

■ 문화는 읽기 이해에 중요한 역할을 한다. 동양에서 미국으로 이민을 온 학생이 미국의 결혼과 관련된 내용의 읽을 때는 학생 자신이 성장한 문화적 배경과 비교하며 읽고 이해하게 된다.

■ 학생이 읽은 내용을 정확하게 이해하고 있는지를 확인할 경우에는 학생들을 긴장하게 하거나, 내용이 맞고 틀리는지의 여부만을 묻는 일이 없도록 주의해야 한다. 자칫 잘못하면, 퀴즈를 맞추기 위해 특정 내용만 기억하며 읽고, 그렇지 않는 다른 부분들은 지나치거나 뛰어 넘어버리는 읽기 습관이 형성될 수도 있다.

■ 영어를 배우는 학생은 영어로 말하거나 써서 표현할 수 있는 것 보다 훨씬 더 많은 것을 이해하고 있는 경우가 많다. 읽은 내용을 학생의 모국어로 말하거나 써 보도록 하고, 그림이나 표로 설명하는 것을 시도하는 것도 좋은 방법이다.

■ 영어를 배우는 단계의 학생이 문법적 실수, 말할 때의 억양과 발음, 글을 쓸 때 나타나는 글쓰기 기법에 대해 지나치게 주의를 기

울이면, 오히려 읽은 내용을 제대로 이해하지 못하게 된다. 또 학생의 말하기나 쓰기, 이해 과정에서 발생하는 실수들을 너무 자주, 많이 교정해 주면 입을 닫고 더 이상 표현하지 않으려고 할 수 있다. 학생의 정답 여부와 대답의 정확성보다 말하고자 하는 내용에 초점을 맞추고 성장 과정을 격려하는 노력이 필요하다.

지도 전략 확인을 위한 질문

영어 학습자들에 대한 특별 교육 진행 여부를 결정하기란 쉬운 일이 아니다. 새로운 언어를 학습할 때 나타나는 특징은 학습 문제를 가진 학생들에게서 볼 수 있는 특징과 매우 비슷하다. 교사가 어떤 학생에 대해 학습상의 문제가 있다고 판단할 경우 일반적인 수업 진행에 많은 시간을 투자하지 않으려 한다. 다른 한편으로는, 교사의 잘못된 판단으로 인해 학생이 불필요한 특수 교육을 받도록 해서는 안 된다고 생각한다. Klingner & Geisler(2008)가 제안하는 다음 질문들을 생각해 본다면 힘들게 노력하고 있는 영어 학습자들에게 어떤 방법을 사용할 것인지에 대한 지침을 얻을 수 있다.

얼마나 많은 학생들이 힘들게 학습하고 있는가? 대부분의 영어 학습자들과 다르게 일부 학생들이 힘들어 한다면 그 원인이 무엇인지 살펴보아야 한다. 대부분의 학생들이 힘들어 하고 있다면, 문화적, 언어적, 혹은 교육적 관점에서 영어 학습자들에게 적절한 교육인지 되돌아 보아야 한다. 학생들의 다양한 요구들을 충분히 수용할 수 있도록 유연한 교육 접근법을 사용해야 한다. 다른 한편으로는 그들의 학습을 촉진하고, 행동을 관찰하며, 의사소통을 격려하고, 동기를 부여하며, 언어 발달을 도모하기 위해 학생들의 문화와 경험을 수업 과정에서 사용하고 있는지 점검해 보아야 한다. 선천적인 학습 문제가 아니라, 언어 능력과 읽고 쓰는 능력을 발달시켜주는 충분한 기회를 제공하지 않는 환경 때문에 발생하는 문제가 아닌지를 확인해야 하는 것이다.

연습 훈련 방법은 다양한가? 영어 학습자를 어렵게 만드는 잠재적인 원인은 교사가 사용하는 문자 교육 혹은 구두 교육의 유형이다. 언어 능력의 향상을 위해 다음과 같은 질문을 해 봄으로써 자신의 교육 방법을 재검토 할 수 있다.

- 나는 학생들과 적극적인 관계를 발전시켜 나가고 있는가?
- 각 개인에 맞는 적절한 방법을 사용하고 있는가?
- 영어 학습자들의 문화적, 언어적 배경에 가치를 두고 있는가?
- 교육을 영어 학습자의 개인적 경험에 맞추어 연결시키고 있는가?
- 영어 학습자의 정서, 관심, 동기 등을 충분히 고려하고 있는가?
- 영어 학습자의 음성 언어 능력 개발을 위해 충분한 관심을 갖고 있는가?
- 영어를 배우는 학생들이 읽기 학습 과정에서 어려워하는 부분을 잘 알고 있는가?
- 어떤 소리나 철자가 학생의 모국어와 영어 사이에서 차이가 있는지 알고 있는가? 그 차이를 분명히 인식할 수 있도록 충분히 연습시키고 있는가?
- 영어 학습자들이 분명히 이해하지 못하는 경우에는 언제라도 적절한 설명과 연습을 제공하고 있는가? 그들의 성취도에 맞는 분명한 설명과 추가적인 연습 기회를 제공하는가?
- 현재 사용 중인 교재는 학생이 읽고 이해할 수 있는 것인가?

- 핵심 단어를 미리 가르치고 있는가?
- 영어 학습자가 쉽게 이해할 수 있도록 멀티미디어, 실제 세부 내용, 사진, 도표, 혹은 다른 여러 가지 유용한 시각적 자료들을 이용하고 있는가?
- 이해도를 측정함에 있어 형식이 아닌 영어 학습자의 반응을 더 중시하고 있는가?
- 학습한 내용을 보여주기 위하여 다양한 여러 가지 방법들을 사용하고 있는가?

위에 제시한 질문에 대한 대답이 대부분 긍정적임에도 불구하고, 아직도 몇몇 학생들이 어려움을 겪고 있다면 다른 사항들을 추가적으로 고려해 보아야 한다. 즉, 많은 연구자들이 제시한 다음 두 가지 기준에 관하여 생각해 볼 필요가 있다. (1) 동급 수준의 학생과 비교한 영어 학습자 개인의 학습 진도율 평가. (2) 영어학습자의 학습 목표 성취 여부 판단(Compton, Fuchs, Fuchs, & Bryant, 2006).

영어 학습자 평가에 사용되는 용어의 적절성

영어 학습자의 영어 성취도와 학습 능력 문제에 대한 정확한 평가를 내리기 위해, 학생 평가에 사용되는 용어의 사용역(register)과 방언이 연계된 테스트 도구가 있어야 한다. 테스트 도구 사용의 적절성 여부를 판단하기 위해 확인할 사항들은 다음과 같다(Solano-Flores, 2008).

- 평가에서 사용하는 용어와 수업에서 사용되는 용어가 서로 비슷한가?
- 평가 도구는 평가 대상 학생이 사용하는 다양한 방언들을 잘 반영하고 있는가?
- 평가에 사용된 방언은 지역 사회에서 일반적으로 수용되는 것인가?
- 평가에 사용된 방언은 대상 학생이 사용하는 방언과 의미적으로 다른 것이 아닌가?
- 특수한 의미를 갖는 대화체 용어가 평가 자료에 들어 있지는 않은가?
- 평가 자료 속 단어의 의미는 평가 대상자가 대화 중 사용하는 단어의 의미와 비슷한가?
- 평가에서만 사용되는 특별한 문구(예;none of the above 등)들을 평가 받을 학생들이 잘 이해하고 있는가?
- 평가 대상 학생의 이전 경험과 상반되는 평가 문항은 없는가?
- 친근하지 않은 표현으로 된 질문이 너무 많지는 않은가?

위 각 질문에 대한 긍정과 부정의 대답을 고민해 봄으로써, 현재 사용하는 평가 도구의 적절성, 즉 영어 학습자의 학습 성취도와 그들이 학습하는 과정에서 겪는 어려움의 정도를 측정하는 작업이 적정한 것인지에 대한 신뢰성과 타당성을 판단할 수 있다.

읽기를 힘들어 하는 학생을 위한 지도 전략

읽기 힘들어 하는 학생에게 다음과 같은 전략들을 사용하면, 보다 더 쉽고 성공적인 수업이 가능하다.

공통 전략

- 학생이 이해하기 쉬운 어휘와 시각적 도구를 이용하여, 수업에 흥미를 가지고 참여하게 한다.
- 수업 과정을 학생이 예측 가능하도록 준비하고, 진행한다.
- 누구나 열심히 학습하면 읽기를 배울 수 있다. 다만, 각 학생마다 효과적인 교육 전략이 있으며, 어떤 전략이 어느 학생에게 효과적일 것인지에 대해서 교사가 알고 있어야 한다.
- 학생과 함께 만들어 가는 수업을 연구하고, 교사와 학생 모두 긍정적인 마음을 갖도록 한다. 특정 학생에게 선입견을 갖고 수업에 들어가면 안 된다. 아이들은 매일매일 다르다. 어제까지의 행동과 수업만을 기준으로 오늘도 같은 모습을 보일 것으로 가정해서는 안 된다. 학습 능력에서 문제가 있는 학생은 대부분 부정적 경험이 축적된 결과로 나타난 것으로 보인다. 문제가 있는 학생이라는 꼬리표가 붙게 되면 자존심, 성취감 형성에 부정적인 결과를 가져온다.
- 학생들의 다양성을 존중하고, 읽기 학습 과정도 다양하다는 점을 고려한다.

- 읽기를 어려워하는 학생은 다른 학생들과 비교할 때, 읽기 과제 완수에 3배 정도의 시간이 더 걸리고 쉽게 피곤해 한다.
- "열심히 노력하라"는 말만 반복하지 않도록 해야 한다. 읽기를 어려워하는 학생은 글자 해독이라는 정신적 노동으로 이미 많은 에너지를 투입하고 있다. "열심히 노력하라."는 말로 학생의 읽기 학습 성취도를 향상시키지 못한다. 열심히 하라는 말 보다 천천히 읽고, 여러번 반복해서 읽도록 하는 것이 더 효과적이다.
- 학생의 능력이 어느 정도인지 점검하고, 격려한다. 학생의 강점을 이용하여 지도한다. 실패 경험이 반복되는 것이 아닌, 작지만 성공 경험을 반복적으로 느낄 수 있도록 수업 계획안을 준비한다.

초등학생을 위한 전략

- 교사는 영어뿐만 아니라 모국어 읽기 학습 과정에서 발생하는 문제점도 제대로 이해하고 있어야 한다.
- 과학적으로 검증된 읽기 지도 전략을 선택하고, 다양하고 감각적인 접근 방법을 사용한다.
- 교사는 학생이 낯선 영어 책을 읽기 시작할 때 느낄 수 있는 좌절감을 이해할 수 있어야 한다.
- 학생의 영어 읽기 수행 평가 성적은 학생 자신의 잠재 능력보다 낮게 나올 수 있다.
- 학생마다 배우는 방법은 다르지만, 모든 학생은 탁월한 학습 능력 보유자라는 점을 기억해야 한다.

- 성장 문화의 차이로 인해 학생 자신의 행동이나 자존심과 관련된 문제가 지속 될 수 있다는 점을 인식한다.
- 학생의 보호자와 꾸준히 연락하고, 학생의 학습 진척 사항을 공유한다.
- 교실 수업과 가정 학습을 연계하기 위해 부모들께 요청할 내용은 가능한 구체적으로 요청한다.
- 영어 원어민 학생들이 같은 반의 영어를 더 배워야 하는 학생들의 성장 과정, 문화, 읽기에 더 많은 노력이 필요한 이유 등을 이해하도록 관심을 가져야 한다. 자칫 영어 원어민 학생들에게 무시 당할 위험이 있기 때문이다.
- 읽기를 힘들어 하는 학생을 도와 줄 수 있도록 영어 원어민 학생 친구 또는 영어가 유창한 친구와 짝을 맺어 주도록 한다
- 단지 영어 측면에서 서툴 뿐, 각자의 재능과 강점이 있음을 알려주고, 격려해 준다.

중/고등학교 교실에서의 전략
- 가능하다면, 학생의 모국어 읽기 수업 성적, 이전 학교에서의 영어 읽기 학습 상황이나 성적과 관련된 기록을 살펴본다.
- 교실 수업에서는 오감을 골고루 이용하는 수업을 진행하도록 고려 한다.
- 아직 유창하지 못한 상태에서 영어도 배워야 하고, 읽기 학습도 해야 하는 학생의 감정을 이해하고 최대한 배려하고자 노력한다.

영어 학습 관련 문제점의 인식과 해결 방안 :

- 읽기 난조 증세를 보이는 학생들은 읽기 학습을 어려워하고, 보통의 학생과 다른 방법으로 읽기를 배우지만, 결국 읽기를 배울 수 있게 된다는 사실을 기억해야 한다.

- 중고등 학생의 경우 학습 과정에서 자존심과 관련된 문제가 발생할 가능성이 많다는 사실을 인식한다.

- 영어를 배우는 학생의 경우 평가 점수와 학생의 잠재능력 사이에 차이가 발생할 수 있다. 이 차이는 영어 실력 또는 읽기 학습 문제 이외에 또 다른 원인이 있을 수도 있다는 점을 이해하고 있어야 한다.

- 영어를 배우는 학생의 경우 도표나 시각을 자극하는 자료들(글자와 그림의 장점을 살려서 개념, 지식, 정보를 체계적, 시각적으로 정리함)을 활용한다. 그림에 핵심이 되는 몇몇 글자를 더하는 방식만으로도 강력한 효과를 볼 수 있다.

- 교실 수업과 가정 학습을 연계하기 위해 부모들께 요청할 내용은 가능한 구체적으로 요청한다.

- 유창하지는 않지만, 어느 정도 자기 학년의 읽기 수준을 따라 갈 수 있는 학생의 경우 초등학교 시절에 사용하던 읽기 학습 전략을 그대로 유지하려는 경향이 있다. 해당 학년에 맞는 전략을 사용할 수 있도록 격려해야 한다.

- 영어 읽기를 배우는 학생의 경우 모국어로 읽는 독서 수준과 영어로 읽는 독서 수준에 차이가 나는 경우가 많다. 읽기 영어 실력 수준에 맞는 자료를 선택하되, 학생의 학년 교과목에서 다루는 주제

와 관련이 깊은 것을 선택하는 것이 효과적이다.

■ 학생들은 어느 정도 읽기 유창성 수준에 이르기 전까지는 다른 친구들 앞에서 소리 내서 읽는 것을 두려워한다. 가능한 충분한 연습으로 읽기에 자신감이 붙은 내용을 친구들 앞에서 읽어 볼 수 있도록 기회를 주도록 한다. 자신이 영어를 배우고 있는 학생이라는 사실을 잊어버리게 해서는 안 된다. 서툴게 읽더라도 이를 자연스럽게 받아 들이도록 하고, 항상 긍정적이고 자신감 넘친 교실이 되도록 격려해 주어야 한다.

영어 학습 관련 문제점의 인식과 해결 방안 :

조절 전략, 쓰기 학습을 어려워하는 학생을 위한 전략

조절(accomodation) 전략은 쓰기 학습을 어려워하는 영어 학습자에게 돌아가는 방법, 즉 우회 전략을 사용하도록 함으로써 쓰기 학습 과정에서 나타나는 충격을 완화시켜주는 전략이다. 이 전략은 학생이 쓰는 내용에 더 집중할 수 있게 만들어 준다. 조절 전략은 쓰는 속도와 양, 과제의 복잡성, 최종 작업에 필요한 도구를 조절하고, 할당된 작업량을 조절할 수 있게 해준다. 조절 전략의 내용은 다음과 같다(MacArthur, 2009; Sousa, 2007).

- 학생들이 요점 받아쓰기(note taking), 필기 시험(written test), 베껴 쓰기(copying) 등과 같은 쓰기 활동을 많이 할 수 있도록 시간을 할애한다. 또한, 학생에게 다른 사람보다 더 일찍 쓰기 프로젝트를 시작할 수 있게 한다. 학생들이 추가적인 활동을 할 수 있도록 계획에 포함시키며, 쓴 문장을 보충하거나 새로운 문장 쓰기를 시작할 수 있는 시간도 확보해 준다.

- 키보드 등 컴퓨터 기기 사용을 격려한다. 적절한 영어 성취 능력이 확보되면 곧바로 키보드 사용법을 배우게 한다. 영어 키보드에 익숙하기 위해서는 연습과 시간이 필요하다. 워드 프로그램을 사용하도록 격려하고, 영어 원어민 학생과 짝을 만들어 주고 영어를 배워야 하는 학생을 도와주도록 격려한다. 손 글씨 쓰는 법을 배우는 일도 여전히 중요하다. 컴퓨터를 사용하면 보다 더 길고 복잡한 글쓰기 작업을 할 수 있다.

- 이름, 날짜, 주제 등 필요 사항이 기재된 표준 활동 용지를 미리 준비한다.

- 표준 활동 용지는 학생이 쉽게 따라 할 수 있도록 일부분을 미리 작성하여 나누어 준다. 학생들은 미리 채워진 내용을 참고하여 비어 있는 부분들을 쉽게 채울 수 있다. 요점 받아 쓰기 연습에 특히 유용한 방법이다.

- 다른 친구의 말을 받아 적도록 한다. 한 명의 학생이 말을 하면, 다른 학생은 글자 하나하나 듣는 대로 받아 적는다. 말하는 학생이든 필기하는 학생이든 말의 내용이나 필기 내용을 수정할 수 있게 한다.

- 잘못된 철자가 있으면 수정한다. 단순히 철자를 틀렸다는 것만으로 평가 점수에 영향을 주는 일이 없도록 매우 조심해야 한다. 물론 정확한 철자는 매우 중요하며, 시간을 충분히 가지고 작성하는 과제물인 경우에는 보다 더 중요하다는 점을 명확히 설명해주어야 한다.

- 수학 문제의 제시문과 같이 이미 인쇄되어 있고, 복사본으로 나누어 줄 수 있는 내용들은 다시 베껴 쓰지 않도록 한다.

- 축약어 사용을 허락해도 된다. 예를 들어 before 대신 b/4, because 대신에 b/c, with 대신에 w/ 등이다. 축약어를 허용하면, 빠른 필기가 필요할 때 핵심 내용을 더 빨리 쓸 수 있다.

- 필기체 글자 사용도 허용한다. 쓰기에 어려움을 겪는 학생은 인쇄체 글자에 보다 더 안정감을 느끼지만, 필기체 글자를 사용해도 무방하다고 허락해주도록 한다. 필기체 글자를 뒤집어 놓으면 해독

하기가 어렵다. 쓰기에 어려움을 겪는 학생이 오히려 덜 혼란스러워 하기도 한다. 또한, 단어 사이의 띄어 쓰기와 관련된 문제도 없어지고, 쓰기 과정이 물 흐르듯 자연스럽게 진행될 수 있다.

- 브레인스토밍, 초안 작성하기, 편집하기, 교정하기 등 글쓰기의 각 단계에 대하여 설명하고, 적절한 사례를 보여준다.

- 워드 프로세스의 철자 자동 확인 프로그램(spell checker) 사용을 격려한다. 철자 확인 프로그램을 사용하면 단순한 실수로 인해 발생하는 좌절감이 줄어들고, 실제 사고하는 일에 보다 더 많은 에너지를 쏟게 됨으로써 쓰기 과정에서 발생할 수 있는 여러 가지 문제점들이 줄어들게 된다. 읽기를 힘들어하는 학생도 컴퓨터를 이용하면, 읽기와 쓰기를 동시 학습 할 수 있기때문에 여러 가지 힘든 일을 줄일 수 있게 된다.

- 학생 스스로 실수한 부분을 찾아 내게 하는 수업일 경우, 충분한 시간을 제공하는 것이 중요하다. 스스로 실수한 부분을 찾아내는 수업을 하면, 자신이 쓴 내용을 실제로 다시 살펴보는 기회를 갖게 된다.

- 줄이 그려져 있는 용지를 사용하는 것이 좋다. 줄이 그려진 용지는 글자들의 높이를 맞춰 쓰는데 도움이 된다. 고학년이 되면, 밑줄이 없는 용지로 바꾸어 준다.

- 여러 가지 다양한 쓰기 도구를 사용하도록 한다. 학생 스스로 가장 편안하다고 느끼는 필기 도구를 사용하게 해 주어야 한다. 어떤 학생은 볼펜 사용을 싫어하고, 아주 가늘게 쓰여지면서 종이와의 마

찰을 느낄 수 있는 샤프 펜슬 사용하려고 한다.

- 연필 잡는 법을 지도한다. 어떤 학생은 고등학생이 되어서도 연필을 제대로 잡지 못하는 경우도 있다. 큰 연필을 사용하여, 잡는 법을 익혀가며 크기를 줄여가는 방식이 효과적이다.

- 음성 인식을 통하여 자동으로 글을 완성해 주는 컴퓨터 프로그램의 사용을 허락해도 무방하다. 지금 당장 쓰기를 어려워하는 학생은 쓰는 일도, 타이핑 하는 일도 고통의 원인으로 여길 수 있다. 쓰기뿐만 아니라 학습 그 자체에 흥미를 잃을 수도 있다. 이 경우 학생이 말을 하면, 음성 인식이 되어 글자로 만들어지는 것도 나쁘지 않다. 하지만 쓰기 학습을 대신하기 위한 목적으로 사용되어서는 안 된다.

영어 학습 관련 문제점의 인식과 해결 방안 ː

제5장
생각해 보아야 할 핵심 내용

조금 더 자세히 살펴 보아야 할 부분이라고 생각되는 핵
심 내용, 개념, 전략, 자료들을 적는다. 아래 사항은 개인
학습 정리 노트이며, 기억을 되살리는 참고 자료가 된다.

제6장

종합
정리

우리는 모국어 학습이 제2언어 학습보다 상대적으로 쉽다는 것을 분명히 알 수 있었다. 모국어와 제2언어를 함께 배우는 것도 어려운 일이 아니라는 사실도 알게 되었다. 두 가지 언어를 동시에 배우는 일, 즉 이중 언어 사용자가 되기 위해서는 신경 회로를 만들어내는 작업이 수반되어야 한다. 5세에서 12세 사이에 영어를 습득하는 일도 어렵지만, 12세 이상의 연령이 되면 더 어려운 일이 된다. 학교에서 제2언어로써의 영어를 배우며, 각 교과목의 내용을 파악하기 위해서는 해당 교과목의 내용뿐만 아니라 모국어 문화와 영미 문화, 즉 양측의 문화를 번갈아 가며 넘나들어야 한다.

영어를 배우는 학생들은 하루도 예외없이 학교에서 제시되는 많은 양의 과제를 완성해 내야 한다. 영어 원어민 학생들이 흔히 느끼는 압박감에 더하여 영어를 배우며 느끼는 여러 복잡한 긴장감도 함께 느끼게 된다. 친숙하고 자신 있는 모국어로도 자기 자신을 표현하지 못하는 무력감을 느끼면서, 한편으로는 학교에서 높은 성적을 기대하는 가족의 성원에 부응하고자 노력하며 생활한다. 이민자로서의 자기 정체성, 모국에 있는 친구를 만날 수 없다는 상실감, 익숙한 문화가 아닌 낯선 환경 속에서 느끼는 여러 감정 등이 복합적으로 작용하고 있다. 무엇보다 영어 원어민 학생들 사이에서 하루 종일 영어로 진행되는 수업에 적응해야 하는 당면한 문제를 해결하기 위해 힘겨운 노력을 계속해야 한다. 이 학생들에게 어떤 지도 방법을 사용해야 성공적인 영어 습득과 학분적 성취를 맛보게 할 수 있을까?

다양한 배경을 가진
영어 학습자들

영어를 배우는 학생에 대한 지도 경험이 없는 교과목 담당 교사가 영어 지도 방법을 직접 결정해야 할 경우도 있다. 이 경우, 교사는 영어가 모국어가 아닌 학생이 영어로만 진행되는 교실에서 느끼는 심정적 혼란을 깊이 이해하려는 노력이 필요하다. 영어 학습자들은 다양한 성장 배경에서 자랐기 때문에 일반적인 방법을 사용한 해결이 쉽지 않다. 몇몇 아이들은 영어 습득 속도가 상대적으로 빠른 경향을 보이기도 한다. 그러나 빠른 영어 습득을 단순히 지능이나 영어 학습 동기의 측면에 국한시켜 생각해서는 안 된다. 그들의 영어 학습에는 다양한 요소들이 관련되어 있다. 그 몇 가지 요소들은 다음과 같다.

■ 나이. 앞서 언급했듯이 나이가 들면 모국어가 아닌 제2외국어의 자연스러운 습득이 점점 더 어려워 진다. 연구 결과에 따르면, 12

살 이전에 제2외국어를 배우기 시작하면, 그 외국어를 습득하는 기간이 조금 더 짧아진다.

■ 모국어. 영어 학습자의 모국어 유창성이 영어 습득 성과에 직접적인 영향을 준다. 또 의사 소통을 위해 사용하는 음성 언어의 소리 음가(음소)나 문어적 의사소통을 위한 문자소가 모국어와 얼마나 비슷한지에 따라 영어 습득의 속도가 결정된다(3장 참조).

■ 부모의 리터러시 능력. 부모의 리터러시 능력이 자녀의 문어 습득 성과에 영향을 준다. 부모가 제대로 읽고 쓰지 못할 경우, 자녀 또한 영어 읽기와 쓰기 학습에 어려움을 겪을 가능성이 크다.

앞서 우리는 모국어와 외국어의 습득 과정에서 상호 관련되는 신경 처리 절차와 함께, 영어 학습에 필요한 기본적 기술을 어떻게 가르칠 것인지, 읽기는 어떻게 가르칠 것인지, 학습에 어려움을 겪는 학생들에게는 어떤 도움을 줄 것인지를 살펴보았다. 여기서는 앞서 살펴본 내용을 요약하면서, 영어 학습자를 위한 교과 과정, 교육 프로그램, 평가 프로그램 등에 관해 토론할 것이다.

영어 학습자의
영어 습득 과정

성과 있는 지도를 하기 위해서는 먼저 영어 학습자와 영어 습득 과정에 대한 올바른 이해가 필요하다(Harper & de Jong, 2004; Klingner, de Schonewise, de Onis, & Barletta, 2008). 대다수 중고등학교 교사들은 제2언어 습득 과정의 특성과 각 영어 학습자에 대한 이해가 부족하다. 교사들은 선한 의도를 가지고 있지만, 영어 습득에 필요한 학생들의 충분한 훈련 시간 부족 때문에 교실 수업에서도 원하는 성과를 거두지 못하는 경우가 많다. 영어를 배우는 학생이 겪는 어려움이 무엇인지 이해하는 가장 좋은 방법은 가능한 자주 학생들과 상담하는 일이다.

- 오해 1: 학생들을 영어 사용 환경에 노출시키고, 영어 원어민과 대화하고 만나게 하면 영어 학습 성과를 얻는다. 영어 학습자들이 영어 원어민과의 접촉 기회를 늘어나면, 제2언어로써의 영어 학습에 기본적이며, 적절한 조건을 만들어지게 된다는 논리는 일면 타당해 보인다. 그러나, 영어 학습자들을 이해 가능한 영어 환경에 노출시키고, 영어로 대화할 수 있는 의미 있는 기회를 제공했음에도 불구하고 영어 원어민처럼 자연스럽게 영어 실력이 습득되지 않는 경우가 많다. 그 이유는 무엇일까? 다음과 같은 이유가 있을 것이다.

  — 제2장에서 살펴본 것처럼, 모국어와 제2언어의 학습 과정은 상호 유사한 면도 많지만, 매우 다른 측면도 있다. 특히, 모국어 환경에서 성장한 학습자가 영어를 배워야 할 경우 특히 그러하다. 단지 영어(혹은 다른 학습 목표 언어)에 노출시키는 것만으로는 중등 교과서 수준의 복잡한 어휘와 추상적 개념을 이해하는데 필

요한 영어 수준에 이르기 힘들다.

— 영어 학습자의 실력을 끌어올리기 위해서는 영어에서 보이는 문법적, 형태적, 음운적 규칙에 의도적인 관심을 가져야 한다. 영어 학습자들을 교과목 영어에 노출시키는 것 뿐만 아니라, 언어의 형태와 기능의 관계에 대한 직접적인 교육이 함께 병행되는 것이 좋다.

— 고학년 학생의 경우, 기억과 분석적 추론 등의 인지 기능이 발달되어 있어서 복잡한 언어적, 개념적 내용 이해력이 높다. 영어 학습자가 자신의 학습 과정에 보다 적극적으로 참여하게 되면 그만큼 학습 효과가 커진다.

협동 학습 과정이 치밀하게 설계되지 않으면,
영어 학습자에게 깊이 있는 학습 경험의 기회를 제공하지 못한다.

— 영어 학습자와 영어를 모국어로 사용하는 사람들 간에 자연스러운 대화가 진행될 것이라고 쉽사리 판단하면 안 된다. 설사 대화가 오가더라도 흔한 인사말 정도에 머물기 쉬우며, 학문적 영어로 발전할 기회는 매우 적다.

— 영어 학습자와 영어 원어민 학생 사이에 협동 학습이 일어나도록 세심하게 계획하지 않으면, 상호 질문, 동의와 부동의 의견 제시, 확인 목적 질문 등과 같이 보다 심층적인 영어를 경험할 기회가 영어 학습자에게 거의 제공되지 않는다.

종합 정리 :

■ 오해 2: 모든 영어 학습자들은 같은 방법, 같은 속도로 영어를 배운다. 모든 아이들이 자신의 모국어를 자연스럽게 배우듯 영어도 모국어와 같은 언어 경로와 동일한 속도로 습득할 수 있게 된다는 주장은 논리적인 것처럼 보인다. 영어 학습자는 자신의 주변에서 흔히 사용되는 영어를 빠르고 쉽게 배우지만, 학문적인 어휘 혹은 읽고 쓰는 영어는 쉽게 습득하지 못하고 어려워한다는 것을 우리는 잘 알고 있다. 여기에서 오해가 자주 발생한다. 즉, 모든 영어 학습자들이 교과목 영어를 배우기 전에 생활 환경에서 자주 접하는 생활 영어 실력을 미리 습득하는 것으로 생각하기 쉽다. 하지만 연구결과, 영어 학습자 자신의 모국어로 읽고 쓰는 능력을 갖춘 아이들의 경우 이미 언어적 기본기가 형성되어 있는 것으로 보이고, 생활 영어 실력이 없다 하더라도 교과목 영어와 읽고 쓰는 학습을 시작할 수 있다. 하지만 이와 상반되는 경향을 보이는 경우도 있다. 이들은 교과목 영어는 빠르게 발전하는 반면 생활 환경이나 여러 사람들과 감정적 교류가 더해지는 사회 속 일상 영어 습득은 더 느리게 진행되기도 한다. 다음과 같은 내용을 알아 두는 것이 중요하다.

— 영어 학습자가 영어를 배우며 범하는 실수들은 인지적 문제이거나 언어 발달상 문제 이외에 여러 다른 요소들이 작용하여 나타나게 된다.

— 영어 쓰기 학습 과정에서 공통적으로 나타나는 실수에 대해서도 알아 두어야 한다. 동사의 시제, 명사의 단수 혹은 복수, 소

유격, 주어와 동사의 일치, 관사의 사용 등이 자주 실수하게 되는 분야이다(Ferris, 2002). 이 실수들은 대개 지속적으로 발생하는데, 학습자 자신의 모국어 영향 때문에 발생한다.

— 영어 학습 속도는 영어를 배우기 전에 영어 학습자가 받은 교육, 모국어 읽고 쓰기의 실력 수준, 학습자의 성격, 적성, 동기 등 개인적 요소에 의해 영향을 받는다.

— 문어체 영어 능력이 더 빨리 개발되는 학습자가 있고, 상대적으로 구어체 영어 능력이 더 빨리 개발되는 학습자도 있다. 학습 유형의 차이에 따라 영어 쓰기 지도에도 여러 다양한 방법이 적용해야 한다.

— 사회 경제적, 인종적, 민족적 배경으로 볼 때 영어 원어민과 비교적 유사한 환경에서 성장한 학습자들도 있다. 하지만 이러한 많은 공통점에도 불구하고, 영어 능력 개발 성과는 영어 원어민과 전혀 다르게 나타나는 경우가 많다.

— 영어 습득은 수년간 계속되는 노력이 필요하다, 특별한 지름길도 없다.

■ 오해 3: 영어 원어민 학생들의 교육에서 성공한 방법을 영어가 모국어가 아닌 학생들에게 그대로 적용해도 똑같이 성공적인 결과를 얻는다. 교사들이 작성하는 대부분의 교과 과정, 교육 지침, 평가 관련 결정 사항은 각각의 기준을 가지고 있다. 각 영어 학습자에게 필요한 사항이 무엇인지 이해하고, 영어 학습 과정에서 학생

마다 발달 수준이 다르다는 점을 인정하고 접근해야 하지만, 현실에서는 일반론적인 접근을 하게 된다. 중고등학교에서는 영어 학습자임에도 불구하고 높은 수준의 교과목 내용을 구술로 평가하거나 종이 시험을 보는 방법으로 교과목 성취도를 평가한다. 물론 미국 내 평가에서는 가능한 영어 학습자의 모국어 사용을 허용해 주고 있다. 하지만 각 교과목의 담당 교사들이 다양한 모국어 사용 학생들에게 각각의 모국어로 설명할 수는 없다. 다음 사항들이 고려되어야 하는 이유다.

— 영어 원어민에게 적용되는 내용을 영어 학습자에게도 동일하게 적용하는 것은 적절하지 않다. 영어 학습자는 영어 원어민과 다른 학습 방법을 선호하거나, 원어민과 다른 학습 발달 속도를 보이기 때문이다. 예를 들어 음성 언어와 문어 언어가 동시에 발달하는 학습자도 있지만, 일부 학습자들은 그렇지 않다. 즉 구두 영어는 약하지만, 읽기 등 문어 영어에는 강한 면모를 보이기도 한다.

— 교과목 담당 교사는 간혹 영어 학습자가 기본 읽기 능력을 지니고 있을 것이라고 예상하여, 기초적인 영어 읽고 쓰기 지도 과정을 생략하기도 한다. 영어 원어민을 위해 고안된 독서 프로그램들을 영어 읽기 기술이 습득되지 못한 학습자에게 그대로 적용하는 것은 적절하지 않다. 영어 어휘력이나, 영어 유창성, 혹은 독해 능력 측면에서 영어 학습자들과 영어 원어민 학습자들 사이에는 많은 차이가 있다.

— 영어 학습자의 모국어 읽기 능력이 영어 학습 과정으로 전이 된다는 제2장의 내용을 상기하기 바란다. 물론 전이 과정이 자동적으로 일어나는 것은 아니다. 구체적인 교육이 필요하고, 모국어를 읽고 쓰는 학습자의 능력을 영어에 적용시킬 수 있도록 하는 연습과 훈련이 계속되어야 한다. 영어 학습자의 모국어나 모국어 쓰기 시스템(알파벳, 음절, 활자체계 등)도 영어 학습에 영향을 미치게 된다는 점을 기억해야 한다.

— 영어 원어민 학생들에게 적용하는 쓰기 학습을 영어 학습자에게 그대로 적용하면 문제가 될 수 있다. 영어 학습자에게는 교육 과정의 단순한 운영보다 언어적, 문화적인 배려가 있어야 한다.

— 대부분의 영어 학습자들은 영어 원어민 학생처럼 영어 소리를 빠르고, 정확하게 인지하지 못한다. 영어 학습자의 모국어 구문 어순과 영어 구문의 어순 사이에 어떤 차이점이 있는지를 알아 두는 것이 중요하다. 또 문단의 주제와 목적은 문장의 어느 부분에서 나타나는지 언어별 차이점을 알아 두는 일도 중요하다.

■ 오해 4: 수업 중에 시각 자료와 비언어적 도구를 사용하면, 영어 실력 부족으로 인한 불편을 겪는 학생들을 도울수 있다. 시각 자료, 차트, 그래프, 역할극 등의 비언어적 교육 도구를 사용하면, 매우 복잡한 정보를 이해하는데 도움이 된다. 또한 교과목 지도 과정에서 발생하는 여러 애로 사항도 줄일 수 있다. 하지만 이러한 비언어적 도구들이 전문적인 지도 방법 대신에 사용되는 것은 바람직

하지 않다. 비언어적 도구들은 영어 학습자에게 내용과 개념을 보다 폭넓게 이해할 수 있도록 도움을 주지만, 도구 사용만으로 영어 사용 능력이 자동적으로 향상되거나, 학습 과제를 대신할 수는 없다(Leung & Franson, 2001).

■ 오해 5: 학생 자신의 모국어로 학습 성취도를 평가하면, 영어 실력을 정확하게 확인할 수 있다. 나이 어린 학습자에게 적용되는 영어 평가는 종종 '쓸모 없는 것'이 되기도 한다. 어린 학생들의 경우 영어는 물론 자신의 모국어에 대해서도 알고 있는 것이 매우 제한되어 있기 때문이다. 전문가들은 나이 어린 학습자에 대한 평가는 많은 문제점을 안고 있고, 대부분의 경우 영어와 모국어에 대한 아이의 능력을 정확하게 판단하는 일이 매우 어렵다고 말한다(MacSwan, Rolstad, & Glass, 2002). 일부 전문가들은 나이 어린 영어 학습자에 대한 평가를 가능한 자제하고, 학습자의 가정에서 진행되는 간단한 인터뷰 등으로 대신하는 것이 더 올바른 방법이라고 주장한다.

■ 오해 6: 학생들이 영어 수업을 더 오래 받으면 받을수록 영어를 더 빨리 배운다. 맞는 말로 들리지만, 이 견해를 받아들이는 전문가는 거의 없다. 영어 학습자를 영어만 사용되는 환경 속으로 넣기 보다는, 학습자의 모국어 기초를 굳건하게 다질수록 영어 습득에 있어 더 성공적인 결과를 낳는다는 것이 일관된 연구 결과이다(August & Hakuta, 1997; August & Shanahan, 2006; Slavin & Cheung, 2005). 미국 표준 인

중 시험을 통해 평가한 결과, 영어 학습자의 모국어를 일부 사용하여 수업을 진행한 경우의 점수가 영어로만 수업한 학생의 점수보다 유의미하게 높았다.

■ 오해 7: 영어 학습 과정에서 발생하는 실수는 향후 문제가 되기 때문에 가급적 학습 과정에서도 실수가 없도록 해야 한다. 영어를 배우는 과정에서 학습자의 실수는 자연스러운 것이다. 자연스러운 실수를 학습 발달이 더디거나, 발전이 없을 것이라는 것으로 확대 해석해서는 안 된다. 영어 학습자의 실수 유형은 학습자의 모국어에 따라 나타나는 유사한 패턴이 있다. 스페인 학생과 중국 학생의 실수 유형은 서로 다르게 나타난다. 영어 학습이 진척됨에 따라, 스페인 학생은 자신의 모국어와 영어 코드 변환(code-switching)에 의존하는 경향이 강해진다. 즉, 대화를 하는 도중에 학습자의 모국어와 영어 구문을 번갈아 가며 사용하는 것이다. 사람들은 스페인어와 영어 간의 코드 변환을 스페인 스타일 영어(Spanglish)라고 부르기도 한다. See you later, I'm going shopping in the mall.이라는 영어 문장을 스페인어인 Te veo ahorita, me voy de shopping para el mall.로 바꿔 말하곤 한다. 이와 같은 자연스러운 코드 변환을 언어 혼란이라거나 실수가 너무 잦은 학생이라고 생각하는 일이 없어야 한다. 오히려 두뇌가 두 가지 언어를 동시에 받아들일 때 흔히 나타나는 현상이며, 두 언어 사이를 오가며 넘나드는 타고난 능력이다(Genesee & Nicoladis, 2006). 코드 변환은 어떤 언어에 대한 발

달이 더딘 것이 아니라 오히려 두 언어에 숙달되는 과정이다.

위와 같은 사항들을 이해하고 영어를 지도하는 것이 필요하다. 교과 과정, 교육 실행, 교육 평가 등 영어 학습자를 이해하지 못한 상태에서 교육을 진행한다면 그 효과를 기대하기 어렵다. 학생들이 교실 속에서 여러 사람들과 자연스러운 대화를 할 수 있도록 끌어 당겨야 한다. 영어를 배우는 학생과 영어가 모국어이거나 유창한 학생들이 서로 협력하며 수업에 임할 수 있도록 관심을 가져야 한다. 영어 학습과 관련하여 자주 나타나는 잘못된 인식과 오해를 극복하기 위한 방법은 티칭 팁 6.1을 참조하기 바란다.

영어 교육의 기본 요소

영어 교사는 다음 표 6.1의 네 가지 기본 요소에 집중해야 한다(Rodriguez, 2009).

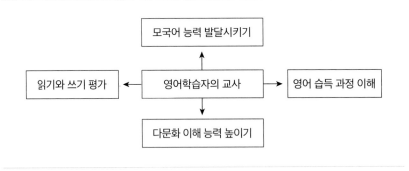

그림 6.1 영어 학습자에 대한 효과적인 교육에 필요한 네 가지 요소(Rodriguez, 2009 참조)

- 모국어 능력 발달 시키기. 영어 학습자가 지닌 모국어 능력은 영어 능력의 발달로 이어진다. 완전한 영어 몰입 프로그램을 사용하는 것보다 영어 학습자의 모국어로부터 시작하여 시간이 지남에 따라 천천히 영어 중심으로 옮겨가는 프로그램이 더 효과적이다. 연구 결과에 의하면, 영어 학습자는 모국어 관련 능력과 함께 영어 능력이 발전한다. 영어 학습자의 모국어와 영어의 공통적인 특징을 찾고, 그 연결 방법을 잘 알아 두면 보다 더 효과적인 영어 지도를 할 수 있게 된다.

- 영어 습득 과정 이해. 영어 학습자의 두뇌는 어떤 과정을 거쳐 영어를 습득하게 되는 것일까? 영어 학습자의 두뇌를 이해하는 것도 효과적인 지도 과정에 꼭 필요하다. 또한 영어의 음운적, 형태적, 구조적, 의미적 특징을 이해하는데 학습자의 모국어 전이는 어떤 긍정적 혹은 부정적 역할을 하는지에 대해서도 알아 두어야 한다. 영어를 모국어로 사용하지 않는 영어 학습자는 대화 목적의 영어와 학교 수업 목적의 교과 영어를 함께 배운다. 이러한 구분은 여러 가지 교과목을 학습하는 영어 학습자에게 중요한 영향을 미친다.

앞서 우리는 영어 학습자가 빠르고 쉽게 영어를 습득할 수 있는지 여부는 영어와 학습자의 모국어가 갖는 유사성 정도와 매우 밀접하게 상관성이 있음을 알 수 있었다. 영어 학습자의 모국어가 영어 학습에 미치는 영향을 표 6.1로 정리했다.

표 6.1 학습자의 모국어가 영어 학습에 영향을 미치는 요소들

영어 학습자의 모국어	영어 학습에 도움이 되는 요소	영어 학습에 방해가 되는 요소
스페인어, 이태리어, 포르투갈어, 불어, 하이티어 (아이티 불어)	• 라틴 알파벳 사용 • 동일 어원의 음성과 글자체 다수 포함 • 유사한 음소 다수 포함 • 유사한 문법 구조 사용: 주어/동사/목적어 순	• 심층 철자 체계 사용으로 인한 발음/철자 법칙의 신뢰성 저하 • 수식어구의 위치: 형용사는 명사 뒤가 아니라 수식하는 명사 앞에 위치 • 대명사의 성(gender) 일치: 대명사는 명사의 성이 아닌, 주어의 성과 일치 • 발음의 변화를 나타내는 발음을 구별하는 부호가 없음
러시아어 (불가리어, 우크라이나어 포함)	• 비슷한 자음의 수	• 라틴 알파벳의 사용: 러시아어는 키릴(Cyrillic) 자모 사용 • 심층 철자 체계 사용으로 인한 발음/철자 법칙의 신뢰성 저하 • 러시아어에 없는 음소 사용(예, 러시아어의 모음 수 5개, 영어의 모음, 이중모음 수 22개) • 비교적 고정된 어순 사용 • 관사의 사용: 러시아어에는 관사 없음
아랍어	• 약간의 동종 음성 사용 및 라틴 알파벳 표기법 사용	• 라틴 알파벳의 사용: 아랍어는 아랍 알파벳 사용 • 오른쪽에서 왼쪽이 아니라 왼쪽에서 오른쪽으로 읽음 • VSO 어순이 아니고 SVO 어순 • 아랍어에 없는 음소 사용(예. 아랍어 모음 수 8개, 영어 모음, 이중모음 수 22개) • 구두점 규칙이 조금 더 엄격함 • 강세 패턴 예측의 어려움 • 수식어구의 위치: 형용사는 명사 뒤가 아니라 수식하는 명사 앞에 위치
중국어 (광둥어, 만다린어 포함)	• 왼쪽에서 오른쪽으로 쓰기: 최근 중국어 표현 • 수식 형용사가 명사 앞에 위치	• 중국어보다 많은 모음의 수 • 단어 의미구별 목적이 아닌 강조, 감정구별 목적의 강세, 어조의 변화가 많음 • 동사와 시제의 체계가 복잡함
한국어	• 매일 라틴 알파벳에 노출되어 있음 • 왼쪽에서 오른쪽으로 쓰기	• 한글 자모음이 아닌 라틴 알파벳 사용 • 한글보다 많은 자음과 모음 사용 • 강세가 없는 한국어와는 다르게 의미 차이를 주는 강세 사용 • 한글에 없는 조동사의 폭넓은 사용 • 복잡한 동사/시제의 사용 • 한글 어순(SOV)과는 다른 어순(SVO) 사용

영어 학습자의 모국어	영어 학습에 도움이 되는 요소	영어 학습에 방해가 되는 요소
베트남어	• 최근의 베트남어에서는 라틴 알파벳 사용 • 왼쪽에서 오른쪽으로 쓰기 • 전형적인 어순: SVO	• 베트남어에 자주 쓰이는 발음을 구별하는 부호를 사용하지 않음 • 단어의 의미를 구별하는 것이 아니라 강조나 감정을 나타내기 위해 높낮이와 톤의 변화가 사용됨 • 수식어구의 위치: 형용사는 명사 뒤가 아니라 수식하는 명사 앞에 위치 • 복잡한 동사/시제의 체계
몽어(Hmong)	• 라틴 알파벳 사용 • 왼쪽에서 오른쪽으로 쓰기 • 전형적인 어순: SVO	• 수식어구의 위치: 형용사는 명사 뒤가 아니라 수식하는 명사 앞에 위치 • 주어 동사의 일치 규정 준수 • 단어의 의미를 구별하는 것이 아니라 강조나 정을 나타내기 위해 높낮이와 톤의 변화가 사용됨 • 복잡한 동사와 시제 체계 • 'd', 't'처럼 차이를 구분하기 힘든 단어의 끝소리
타갈로그어 (Tagalog)	• 라틴 알파벳의 사용 • 같은 철자이지만 다른 의미를 지닌 단어를 구별하기 위해 사용되는 강세 변화	• 타갈로그어에 없는 음소 사용(타갈로그어 모음: 11개, 영어 모음, 이중모음: 22개) • 동사 및 시제 형태가 서로 다름 • 발음의 변화를 나타내는 발음을 구별하는 부호가 없음
일본어	• 일부 광고에서 라틴 알파벳이 사용됨 • 왼쪽에서 오른쪽으로 쓰기 (재래식 방법은 위쪽에서 아래쪽, 오른쪽에서 왼쪽) • 영어로 된 용어들이 상당수 사용되고 있음	• 음절 표기가 아닌 라틴 알파벳의 사용 • 영어 이중모음을 발성하는데 어려움을 겪음 • SOV 어순이 아닌 SVO 어순 • 일본어에 없는 조동사 사용 • 일본어에 없는 관사의 사용 • 서로 다른 문법 규칙
나바호어 (Navajo)	• 라틴 알파벳의 사용	• 나바호어 동사에서 제공된 영어의 형용사 혹은 명사의 기능 • 발음을 구별하는 부호가 없음 • 동사의 시제 형태가 서로 다름 • 철자법이 서로 다름 • SOV가 아닌 SVO 어순을 사용함

301

전문가들에 의하면, 영어를 배워 유창한 의사 소통이 가능하기 위해서는 평균 2년 이상의 기간이 필요하다고 한다. 하지만 교과목, 즉 학문적인 영어를 배우는 기간은 의사소통을 위한 영어 습득 기간보다 훨씬 긴 5년 내지 7년의 기간이 필요하다. 영어로 학업을 수행하기 위해 제반 영어 능력을 충분히 발달시키는데 필요한 시간이 얼마나 될 것인지 정확히 예측하는 것은 현실적으로 어렵다. 학습자의 특성 차이, 교육 환경 차이 등 고려할 요소가 너무 많기 때문이다. 그러나 유창한 영어 습득에 걸리는 시간이 얼마나 되는지에 대해 많은 사람들이 논쟁하고 있다.

교사들은 종종 자신에게 영어를 배우는 학생들이 강세의 사용은 약간 부족하지만, 충분히 용인될 수 있는 수준의 영어를 구사하고 있다고 말한다. 또 학생들이 일상 생활에서 벌어지는 일들을 이해하고, 활동에 참여할 수 있으며 필요한 의사 소통이 가능할 것이라고 생각한다. 이런 긍정적이고 성급한 생각 때문에 영어 습득 수준이 교과목 수업을 배울 단계에 이르지 못한 학생들임에도 불구하고, 그 학생들에게 많은 지식과 정보를 습득해야 하는 정규(교과목) 수업을 받게 한다. 하지만 이러한 학생들에게 더 필요한 것은 교과목의 학문적 내용을 이해하고, 교과목에 따르는 여러 활동과 과제를 수행할 수 있는 일정 수준 이상의 영어 실력을 갖추게 하는 일이다. 영어 학습자가 (정확한 형식을 따르지 않지만) 의사 소통이 가능하다고 해서, 교과목 영어도 유창할 것이라고 가정해서는 안 된다. 이는 영어 교사가 꼭 기억해 두어야 할 사항이다. 최소한 중학교 수준의 교과목 수업에 참여할 정도의 영어 실력을 갖추도록 강조해야 한다. 교과목 학습이나 많은 정보 취득을 위해서는 특정한 수준 이상의 영어 실력이 필요하다는 점을 학습자들에게 강조하기 바란다. 교과목 영어에 초점을 두고 수업하는 것은 영어를 배우는 학생뿐만 아니라 영어 원어민 학생들의 읽기와 쓰기 실력 향상에도 도움이 된다.

학생의 일상적인 의사소통 능력이
교과목 영어의 숙달 정도를 반영한다고 볼 수 없다.

- ■ 다문화 이해 능력 높이기. 영어 학습자는 영어의 습득뿐만 아니라 영어권에서 사용되는 문화, 사회 규범, 행동과 관련된 기대에도 부응해야 한다. 교사는 이러한 문제점들을 인식하고 영어 학습자가 학교에서 환영 받고 있다는 느낌이 들 수 있도록 사회적, 문화적으로 적응할 수 있게 도와주어야 한다. 환영 받고 있다는 감정은 영어 학습자들의 고국 문화가 존중되고 있음을 의미한다. 문화적인 차이는 교사와 학생 간에 상호 오해를 유발하는 원인이 되기도 한다. 어떤 문화 속에서 생활하든지 사람들은 언어적 행위와 비언어적 행위를 통해 자신을 표현한다. 어떤 지역에서 통용되는 비언어적 행위가 다른 지역에서는 전혀 다른 의미로 사용되기도 한다. 예를 들어, 서구 문화권에서 수업 중에 학생이 교사를 보고 웃는다면, 이는 대개 그 교사의 설명을 이해했다는 의미를 갖는다. 하지만 아시아 문화권에서 수업 중에 교사를 보고 웃는다면, 이는 교사의 설명이 다소 혼란스럽거나 어렵다는 의미이기 쉽다. 영어 학습자들의 모국어 문화에 대한 관습을 이해하고 있는 교사는 학생과

의 의사소통에서 학생들의 모국어 문화 유산을 존중한다. 자신의 모국어 문화가 존중 받고 있다고 느끼면, 학생들은 자부심을 느끼게 되고, 수업 몰입도가 높아지며, 아울러 학문적 성취 수준도 높아지게 될 것이다.

■ 영어 학습자의 모국어와 영어 읽기 및 쓰기 평가. 영어 학습자의 모국어와 영어 성취도를 확인하기 위해서는 두 언어의 학습 진척 상황을 지속적으로 관찰해야 한다. 영어 학습자가 각 학년별 읽기 목표 수준에 가능한 빠르게 도달할 수 있도록 교과목과 관련된 영어 능력 발전 과정을 평가하는 일도 중요하다. 평가는 꾸준히, 비공식적으로 실시하도록 한다. 지나친 긴장감을 유발하는 평가나 강제적인 평가가 되지 않도록 주의한다.

교사들의 전문성 개발

오랜 연구 결과에 의하면, 학생의 학업 성취도에 영향을 미치는 많은 요소들 중 가장 중요한 것은 교사의 지도력(the quality of teaching)이었다. 다른 말로 표현하면, 교사의 지도 활동을 능가하는 요소는 없다는 의미다. 영어 학습자의 수가 늘어나면, 교육을 책임지는 교사의 수도 늘어난다. 미국 내에서도 영어 학습자로 등록된 학생 수를 담당해야 할 충분히 훈련된 교사들이 부족한 실정이다. 그 결과 미국은 현재 교사들이 학생을 지도하기에 충분한 전문 훈련을 마치지 못한 상태에서 교육 현장에 배치되고 있다. 이들은 열심히 근무하며, 훌륭한 의도를 갖고 있다. 하지만, 영어 학습자가 직면하고 있는 문제를 제대로 파악하지 못한 상태에서 근무한다면 효과적인 지도가 어려워진다.

학생의 학업 성취도에 영향을 미치는 많은 요소 중,

교사의 지도력을 능가하는 요소는 없다.

충분히 훈련된 교사가 되기 위해서는 무엇이 필요할까? Rodriguez(2009)는 영어 교사가 학습자를 전문적으로 돕고자 한다면 다음과 같은 지식과 능력을 갖추라고 제안한다.

- 학생들의 음성 언어 및 읽고 쓰는 능력의 발달 과정에 대한 지식
- 형식적, 비형식적 평가 등 다양한 평가 절차를 사용할 수 있는 능력
- 교육 관련 중요 사항 결정, 학생별 프로그램 계획, 적절한 학습 환경 준비 등에 관한 판단 능력
- 언어 구사 능력(또는 학생들의 모국어를 사용한 개인적 의사 소통이 가능하면 더 효과적이다.)
- 이중언어 학습의 특성 및 이중언어 사용자가 되는 과정에 대한 이해
- 학생들의 모국어와 영어의 구조적 차이를 이해하는 능력
- 영어 교육과 교과 내용을 통합할 수 있는 교과 과정 개발 능력
- 학생들의 학습 상태를 확인할 수 있는 능력
- 다문화 환경에서 일어날 수 있는 다양한 행동을 긍정적으로 수용하고 대처하는 전략 수립 능력

305

■ 다문화 활동, 다문화 자료, 교과 내용과 연관된 기술적 측면 등을
종합할 수 있는 능력

위에서 언급한 능력은 교사의 학생 지도와 관련된 복잡한 특징을 반영
하는 능력, 성공적인 영어 습득에 필요한 학습 절차를 반영하는 능력 등을
포함하고 있다.

영어 교사와 교과목 교사의 협력

어떤 교육을 하든지 교육 과정에서 목표로 하는 성취도를 따라가지 못
하는 학습자가 발생한다. 교사들이 지도 과정에서 가장 힘들어 하는 부분
이다. 우리는 앞서 교실 수업 중 영어 학습자에게 어떤 내용을 가르쳐야
할 것인지에 대해 살펴 보았다. 이미 여러 과업들에 대한 책임을 맡고 있
는 교과목 교사들에게 또 다른 능력을 더 갖추라고 제안하기도 쉽지 않은
일이다. 교과목 교사들이 수용하기 쉬운 분야도 아니다. 하지만, 쉽지 않
은 과정일지라도 학생들의 효과적인 영어 습득에 도움이 된다면, 고려해
볼 필요가 있다. 영어를 배우는 학생과 영어 원어민 학생이 함께 수업을
받는 교실에서 어떻게 수업할 것인지에 대해 전반적인 아이디어를 원한다
면 티칭 팁 6.2를 참조하기 바란다.

영어 학습자에게 효과적인 방법으로 검증된 전략 중 하나는 교과목 담
당 교사와 제2언어로서의 영어(ESL)를 가르치는 교사가 협동하여 지도하는
일이다. 협동 지도 과정은 주로 ESL 수업과 교과목 수업이 번갈아 가며 나

타나도록 구성되어 있다. 영어 학습자들은 영어 구사력이 있는 보통의 영어 원어민 학생들보다 더 열심히 배워야 한다. 또한 더 많은 학습 지원을 해주도록 해야 한다. 영어를 배우는 학생에게는 음성 언어 중심의 ESL 과정 수업이 매우 중요하다. 구두 영어 수업이 중요해지면서, 교과목 관련 수업 시간이 감소될 수 있다. 종합적으로 보면, 교과목 담당 교사가 자신의 교과에 나올 단어, 문장 구조, 주요 내용 등을 ESL교사에게 미리 알려주는 일이 중요하다. ESL 교사는 미리 숙지해둔 교과목에 관련된 기본 정보 사항을 영어 지도 시간에 활용한다. 교과목 관련 내용과 함께 배우는 방법을 내용 중심 교육 접근법이라고 한다. 내용 중심의 접근법에서는 ESL 교사의 지도에 따라 듣기, 말하기, 읽기, 쓰기 등 4기능 영역과 관련된 연습 기회를 갖게 된다. 교과목 관련 정보가 ESL 교사에게 공유되면, 영어와 교과목 수업의 관련성이 높아져 더욱 효과적인 학습이 가능해 진다.

협동 지도 모델(Models of Coteaching)

교과목 수업 시간에 영어 학습이 동시에 가능하도록 하기 위해 교과목 담당 교사와 ESL 교사가 하나의 교실에 들어가 수업하는 경우를 말한다. 협동 교육이라고 일컬어지는 이러한 수업 방법은 여러 다른 형태로 진행될 수도 있다. Honigsfeld & Dove[2008]이 말하는 다섯 가지 유형은 다음과 같다.

학급 전체, 하나의 그룹

1. 주 교사와 보조 교사. 교과 내용을 지도하는 교사와 영어를 가르치는 교사가 서로 번갈아 가며 주 교사의 역할을 수행한다. 주 교사 역할을 하게 되는 교사는 전체 과정 운영에 집중하고, 보조 교사는 학생 개인별 또는 소규모 그룹 학생들에게 필요한 특정 개념이나 기술을 알려주는 소규모 수업을 실시한다.

2. 가르치는 내용은 두 교사 모두 동일하다. 이 유형에서는 두 교사가 교실 내 전체 학생들에게 같은 시간에 동일한 내용을 가르칠 수 있도록 상호 협조한다.

하나의 학급, 두 개의 그룹

3. 두 교사가 동일한 내용을 가르친다. 두 교사는 지도 방법을 다르게 하여, 동일한 내용을 설명한다.

4. 어떤 내용을 한 명의 교사가 먼저 알려주고, 다른 교사가 해당 내용을 다시 지도한다. 지도할 내용과 학생들의 성취도 수준에 따라 그룹의 분류를 융통성 있게 할 수 있다. 필요할 경우, 이미 구성을 마친 그룹을 변경할 수 있다.

하나의 학급, 여러 개의 그룹

5. 두 교사가 각 그룹의 이해 정도를 확인하며 지도한다. 두 교사가 여러 개의 그룹을 하나 하나 확인하며 학생들의 이해 과정을 지원한다. 그룹 지도 과정에서 특별 지도가 필요한 학생들이 보이면, 따로

그룹을 만들어 지도한다.

협동 지도 모델은 영어 학습자의 교과목 내용 이해도 향상은 물론 지도 교사들의 협동심도 이끌어 낼 수 있다. 또한 교사들은 서로의 지도 방법을 배우고 발전 시킬 수 있다.

교과목 난이도 낮춤 방지(Avoiding Watering Down the Curriculum)

교과목 담당 교사들은 영어 학습자에게 영어 원어민 학생 보다 쉽게 이해되는 어휘, 쉬운 개념, 일부 내용이 생략된 참여 활동 등을 사용하여 수업을 진행하고 있다. 하지만 난이도를 낮춰 진행한 교과목 수업은 오히려 영어 학습자들의 학년 수준에 맞는 교과 과정의 이해를 방해한다. 자기 학년 수준보다 낮춰 진행된 수업에 참여한 영어 학습자는 요구되는 학년 수준의 기초 지식을 쌓지 못한 채 학년이 올라가고, 이후 더 큰 부정적 효과가 나타날 수 있다. 교과목 내용을 단순화 하거나 난이도를 낮추어 지도하기 보다는 다음 사항에 집중하여 노력하면 더 큰 효과를 거둘 수 있다.

교과목 교사는 영어 학습자가 알아야 할 교과 내용의 중요 개념, 처리 과정, 관련 정보들을 영어를 지도하는 교사와 공유한다. 교과목에 포함된 주요 학문적 내용이 영어 학습자에게도 중요하게 인식되는 내용이 되어야 하며, 이런 각성을 위해 ESL 교사의 협조가 필요하다. 교과목 교사가 영어 학습자로 하여금 가장 중요한 개념에 집중할 수 있도록 도와 주면, 교과목 난이도를 낮추지 않고도 지도 성과를 얻을 수 있다. 가장 중요한 내용에 한정된 시간 자원이 투입되고, 업무 부담도 상당히 감소하게 되며, 학생들은 학습 성과 측면에서, 교사는 지도 효과 측면에서 더 생산적인 결과를 얻게 된다.

영어 학습자의 읽고 쓰는 능력 향상

영어 학습자를 위한 프로그램의 최고 목표 중 하나는 영어를 읽고 쓰는 능력, 즉 리터러시 능력을 제고하는 일이다. 앞서 우리는 영어를 읽고 쓰는 능력을 습득하는데 있어서 학생의 부모가 큰 영향을 미친다는 점을 알 수 있었다. Pransky(2009)는 영어 학습자의 성장 배경이 읽고 쓰기를 중시하는 공동체인지의 여부에 따라 학습 성과가 달라질 수 있다고 말한다. 읽고 쓰기를 중요시하는 환경에서 자란 학습자의 경우, 학교와 사회에서 성공할 준비를 이미 마친 상태나 마찬가지다. 이들은 자연히 또래 아이들과의 접촉이 잦고, 창의적으로 생각할 기회와 대화할 기회를 자주 가지며, 많은 어휘에 노출된다. 반면 교육을 중시하지만, 읽고 쓰기를 중요하게 여기지 않는 자녀의 부모는 통계상 정규 교육을 받은 기간이 짧고, 아이들이 어른과 같은 생각과 언어 능력을 향상시키는데 기초가 되는 상호 작용 내지 상호 공감의 시간을 충분하게 확보하지 못한다. 어떤 성장 배경이든 아이들은 똑똑하고 무한한 잠재능력을 가진 아이로 태어난다. 하지만, 성장 환경에 따라 즉 읽고 쓰기를 중요하게 여기는 문화에서 성장한 아이들은 학교 학습 과정이 충분히 준비되는 반면, 그렇지 못한 공동체의 아이들은 학과목 이해에 많은 어려움을 겪게 된다.

학생의 모국어와 영어 읽고 쓰는 능력을 향상시키기 위해 어떤 노출 방법을 사용할 것인가? 모두 알 수 있는 내용이지만, Gottlieb[2006]는 아래와 같이 정리하고 있다.

읽기 :	쓰기 :
신문	이메일
잡지	메모와 노트
브로셔	인쇄 정보
지도	목록
도로이름, 표지판	가족, 친구에게 편지
인터넷 정보	짧은 이야기
짧은 이야기	시
책	노래

교사는 학생이 말하는 정보를 해석하는데 항상 주의를 기울여야 한다. 질문을 통해 영어 학습자의 교육적 배경과 경험뿐만 아니라 학생의 음성 언어와 읽고 쓰는 능력에 관한 직관을 얻을 수 있다. 주의를 기울여 질문함으로써 얻는 직관은 학생들이 읽기, 쓰기를 강조하는 공동체 출신인지, 혹은 강조하지 않는 공동체 출신인지 알아낼 수 있고, 이는 학습 지도에 중요한 참고사항이 된다.

읽기, 쓰기 중심의 공동체 그룹이 아닌 영어 학습자에게는 다음과 같은 인지 기능 발달을 촉진하는 활동이 필요하다.

• 표준어 기능 발달 시키기

- 어휘 수 늘리기
- 초인지 학습 능력 키우기
- 개인적인 이야기 말해보기
- 두뇌의 집행기능 개발
- 의미론적 기억 강화
- 효과적인 마음 속 대본 만들기

읽고 쓰기를 중시하는 공동체 그룹에 속해 있지 않는 학생의 성공적인 교과목 지도 방법은 티칭 팁 6.3에 보다 상세히 설명해 두었다.

컴퓨터와 같은 기술 도구 사용

대부분의 영어 학습자들이 영어에 처음 노출되는 경험은 정규 수업이 아니라 여러 미디어를 통해서다. TV, 영화, 음악, 인터넷 등은 즐겁고 유용한 도구들이다. 이러한 여러 기술 도구를 교실에서 사용하는 것에 대해 신중한 태도를 취하는 교사들이 여전히 많지만, 적절히 사용하면 학생들의 적극적인 참여와 호응을 부를 수 있는 유용한 도구들이다. 기술 도구를 어떻게 활용할 것인가에 대한 사전 계획을 통해 영어 학습자의 영어 실력뿐만 아니라 교과목 성적도 빠르고 효과적으로 높일 수 있다. 기술 도구 사용은 아이디어 분석, 판단과 같은 수업 활동에서 비판적인 사고를 할 수 있도록 도우며, 관련된 과제의 실행 기능도 제고 시킨다. 컴퓨터와 같은 기술 도구 사용에서 가장 중요한 점은 '훌륭한 계획'을 통한 '적절한 사용'

이다.

　주의할 점도 있다. 기술 도구의 사용, 그 자체가 목적이 되어서는 안 된다. 부적합한 방법으로 기술 도구를 활용하다가 좌절감을 맛본 교사도 많다. 유용한 기술 도구 활용이 될 수 있도록 사용 방법을 체계적이고 전문적으로 배워야 한다. 교실에서 새로운 기술 도구를 적용하기 시작했다면, 일정 기간 동안 도구 활용 성과를 모니터링 해야 한다. 어떤 기술 도구를 사용할 것인지는 교실 내 학생들의 다양한 수준에 적합한 것을 선택한다. 당연한 말이지만 컴퓨터와 같은 기술 도구를 활용하는 목적은 교사의 지도와 학생의 학습 효과를 높이는 동시에 학생들로 하여금 여러 감각 기능을 동시에 활용하게 하는 것이다.

기술 도구를 활용한 학습은 주의력 유지에 어떤 영향을 주는가?

　학습자의 영어 능력 개발 과정에 기술 도구를 활용할 것인지 여부를 살펴보기 전에 다음과 같은 근본적인 질문을 던져보려고 한다. 컴퓨터와 같은 기술 도구 활용은 학생들의 주의력이나 집중력에 어떤 영향을 주는 것일까? 일부 교사들은 교실에서 기술 도구를 활용하여 수업할 경우, 각 수업 시간마다 미리 설정된 학습 목표에 집중적인 초점을 맞추는 시간이 줄어들기 때문에 역효과가 발생할 수 있다고 말한다. 이 점에 대해서 과학자들은 두뇌의 성장과 발달에 관한 연구 결과를 근거로 들며 설명한다. 우리가 잘 알고 있는 것처럼, 우리 두뇌는 끊임없이 변화한다. 또한 두뇌는 처해진 환경에서 주어지는 자극에 매우 민감하다. 학교에서 돌아오자 마자 2시간 동안 컴퓨터 게임을 하고, 이어서 2시간 동안 유튜브 영상을 보는 행위를 반복하게 되면, 그 학생의 두뇌는 반복되는 패턴과 자주 사용하는 기술 도구(컴퓨터 게임과 유튜브 보기)에 빠르게 적응하게 된다. 몇 개월 동안 지속된 반복과 연습으로 인해 이제 학생은 별다른 노력과 인지 에너지 사용 없이도 컴퓨터 게임을 잘할 수 있게 되지만, 안타깝게도 학생의 다른 학습 영역에는 부정적인 영향을 끼치게 된다.

오해 8: 교실에서 활용하는 컴퓨터와 같은 기술 도구는 영어 학습자의 학습 집중력 지속 시간(attention span)을 감소시킨다.

단지 기술 도구를 사용하는 것만으로 학생들의 학습 주의력 지속 시간이 줄어든다는 결과를 보여주는 연구는 아직 없다. 그런 단편적인 결론 보다 학생들이 아주 재미있어 하는 게임과 같은 기술 도구를 발견하면, 그 도구(여기에서는 게임)에만 대부분의 시간을 투자하기 때문에 교과목 학습에 투자할 시간이 부족하다는 것이 더 많은 의견이다. 다시 말하면, 기술 도구 사용이 학생의 주의력 유지 시간을 줄이는 것은 아니다. 하지만, 기술 도구의 성공적인 활용을 위해 '훌륭한 계획'과 '적절한 사용'이 중요하다는 점을 다시 언급하고 싶다.

기술 도구 활용의 이점

기술 도구의 적절한 사용은 영어 학습에 도움이 되고, 새로운 문화의 적응도 쉽게 해준다. 영어 학습 과정에서 얻게 되는 이점은 다음과 같다.

■ 학습자 중심 수업이 되게 한다. 기술 도구는 교사의 통제 하에 있
던 많은 정보를 학생들이 쉽게 획득할 수 있도록 해 준다. 학생들
이 복잡한 과제를 수행할 때 기술 도구를 이용하면, 상호 협동하게
되고, 학습과 관련하여 교사와 학생 간, 그리고 학생 동료 상호 간
의 유대가 강화되며, 학습에 대해 보다 긍정적인 자세를 갖게 된
다. 인터넷에서 요구하는 문제를 해결하면서 학생들은 같은 팀의
일원임을 느끼며, 상호 작용이 늘어나고, 팀에 대한 책임감도 커진
다. 책상에 앉아 책만 보는 것이 아니라, 상호 간의 협조를 통하여
학습 과업이 원활하게 수행될 수 있도록 적극적으로 도와주게 된
다. 기술은 생산성만 높이는 것이 아니다. 기술이 학습 과정을 발
전시키는 원천적 도구로 사용되면, 교사의 역할과 학생의 역할, 나
아가 학습 과정 자체가 바뀌게 된다. 이렇듯 교실이 학생 중심으로
변하면서, 교사를 학습 촉진자(facilitator)의 역할을 수행하게 만드는
시발점이 되게 한다.

■ 학습 경험을 풍부하게 해 준다. 기술 도구를 이용한 학습은 학습
과정 자체를 바꾼다. 인터넷은 정보를 보는 방법을 변화시킨다.
즉 정보를 어떻게 입수하며 어떻게 사용해야 하는지에 대한 개념
을 바꾸는 것이다. 인터넷은 엄청난 정보를 제공하면서, 사용자들
의 두뇌에서 여러 가지 상상력을 발휘하게 한다. 영어 학습자들을
의미 있는 내용에 접근하게 함으로써 학습을 더욱 풍부하게 만들
어주는 도구가 된다. 학생들은 미국 국립미술관을 가상으로 여행
하며, 유명한 예술 작품을 눈으로 보며 분석할 수 있다. 교과서에

315

한정되거나, 지엽적인 정보에 얽매이는 것이 아니라 수많은 자료에서 도출되는 상당한 정보를 이용하게 된다. 전 세계의 무대를 교실로 만들 수도 있다. 세계의 전문가들과 짝을 이루며 협력할 수도 있다. 이러한 활동들이 단지 영어 학습에만 중심을 두지 않고, 교과 관련 정보로 확대되면 교과목 내용 학습에도 가속도가 붙게 된다. 이러한 경험을 통해 영어 학습자들은 참여하는 학습 환경, 보다 높은 차원의 학습 환경에 들어가는 기회를 갖게 된다.

- 실시간 의사소통과 피드백이 가능하다. 오늘날의 학교 교실에서는 더 많은 사회적 교류, 학습자 간의 커뮤니케이션, 협동성 발휘 기회 제공 등 영어 학습자에게 가치 높은 기능을 모두 수행할 수 있게 해주어야 한다. 교사만이 유일한 전문가가 아니다. 영어 학습자도 지도자의 일부로 포함시킬 수 있을 정도로 그들만이 가진 경험이 있다. 기술 도구의 사용으로 영어 학습자는 자기 학습을 조정하고 스스로 주도할 수 있게 되며, 즉각적인 피드백을 할 수 있게 된다. 이제 학생들은 교사들의 직접적인 교육, 즉 교사의 말을 수동적으로 듣고, 그저 물끄러미 앉아서 쳐다보는 교육에만 더 이상 의존하지 않는다.

- 동기 부여가 쉽다. 컴퓨터와 같은 기술은 학생들이 영어에만 의존하지 않고, 문장의 의미를 파악할 수 있도록 하는 여러 가지 맥락들을 제공한다. 또한 학습과 연관되는 영어 단어의 의미를 파악하는데도 도움이 되며, 더 어려운 학습에 도전하는 동기 부여 역할도 한다. 기술 도구는 영어 학습자의 자율성을 향상시키고, 책임감을

드높이며, 성별 차이가 없는 환경에서 동일한 기회를 제공하여 동료들끼리 서로 합심할 수 있게 해 준다. 영어 학습자는 최신 기술 도구를 사용하여 학습하고, 다문화 사회와 접촉하며, 자신의 언어 기능을 확장해 나간다. 세상 만사에 대한 모든 해답을 얻을 수는 없지만, 더 이상 당황하지 않게 된다. 문제 해결에 대한 자신감이 쌓여 가는 것이다.

기술 도구 활용 과정에서 만나는 문제점

기술은 무서운 속도로 발전하고 있고, 영어 학습 과정에도 큰 영향을 미치고 있다. 기술 도구를 영어 학습 과정에 도입할 때 교사들이 직면할 수 있는 문제점들은 다음과 같다(Robertson, 2008).

- 기본 기능과 용어. 기술을 효과적으로 활용하기 위해서는 해당 기술을 이용하는데 필요한 기본적인 기능과 용어를 알아 두어야 한다.
- 활용 가능한 공간. 컴퓨터나 인터넷 접속 가능성을 살피는 것도 필요하다. 학교나 도서관에서만 활용하게 할 것인가, 아니면 가정 학습 과제로만 활용할 것인가, 어디서나 접속할 수 있게 할 것인가 등 학습 목적과 활용 가능 공간에 대한 사전 검토가 필요하다.
- 기술 활용 경험의 차이. 컴퓨터 사용 경험, 인터넷 활용 경험, 기타 학습 과정에 활용되는 기술 도구 사용 경험이 어떤지 학생들의 상

황을 미리 확인해 두어야 한다. 기술 도구 사용 경험 차이는 쉽게 극복 가능하다. 무엇보다 기술 도구는 학생마다 차이가 있는 학습 발달 과정을 개인별로 맞춰 진행할 수 있다는 장점이 있다.

- 시설 확보. 많은 학교와 교사들이 기술 도구 확보에 상당한 비용을 투자하고 있으나, 끊임없이 발전하는 기술 도구를 그때 그때 완벽히 준비한다는 것은 쉬운 일이 아니다. 현재 준비된 도구를 적극 활용하며, 지속적인 관심을 기울이는 것이 필요하다.

- 최신 기술 동향. 교사들이 기술 도구, 정보, 최신 기술의 변화 추이를 매 순간 사전에 알고 준비하는 것은 어려운 일이다. 꾸준히 관심을 두고, 교사가 처한 상황에 맞춰 최선의 의사 결정을 하면 된다. 새로운 기술 도구, 새로운 용어와 정보, 변화 추이 등을 살펴보며, 향후 학생들에게 어떤 영향을 미치게 될 것인지를 생각해 보고 토론한다.

여러 가지 극복해야 하는 과제들이 있지만, 효과적인 영어 학습에 도움이 되는 기술 도구들의 활용 기회를 회피해서는 안 된다. 티칭 팁 6.4는 영어 학습자의 기술 도구 사용을 도와주는 전략, 티칭 팁 6.5는 영어 학습자의 영어 학습에 도움이 되는 기술 도구 활용 방법을 제시한다.

결론

미국 내에서도 영어를 배워야 하는 학생들의 수가 크게 증가하고 있다. 영어를 배워야 하는 학생들이 학교 수업 시간은 물론 지역 사회 일원으로 성공적으로 적응할 수 있도록 최대한의 기회를 제공하고 만반의 준비를 해야 한다. 학생들의 학습과 관련 있는 모든 관계자들은 영어를 배우는 학생들이 겪는 언어적, 문화적 고충과 배경을 이해하고 있어야 한다. 영어 교육 제도와 평가 전략은 각 학생의 수준, 그리고 학생이 성장한 독특한 문화적 배경을 감안하여 수립되어야 한다. 어떤 학생도 학습에서 뒤처지지 않도록 지원해야 하며, 정규 수업 과정 진행 속도를 버거워 하는 학생들을 배려해야 한다. 나아가 모든 학생이 학생 자신의 잠재력을 완전히 발휘할 수 있도록 가급적 많은 기회를 제공해야 한다.

이제 우리는 서론에서 던진 질문(이미 알고 있는 내용들은 무엇인가?)에 대한 답이 모두 '아니오'라는 사실을 알게 되었다.

종합 정리 :

영어 습득과 관련된 오해 극복

학생들에 대한 인식이 잘못되면 수업 내용을 제대로 결정하지 못하게 된다. 교과 과정과 교육, 평가와 관련한 사항들이 연구 결과대로 진행되도록 하기 위해서는 영어 학습자의 영어 습득에 대한 그릇된 인식을 파악해야 한다. 흔한 오해와 오해를 수정하는 전략은 다음과 같다.

- 상보적 교수법을 사용한다. 상보적 교수법은 영어 학습자가 참여하는 수업으로, 성공적으로 활용되고 있다. 교사가 먼저 각각의 역할을 시범적으로 보여주고, 교사–학생 각각의 역할 수행 과정에서 필요한 용어들을 강조하여 가르친다. 영어 학습자가 자신의 역할을 실행해 보고, 서로 역할을 바꿔가며 반복적으로 진행한다.

- 교과목에서 사용하는 어휘를 자주 연습하도록 한다. 영어 학습자가 영어에 노출되고, 주변 사람과 상호 작용하는 것만으로는 교과목 수업에 필요한 어휘가 충분히 학습되지 않는다. 상호 소통하는 상황에서 배우는 내용이 어떤 의미인지 서로 의견을 나눌 수 있고, 새로운 교과목 어휘를 사용해 볼 수 있는 확실한 기회를 제공해야 한다.

  — 학습자가 구어체나 문어체의 교과목 영어 발전에 기여할 수 있도록 교과목 내에서 특별하게 사용되는 문장이나 구문 구조에 주의하며, 적절한 피드백을 제공한다.

– 학습자의 구두 표현 능력에 맞는 적절한 응대 방법을 고려하며, 특히 난이도 높은 질문에 대답할 수 있는 기회를 제공한다. 예/아니오 대답하기, 단답형으로 답하기, 논리적으로 말하기 등의 방법을 사용하되 학습자의 수준을 미리 고려한다.

– 일기나 쓰기 활동을 지도할 경우, 학습자가 어휘를 잘 못 사용했거나 어법상 틀린 부분을 직접 수정해주기 보다는, 학습자의 생각을 분명히 드러낼 수 있도록 적합한 어휘와 올바른 어법 형태를 알려주어, 스스로 다시 써 볼 수 있는 기회를 제공한다 (Cloud, Genesee, & Hamayan, 2000; de Jong & Derrick-Mescua, 2003).

■ 교사의 지도 전략이 학습자에게 적절한 것인지 점검해 본다. 영어 학습자는 대부분의 시간을 교과목을 배우며 지내고, 교과목 관련 지도는 대부분 영어로 진행된다. 영어를 배우는 학생들은 영어를 배우는 동시에 교과목 학습에 필요한 사항들도 이해해야 한다.

– 협동 학습을 실시하는 경우, 영어 학습자가 영어 학습 관련 요구 사항이나 과제에 적절하고, 적극적으로 참여할 수 있도록 관심을 기울여야 한다.

– 영어 읽기와 쓰기 학습을 도와 준다. 영어 학습자의 영어 읽기와 쓰기 능력 개발을 돕기 위해 관계되는 교사들은 함께 노력해야 한다.

– 이미 알고 있는 단어나 동일 어군 지식을 쌓아가도록 도와준다. 한국인 혹은 중국인 학습자에게는 영어 철자와 소리의 연관성에 대해 더 깊이 이해할 수 있도록 세심하게 지도한다.

— 과제물을 제시하기 전에 핵심적인 질문을 하거나 핵심 단어에 집중할 수 있도록 영어 학습자의 직접 경험과 배경 지식을 도출하고 이와 관련된 토의 시간을 갖는다. 읽기 수업을 시작하기 전에 중요한 개념, 어휘, 질문할 내용 등 학습자의 이해 수준을 미리 파악한다.

■ 학습자는 교과목 내용과 영어 유창성을 동시에 습득해야 한다. 교과목 개념을 정립하며, 동시에 영어 능력이 향상될 수 있는 수업 계획을 준비해야 한다.

— 학습자에게 특별한 문제가 될 수 있는 교과목상의 영어 관련 애로 사항들을 확인한다. 교과목 관련 전문 용어는 영어 학습자의 교과목 학습에 장애 요소가 되기 쉽다.

— 교과목 내용과 영어 수업을 동시에 진행할 경우, 높은 영어 실력이 요구되는 활동은 가능한 줄이도록 한다.

— 교과목 내용과 영어 실력을 동시에 향상 시킬 수 있는 활동 계획서를 작성하고, 사용한다.

■ 학습자의 행동에 영향을 미치는 요소를 이해한다. 영어 학습은 학습자의 개인별 특성에 따라 복잡한 양상을 보인다. 각 개인별 특성과 행동을 몇 마디로 간단히 줄여 설명하기는 어렵다.

— 수업 시간에 침묵하는 영어 학습자를 동기가 부족하거나 능력이 없는 학습자라고 단정해서는 안 된다. 학교 수업 과정에서

문화적인 혼란이나 영어 수업 과정에서 소외감을 느끼는 것은 아닌지 살펴보아야 한다.

- 영어 학습자의 행위 속에 잠재되어 있는 언어적, 문화적 배경을 추정하고 검토한다.

- 영어 학습자의 행동을 이해하고, 설명하기 위해 고려되어야 할 몇 가지 요소는 다음과 같다. (1) 성격, 동기, 태도 등과 같은 감정적 요소 (2) 문화적, 교육적 배경 (3) 모국어 읽기 쓰기 수준 (4) 나이 (5) 학습 방법

- 학습자의 이전 교육 경험이 영어권 문화의 이해 과정에 어떻게 연결되는지를 알아둔다. 나아가 영어 학습자의 모국어와 영어 간에 나타나는 차이점과 유사점을 확인한다.

학습 계획 수립 시 고려할 사항

영어 학습자를 위해 보다 효과적인 학습 환경을 만들어 주도록 해야 한다. 다음의 여러가지 아이디어 중에서 적용하기 쉬운 것들을 골라 교과목 수업에 적용해 보기 바란다. 대부분 학생들에게 유익한 활동이며, 영어 학습자들의 수업 참여도와 교과목 이해도 향상 정도를 가늠해 볼 수 있다.

수업 전

- 학생의 영어 성취도를 평가한다. 수업 중이나 수업을 마친 뒤 기대하는 성과를 미리 설정한다.
- 계획한다. 교사 스스로 다음 질문을 해 봄으로써, 영어 학습자에게 내용을 어떻게 이해시킬 것인지 생각한다.
  - 학습자의 기존 지식과 교과목 내용을 어떻게 연결시킬 것인가?
  - 새롭게 배우는 내용의 전후 관계 연결을 도와주는 배경 정보를 어떻게 이용할 것인가? 수업 목표에 맞고, 수업 중에 사용할 소리 내어 읽을 문장 등 교육 활용 자료는 준비 되었는가?
  - 교과목 내용과 관련되는 어휘는 어떻게 발전시킬 것인가? 어떤 시각적 도구들이 필요한가?
- 활동 계획은 시각, 청각, 촉각 등 이용하는 학습 방법을 고려하여 결정한다.

- 수업 전에 지도, 차트, 그림, 플래시 카드 등 수업 보조 물품들을 준비한다.
- 학습 활동에 필요한 단어 목록을 준비한다.
- 핵심 개념을 설명하는 간단한 영어 문장을 미리 준비한다. 중요하지 않은 구체적 사항들은 삭제한다.
- 가르치고자 하는 주제나 내용보다 읽기 난이도가 낮은 비소설 목록을 준비한다.

수업 중

- 학습자가 관련 주제 혹은 진행 중인 수업에 대해 어떤 것들을 알고 있는지 확인한다.
- 구체적인 개념과 단어를 먼저 소개한다. 개념과 단어를 분명히 이해한 다음 추상적인 개념을 지도한다.
- 말로 전달할 때에는 학생들에게 혼란을 줄 수 있는 숙어를 사용하지 않도록 하며, 가능한 단어와 문장의 구조를 단순하게 만든다.
- 학생들이 중요한 정보를 제대로 인지할 수 있도록 강조 방법을 사용한다.
- 가능하다면 구체적인 사례와 실제 생활에서의 경험을 제시한다.
- 수업 중에 학생들이 질문에 쉽게 반응할 수 있도록 질문할 내용을 미리 알려 준다.
- 여러 도식을 이용하여 정보를 범주화 하는 방법을 가르쳐 준다. 마

인드 맵이나 스토리 맵 등 도식을 이용하면, 배우고 토론하는 내용 간의 관계를 보다 빠르게 이해할 수 있다.

- 중요한 개념과 단어는 적절히 반복하여 사용하고, 주기적으로 이해 수준을 확인한다.

- 학생들에게 교과목 교재에 나오는 핵심 단어의 정의를 스스로 찾아보게 한다.

- 학생들이 사용하는 교과서와 친숙해 질 수 있는 기회를 더 많이 제공한다(목차, 어휘 사전, 색인 등 이용).

- 어떤 과정을 거쳐 생각을 정리하는지 그 과정과 절차를 보여주기 위해 생각 소리 내어 말하기(think-alouds, 생각 구술) 방법을 사용한다.

수업 후

- 잘 정리된 영어 원어민 학생의 노트를 공유하도록 한다.
- 수업 내용과 관련된 영상을 자막 없이 보거나, 테이프로 듣게 한다.
- 교과목 단어와 배운 내용을 다시 확인할 수 있도록 끝말잇기, 같은 의미를 갖는 단어 말하기 활동 등을 실시한다.
- 교과목 관련 개념과 영어 구사 능력이 향상 될 수 있도록 짝과 함께하는 활동 및 소규모 그룹 활동을 실시한다.
- 학생의 영어 실력에 맞는 적절한 과제를 제시한다.
- 학생 자신이 배운 내용을 드러낼 수 있도록 다양한 방법을 사용하여 평가 한다.

영어 읽기와 쓰기 능력 배양

읽고 쓰는 활동에 큰 관심이 없는 가정에서 자란 학생은 읽고 쓰기와 관련된 연습 부족으로 인해 학교 수업을 어렵다고 느낀다. 성장하는 동안 읽고 쓰기 연습을 제대로 못한 학생의 읽고 쓰기 능력을 향상시키기 위해 다음의 방법들을 제안한다(Pransky, 2009).

- 표준어 기능 발달 시키기. 영어 학습자는 서툴지만 이미 습득한 수준의 영어로 자신의 지식, 능력, 글쓰기 등을 다른 학생들에게 드러낸다. 학생들의 현재 영어 실력이나 사용하는 어휘를 통해 정규 교육 과정 이수 정도를 파악할 수도 있다.
  - 학생에게 표준 어휘나 표준 발음을 사용하도록 격려할 경우에는 보다 더 사려 깊고 학생의 감정을 배려하는 방법을 사용해야 한다. 영어를 배우는 학생이 교실에서 사용하는 영어와 학생의 가정이나 자주 부르는 노래에서 사용하는 영어 발음들을 비교해 보도록 한다.
  - 학생이 사용하는 영어를 교정해 줄 때, 교정 방법에 특별히 주의해야 한다. 학생의 영어 발음이나 어휘의 사용 방법을 "틀렸다"라고 말해 버리면, 학생의 자존심과 동기에 상처를 줄 수 있다. 이후 틀리지 않으려는 노력은 하지만, 입을 닫고 소극적으로 변할 수도 있다.

■ 어휘 수 늘리기. 제3장에서는 언어 습득 과정, 특히 읽기 학습과 관련된 단어의 중요성을 살펴보았다. 어떤 계층의 가정에서 성장했는지에 따라 학생들 간에 사용하는 단어 수에 큰 차이가 있다는 연구 결과가 있다(Beck, McKeown, & Kucan, 2002). 읽고 쓰는 교육이 부족한 가정에서 성장한 아이들의 경우, 영어에서 공통적으로 사용되고 있는 동의어에 관한 이해가 크게 부족했다. 교과목 내용을 이해하고, 보다 더 고학년으로 진학하기 위해서는 공통적으로 사용되는 동의어를 반드시 알아두어야 한다.

  ― 색인 카드 게임, 나이에 맞추어 조절된 TV 게임 쇼, 단어 분류 게임, 각종 도식, 단어장 등과 같이 어휘 학습에 도움이 되는 활동들을 다양하게 실시한다. 이러한 활동들은 영어 학습자의 어휘력을 확장시켜주고, 의미가 어떻게 만들어지게 되는지에 대한 이해력을 넓혀준다.

■ 초인지 학습 능력 키우기. 초인지(metacognition)는 자신의 사고 과정을 알아채는 능력을 말한다. 모든 아이들은 성장해 가면서 자신의 초인지 역량을 개발해 나간다. 다만, 읽기, 쓰기 교육에 관심이 많은 가정에서 자란 아이들의 초인지 역량이 다른 아이들보다 이른 시기에 개발된다.

  ― 영어 학습자의 초인지 역량 개발에 도움이 되는 퍼즐과 같은 기능성 게임을 실시한다. 학생이 퍼즐 문제를 어떻게 풀어내는지 관찰해 보면, 그 학생이 다른 문제들을 어떻게 다루게 될 것인

지 짐작할 수 있다. 학생에 대한 관찰 정보를 사용하여 교과목 학습 과정에서도 초인지 역량을 발달시킬 수 있도록 도와준다.

— 학생들이 이미 잘 알고 있는 지식이 담긴 자료를 이용하여, 학생 스스로 생각하는 과정에 집중할 수 있도록 한다. 예를 들어, 문제 풀이의 과정과 절차가 중요한 수학 문제를 풀이하면서 절차를 따르지 않는 학생이 있다면, 이 학생에게 알려 줄 사항은 문제를 푸는 것이 목적이 아니라 풀이 과정과 접근 방법이 중요함을 강조해주는 일이다.

— 학생 스스로 자신의 학습 과정을 성찰해 보도록 한다. 배우고 있는 내용에 대한 것이 아니라, 학습 과정에 대한 성찰이 중요하다. 잘하게 된 것은 무엇인지, 어떻게 알게 되었는지, 같은 일을 다음날 다시 반복하면 더 잘할 수 있을 것인지, 그렇게 생각하는 이유는 무엇인지 등에 관하여 생각해 보도록 한다.

— 영어 학습자들이 학습과 무관한 활동에서 발생한 문제를 어떻게 해결했는지 기록하고, 적절한 사례를 제시한다.

■ 개인적인 이야기 말해보기. 지역과 문화에 따라 이야기를 전개하는 방식이 다르다. 하지만 문화적 차이와 성장 배경, 어떤 언어를 사용해 왔는지에 관계 없이 사람들의 생각은 서로 연결되는 지점이 있다. 개인적인 경험을 여러 사람 앞에서 말해 보는 것은 이야기를 전개하는 기술을 발달시킨다. 이야기의 전개 능력은 고학년으로 올라가면서 학생들에게 꼭 필요한 교과서 속의 내용 파악 기

술에 긍정적 영향을 미친다.

— 이야기를 풀어나가는 법을 알고 그 과정에서 특별히 사용하는 언어도 알고 있어야 한다. 이는 학생 지도에 매우 중요한 요소이다.

■ 두뇌의 집행 기능 개발. 집행 기능은 두뇌의 앞부분에 위치한 전두엽이 관장한다. 전두엽은 다양한 정보를 관리하고, 처리한다. 초인지 역량과 마찬가지로 집행 기능 역시 아이들의 성장과 함께 점차 발달한다. 성장 과정에서 읽기와 쓰기 교육 환경에 더 많이 노출된 아이들의 경우 두뇌의 집행 기능이 더 빨리 개발된다.

— 문제 해결 과정에 그래픽을 이용하면, 생각하는 방법과 단계별 대안 마련에 도움이 된다. 예를 들어 어떤 그림이나 사진에서 학생들이 알아야 할 중요 단어와 관련된 특정 부분만 확대해서 보여주는 '확대 그림' 등의 활동은 단어 학습에 효과적이다. 핵심 내용만 축약하여 그린 아이콘을 이용하는 방법도 좋다.

■ 의미론적 기억 강화. 경험으로 얻어지는 일화적 기억과 대응되는 의미론적 기억은 특정 사실과 관련된 정보를 얻는 것을 말한다. 어떤 학생이든 의미론적 기억이 잘 정돈되어 있으면, 성공적인 정규 교육 과정 수료에 중요한 요건을 갖췄다고 볼 있다. dog라는 단어의 의미론적 기억은 동물, 포유류, 네 발 달린 동물, 짖는 동물이라는 기본 특징을 떠올리는 일이다. 의미론적 기억이 제대로 정돈되

지 않았거나 조직화 되지 못한 학생은 학습 진척도가 느리고, 읽기와 쓰기 학습에서 더 나아가 설명문을 읽을 경우에 특히 많은 어려움을 느낀다(Booth, Bebko, Burman, & Bitan, 2007).

– 의미론적 기억은 풍부한 어휘력이 바탕이 된다. 벤 다이어그램 등 단어에 대한 의미 이해 강화 활동을 실시하도록 한다.

– 학생들이 이미 잘 알고 있는 내용물이 갖고 있는 속성과 관련된 범주로 그 의미를 확장시킨다. 초등학생의 경우 정사각형, 직사각형, 삼각형, 혹은 동물과 식물 등을 관련되는 다른 형태나 특징 혹은 차이점을 비교하고 대조한다.

■ 추상화와 일반화를 편하게 대하기. 읽기 학습에서, 나아가 각자의 분야에서 성공하기를 원한다면 추상적인 내용을 편한 마음으로 대하는 것이 중요하다. 어떤 사항을 일반화 시킬 수 있는 능력은 특수한 학습 행위에서 보다 더 폭넓은 의미를 이끌어낼 수 있는 능력이다.

– 수업 중 배운 내용을 일반화하지 못하고 어려워하는 학생에게는 학교 밖의 경험과 관련된 일화를 떠올리게 한다. 학교에서 배운 내용이 특별한 것이 아니라, 일상 생활에서 쉽게 사용될 수 있는 지식과 정보라는 것을 알 수 있도록 하는 활동이다. 반대의 상황을 연습하는 것도 필요하다.

■ 효과적인 마음 속 대본 만들기. 새로운 학습이 시작되면, 그 상황

에 적응하고 마음을 가다듬기 위해 마음 속으로 말하게 된다. 어떤 탐구 과제를 완성하라는 지시를 받을 경우, 읽고 쓰는 교육을 제대로 받은 학생은 작은 소리로 다음과 같이 말할 것이다. This is similar to a problem we faced last week. I think I remember how we solved that one. I'll get started(이건 지난주에 풀었던 문제와 비슷해. 나는 그 문제를 어떻게 풀었는지 기억할 수 있어. 이제, 풀어볼까.). 반면 읽고 쓰는 교육을 제대로 받지 못한 아이들은 당황하며 다음과 같이 말할 것이다. Where is the teacher? I'm not sure what I am to do here(선생님 어디 계시니? 난 지금 뭘 어떻게 해야 할지 모르겠어.).

— 이전의 학습이 성공적이었든, 그렇지 못했든 관계없이 지난 일들을 떠올리고 비슷한 일이라고 생각될 경우에는 이전 보다는 더 나은 선택을 할 수 있도록 학습 기록장을 쓰고, 마음 속으로 말해 보는 연습을 하도록 한다. The next time I have this type of problem, I plan to .... (다음에 또 같은 문제가 나오면, 나는 ..... 할 것이다.)

— 과업 지향적인 학생이나, 속 마음을 잘 드러내지 않는 학생에게는 과업을 시작하기 전에 이전에 적어 두었던 학습 기록장을 살펴보라고 한다.

자신의 잠재 능력보다 낮은 성적을 보이는 학생들도 자신을 격려해 주는 수업이 진행되면 읽고 쓰는 능력이 점차 발전한다. 물론 격려만으로 개인별 성취도가 갑자기 나아지는 것은 아니다. 여기서 제안한 여러 전략들은 체계적이고 일관성 있는 연습을 위한 것으로 교실 수업(수업 과제)에 즉시 적용할 수 있다. 읽기, 쓰기 능력 발전이 느린 영어 학습자에게 이 방법을 체계적으로 적용하면, 읽고 쓰는 일이 강조되는 환경에서 성장한 다른 학생들처럼 학업을 성공적으로 마무리할 수 있다.

영어 학습자의 기술 도구 활용 전략

교과목 내용의 이해, 의미 있는 의사 소통 능력의 향상 등을 위해서는 기술 도구를 활용한 교육 방법에도 관심을 두어야 한다. 영어 학습자가 보다 쉽게 기술 도구를 활용할 수 있는 몇 가지 전략들을 소개하면 다음과 같다(Langer de Ramirez, 2010; Robertson, 2008).

- 기술 도구 활용에 필요한 기초 용어를 익힌다. 기술 도구와 관련된 특수 용어들이 많다. 아주 어린 아이들의 경우 마우스(mouse)는 쥐라는 동물을 지칭한다는 것을 알지만, 컴퓨터의 커서를 움직이는 기구를 지칭한다는 것은 모를 수도 있다. 전문적인 기술 관련 용어를 효과적으로 지도하는 방법은 다음과 같다.
  - 학생들이 무엇을 알고 있는지 파악한다. 학생들을 소규모 그룹으로 나눈다. 그룹별로 서로 다른 단어 목록을 제공한다. 각 그룹 내에서 학생들이 이미 알고 있는 단어에 대한 토론을 하고, 적절한 사용법을 확인하는 차원에서 단어의 여러 의미를 써 보도록 한다. 그룹에 배정된 목록의 단어에 대한 토론을 마치면, 각 그룹에서 토론한 내용을 전체 학생들과 함께 토론하게 한다.
  - 기본적인 단어는 미리 알려 준다. 학생들이 자주 만나는 기술 도구와 관련된 기본적인 용어를 알려 준다. 예를 들면, 마우스(mouse)나 스크린(screen), 커서(cursor), 메뉴(menu)와 같은 단어들과

클릭(click), 더블클릭(double-click), 스크롤(scroll), 하이라이트(highlight) 등과 같은 단어들은 미리 알려 주도록 한다.

— 직접 보여 줄 수 있는 시각 자료나 실물을 이용한다. 학생이 눈으로 보거나 직접 만져 볼 수 있는 실물을 이용하면, 기술 도구와 관련된 단어의 의미를 더욱 확실하게 이해하고 기억할 수 있게 된다.

— 제대로 이해하고 있는지 확인한다. 단어를 얼마나 이해하고 있는지 확인하기 위해, 새롭게 배운 단어를 설명하게 한다. 두 명씩 짝을 지어 상호 질문하기, 영어를 사용하거나 학생의 모국어를 이용한 단어 정의하기, 이해한 내용을 그림으로 그리기 등의 방법을 사용하면 된다.

■ 인쇄물을 이용한다. 교실 앞쪽 스크린 위의 내용을 모든 학생들이 똑같이 따라가기는 어려울 것이다. 개별 학생마다 이해 수준이 다르고, 읽는 속도도 다르기 때문이다. 자칫 학생 별 격차가 커지는 원인이 될 수도 있기 때문에 주의해야 한다.

— 스크린에 보여주는 자료와 똑같은 내용의 인쇄물을 보조적으로 사용하는 것도 좋은 방법이다. 화면이 바뀌는 속도를 놓치는 경우라도 같은 내용을 어렵지 않게 다시 볼 수 있고, 학생들 스스로 중요하다고 생각되는 항목에 표시해 놓을 수도 있기 때문이다.

- 기술 도구를 처음 사용하는 학생을 위해 간단한 과제물을 만든다. 새로운 기술 도구를 활용할 때는 학생들이 이미 알고 있는 내용부터 사용법을 안내하는 것이 좋다. 예를 들어, 문서 도구(워드 프로세스) 사용법을 배우는 학생들이라면, '표준 서식 작성 기능'과 같은 어렵고 생소한 용어가 아니라, '글자 크기,' '글자체'와 같이 익숙한 것부터 가르치는 것이 좋다. 기술 도구를 어렵다고 느끼기 보다는 쉽고, 편리한 것이라는 생각을 갖게 해 줄 것이다. 시간이 흘러 일정한 수준에 이르면, 학생들 스스로 새로운 기능을 배우고, 익히는 단계로 접어들게 된다.

학생들은 기술 도구 사용법을 배우며, 영어로 된 사용 설명서의 내용을 이해하기 위해 노력하게 될 것이다. 정규 수업 시간만으로 부족할 경우에는 보충 수업 시간이나 교사 상담 시간을 추가한다. 기술 도구를 활용하지 못하면, 학습 과정에서 뒤처질 수 있기 때문이다. 교사의 지도 시간 확보가 어려울 경우에는 기술 도구를 익숙하게 사용하는 학생과 초보 학생을 짝지어 주는 방법도 좋다.

- 두 명씩 짝을 지어 학습하기, 소규모 그룹으로 학습하기. 새롭게 배워야 하는 학생과 이미 능숙하게 사용하는 학생을 두 명씩 짝지어 주거나 소규모 그룹으로 만들어 학습을 진행하면, 용어 이해는 물론 읽고 쓰는 연습에도 도움이 된다. 친한 동료와 사전에 연습하는 시간을 갖는다는 의미로 이와 같은 활동을 리허설(rehearsal)이

라고 부르기도 한다. 리허설은 내용 이해와 기억을 도와주며, 학습 효과도 더욱 좋아진다. 학생들에게 처음 접하는 새로운 정보나 낯선 단어, 기술 도구 관련 정보가 동시에 밀려 들면, 필요한 학습 내용의 일부만 배우게 된다. 새로운 정보와 기술, 용어를 배우는데 있어 짝을 지어 주거나 소 그룹 활동을 독려하면, 학생마다 사전에 배운 지식이 활성화되고 이전되며(전이), 학생들끼리 서로 배워 더 오랫동안 기억할 수 있게 된다.

■ 연관된 학습 목표를 제시한다. 학생은 자신이 배우고 있는 교과 내용에 실제로 기술 도구가 활용되면, 기술 도구 활용법은 물론 배우는 교과 내용에 대한 학습 동기도 더욱 커진다.

— 기술 도구 사용법을 말로 설명하는데 그치지 말고, 실제 사용해 볼 수 있는 작은 목표를 제시해 준다. 목표 활동이 교과목 수업과 관련되면 더욱 좋다.

— 모든 학생들이 쉽게 이해할 수 있고 잘 알려져 있는 기본적인 정보를 이용하는 것이 좋다. 예를 들어, 보고서 작성에 사진 한 장을 꼭 넣을 것, 세 개 문단 이상으로 작성할 것, 자료 출처와 인용 출처 등을 꼭 기재할 것 등과 같이 필요 사항을 자세히 설명해 주어야 한다.

■ 온라인 접근 자료에 대한 출처 확인과 인용 출처 기재 방법을 가르친다. 온라인은 방대한 정보 접근이 가능하다. 손쉬운 온라인 정

337

보는 진위 구별도 쉽지 않다. 어린 학생들이 무분별하게 가짜 정보를 받아 들일 위험도 있다. 온라인 정보에 대한 무조건적 신뢰보다는 공공기관 등에서 운영하는 공식적인 사이트나 교사, 부모 등 성인들에게 문의하는 과정도 필요하다는 점을 꼭 인지시켜야 한다.

— 정보의 출처를 확인하고, 학생들이 정보를 이용할 때 출처를 기재하도록 지도해야 한다. 어디에서 얻은 정보인지, 어느 사이트에서 배우게 되었는지를 밝히는 과정에서 학생들 스스로 믿을 만한 정보의 원천이 어떤 것인지를 배우게 된다.

학생들의 영어 실력을 향상을 돕는 기술 도구 활용 방법

영어 학습자의 듣기, 말하기, 읽기, 쓰기 능력 개발을 돕는 기술 도구는 어떻게 활용하는 것이 좋을까? 아래에 몇 가지 방법들을 정리하였다(Kottler, Kottler, & Street, 2008).

- 영어로 된 영상과 음악 활용을 권장한다. 시트콤, 음악 비디오 등은 영어의 소리와 표현법에 대한 감각을 높여 준다.

- 원어민 음성 파일을 이용하여 발음을 개선한다. 영어 원어민 학생이나 교사의 목소리를 듣게 한다.

- 어려운 주제 활동 수업의 경우 수업 내용을 녹화하는 것도 좋다. 학생들이 자신의 이해 속도에 맞춰 영상을 다시 맞춰 볼 수 있기 때문이다. 학생들의 발표 모습을 주기적으로 녹화하여, 시간의 경과에 따라 영어 발표 실력이 얼마나 향상되고 있는가를 확인할 수 있다.

- 영어 읽기를 배우는 학생들에게 읽기 유창성 개발을 돕는 음성인식 영어 낭독 컴퓨터 프로그램 사용을 권장한다. 교사나 부모가 읽기 연습을 하는 모든 순간을 학생 옆에서 기다려 줄 수 없기 때문에 교사와 부모를 돕는 보조 도구를 사용하면 매우 효과적이다.

- 읽기 학습을 도와주는 퍼즐 게임은 단어 연습에 좋다. 초등학교 1학년 학생도 파워포인트와 같은 발표용 도구 활용법을 배워 자신

이 읽은 이야기 책을 설명하거나 관심 지역을 소개해 볼 수 있다.

- 영어 이메일 사용 기회를 갖는 것도 좋은 방법이다. 여건이 허락된 다면 실시간 화상 미팅도 좋다. 다만, 어린 학생들의 화상 미팅은 교사와 부모의 세심한 관심이 있어야 할 것이다.

제6장
생각해 보아야 할 핵심 내용

조금 더 자세히 살펴 보아야 할 부분이라고 생각되는 핵심 내용, 개념, 전략, 자료들을 적는다. 아래 사항은 개인 학습 정리 노트이며, 기억을 되살리는 참고 자료가 된다.

341

용어 해설

Academic language fluency(교과목 언어 유창성). 학생의 학업 성적이 손상되지 않는 정도의 복잡성으로 구어체 영어(또는 다른 언어)를 사용하는 능력.

Affixes(접사). 어근에 붙는 접두사(pre-, re-, un- 따위)와 접미사(-able,-ful, -or 따위).

Alphabetic principle(알파벳 원리). 발음된 단어의 소리는 음소로 분리되며, 철자로 구성된 단어는 음성 언어의 음소를 표상한다는 원리.

Aphasia(실어증). 두뇌 손상 등의 결과로 인한 언어 능력의 감퇴 혹은 손실 증상.

Axon(축색돌기). 하나의 뉴런에서 다른 뉴런으로 신호를 전달하는 긴 섬유질.

Bilingual education(이중 언어 교육). 외국어(본 책에서는 영어) 학습자를 위한 프로그램으로 수업의 일부분은 학생의 모국어로 받으며, 학생의 학년 수준에 맞는 내용으로 배우도록 하여 학업 성공 가능성을 높이기 위한 전략.

Broca's area(브로카 영역). 언어의 발성과 관련되는 곳으로 좌반구 뒷부분에 위치한다. 단어와 언어 구조, 문법 등과도 관련된다.

Cloze(빈칸 채우기). 음성 언어나 종이를 이용한 평가 방법 중 하나로 학생들은 문장에서 생략된 단어를 찾기 위해 문맥의 단서를 사용한다.

Code-switching(코드 변환). 한 개의 구 또는 문장에서 두 개의 언어를 결합하는 것을 의미한다. 대화 중 모국어와 외국어를 바꿔가며 사용하는 것을 말하기도 한다.

Cortex(피질). 뉴런들 및 뉴런들이 접합(시냅시스) 되어 있는 두뇌의 바깥부분

Dendrite(수지상 돌기). 접합(시냅시스) 접촉을 통해 인접한 뉴런의 자극을 받아 들이는 뉴런 몸체로부터 가지처럼 뻗어나간 것. 다른 뉴런으로부터 정보를 받아들인다.

Dialect(방언). 하나의 언어 안에서 단어, 문법, 발음, 대화의 규칙 등이 변형되어 나타난 형태.

Diphthong(이중모음). 하나의 모음으로부터 시작하여 다른 모음으로 이전하는 2개 문자의 복잡한 소리. moisture에서의 모음 oi, cow에서의 모음 ow 등이 이에 해당된다.

Dyslexia(난독증). 여러 가지 원인으로 읽기를 심각하게 어려워하는 증세. 읽기와 쓰기에서 고착화된 문제로 인한 학습 문제로 확장되기도 한다.

Early Modern English(초기 근대 영어). AD 1450년부터 1700년까지 세익스피어 시대의 구어체 영어.

English Language Learners(ELLs/영어 학습자). 영어가 모국어가 아닌 영어를 배우는 학생들. 부족한 영어 능력 때문에 같은 학년의 영어 원어민에 비해 교과목을 이해하는 데 어려움을 겪는다.

Fluency(유창성). 어떤 언어를 빠르고 정확하게 말하고, 읽고, 쓸 줄 아는 능력.

Frontal lobe(전두엽). 높은 수준의 사고, 문제 해결, 감정 시스템의 억제 등을 관장하고 있는 두뇌피질의 전반부.

fMRI(기능성 자기공명 영상). 뉴런의 높고 낮은 활동영역을 기록하기 위해 뇌의 혈류를 측정하는 기구.

Grammar(문법). 어떤 언어 안에서 단어와 문장이 정확하고 적절한지를 결정하는 공식적인 법칙의 총체.

Grapheme(문자소). 어떤 단어의 철자 속에 있는 단일 음소를 나타내는 문자 언어의 최소 단위. 문자소는 b, d, g와 같이 한 개의 문자일 수도 있고, ck, sh, igh, th와 같이 여러 개의 문자일 수도 있다.

Graphic organizer(도식 구성체, 시각 도구). 차트, 도표, 연대표 등과 같이 지식, 개념, 아이디어를 시각적으로 표현하는데 사용하는 도구.

Idiom(숙어). It's raining cats and dogs.(비가 엄청 내리고 있다.) 혹은 he's going bananas.(그는 무척 화가 났어.) 등과 같이 문자 그대로의 의미를 나타내지 않는 은유적 구문.

Instructional congruence(교육적 일치). 영어 학습자들을 가르칠 때, 지식, 관점, 행동에 의미가 연결되게 하는 교육 전략.

Intonation(억양). 대화 중, 소리 내어 읽는 중에 발생하는 목소리 음조의 오르내림.

KWL chart(KWL 챠트). 교육하기 전에 학생들이 이미 알고 있는 내용 (K-what the students already know)과, 알기 원하는 내용(W-what they want to know), 교육 후에 학생들이 알게 된 내용(L-what they have learned) 등을 파악하기 위해 사용하는 시각적 도구.

L1(모국어). 어떤 개인의 모국어 또는 제1언어.

L2(목표어). 어떤 개인이 배우는 두 번째 언어. 영어 학습자들에게는 영어가 된다.

Language proficiency(언어 숙달). 듣기, 말하기, 읽기, 쓰기 등을 통하여 어떤 언어를 이해하고, 처리하며, 사용할 수 있는 개인의 능력.

Linguistic feature(언어적 특징). 전치사구, 종속절, 관계절, 능동태, 수동태 등과 같이 문장을 만들 때 사용되는 언어의 형태.

Linguistic misalignment(언어적으로 잘못된 배열). 평가의 언어적 특징, 방언, 사용역이 평가 받는 학생들의 언어적 특징, 방언, 사용역과 일치하지 않는 상태.

Metacognitive strategies(초인지 전략). 학생들이 어떤 학습을 하게 될 때 자신의 학습 상황을 떠올려 보도록 하는 교육 기법.

Mental lexicon(심적 어휘). 단어와 그 의미에 대한 직관력을 포함하는 개인의 두뇌 속에 있는 사전.

Mirror neuron(거울 뉴런). 어떤 과제 혹은 감정의 경험뿐만 아니라 누군가가 같은 과제 또는 감정을 겪는 것을 볼 경우 두뇌 속 뉴런의 무리들이 발화되는 현상.

Morhpemes(형태소). in-describ-able 혹은 un-conscious-ness 등과 같이 한 단어 내에서 의미를 갖는 최소한의 단위.

Morphology(형태론). 단어가 구성되는 규칙에 대한 문법 이론.

Native language(모국어). 어떤 개인이 습득하게 되는 첫 번째 언어로서, L1 이라고도 한다.

Neural network(신경 네트워크). 정보를 처리하고 신호를 다른 네트워크에 보내는 두뇌 세포의 연결 망.

Neuron(신경세포). 두뇌와 신경 시스템을 구성하는 기본 세포. 이는 세포 몸체, 충격을 전달하는 축색돌기, 그리고 이를 받아들이는 짧은 섬유질(수지상 돌기) 등으로 구성된다.

Old English(고대 영어). Anglo-Saxon 영어라고도 하며, 독일 출신 부족이 영국을 침범한 이후인 AD 450년 전후부터 AD 1100년 전후까지 사용되던 영어를 말한다.

Orthography(정자법). 음성 언어를 기술하는 문어 시스템. 철자와 발음은 문어 영어의 정자법에 따른 특징을 갖는다.

Positron emission tomography(PET: 양전자 방사단층 촬영). 두뇌 속의 조직 안에서 방사능이 결합된 당의 물질대사를 추적하는 방법으로, 세포의 움직임이 색깔로 드러난다.

Phoneme(음소). 음성 언어를 형성하는 소리의 가장 작은 단위. 예를 들어 go 는 두 개의 음소 즉 /guh/와 /oh/로 구성된다. 영어에는 약 44개의 음소가 있으며, 어떤 음소들은

1개 이상의 철자로 나타난다.

Phonemic awareness(음소 인식). 발음된 음절이나 단어 안의 음소를 듣고, 알아내며, 조작할 수 있는 능력.

Phonics(파닉스). 언어의 음소와 문자소 간 관계에 대한 규칙.

Phonological awareness(음운 인식). 음성 언어에서 문장은 단어로, 단어는 음절로, 마지막에는 음소로, 즉 더 작은 구성 단위로 나누어진다는 것을 인식하는 일.

Phonology(음운론). 음의 강세 패턴, 박자, 억양 혹은 소리의 결합 방식 등 언어의 소리 패턴에 대한 연구.

Pronunciation(발음). 단어의 소리를 내는 것.

Prosody(운율학). 어떤 언어에 나타나는 리듬, 억양, 강약 패턴 및 고저에 관한 연구.

Register(사용역). 특정한 상황이나 문맥에서 사용되는 언어.

Rehearsal(리허설). 작동 기억 안에서 정보를 재처리 하는 일.

Reliability(신뢰성). 비슷한 환경에 놓인 비슷한 학생을 대상으로 오랫동안 실험한 평가 결과가 어느 정도 일관성 있는 수치로 나타나는 경우.

Response to Intervention(RTI: 중재 반응 모델). 학생들의 학습 방법, 전략, 교과과정, 중재에 대한 반응을 평가함으로써 학생들의 애로 사항 여부를 확인하는 방법.

Scaffolding(비계설정). 학생들이 특정한 기능 혹은 내용에서 적정한 수준에 도달하면, 제거해야 할 임시 보조 시스템.

Second-language acquisition(제2언어 습득). 새로운 언어, 혹은 L2의 학습 발달 과정.

Semantics(의미론). 단어 혹은 다른 텍스트 형태로부터 시작되는 언어의 의미에 대한 연구.

Sheltered instruction(보호 교육). 영어 능력이 제한적인 영어 학습자에게 교과목 내용을 영어로 가르칠 때 사용되는 교육 전략 및 테크닉의 총합. 이를 실행하는 또 하나의 목적은 영어 학습자들이 교과목 내용을 학습하면서 영어 성취도를 높여 주기 위한 것이다.

Simultaneous bilingual(이중 언어 동시 사용자). 아주 어린 시절, 두 가지 언어에 동시에 노출된 개인을 말하며, 이들은 두 가지 언어에 모두 숙달하게 된다.

Stress(강세). MEX-i-co 혹은 Al-a-BAM-a 등에서와 같이 발음할 때 조금 더 길고, 조금 더 세고, 조금 더 뚜렷하고, 조금 더 높은 음절에 주어지는 강조.

Syntax(문장 구문론). 구, 절, 혹은 문장의 단어 순서를 지배하는 문법 규칙 혹은 약속.

Transfer(전이). 과거의 학습이 새로운 학습에 미치는 영향 혹은 새로운 학습이 학습자의 미래에 유용하게 사용될 정도.

Validity(타당성). 평가 도구가 학생에게서 측정하고자 하는 것을 정확히 측정하는 정도.

Wernicke's area(베르니케 영역). 대부분 좌반구에 위치하며, 감각 및 모국어의 의미 관련 내용을 관장하는 것으로 알려져 있다.

Working memory(작업 기억). 정보가 의식적으로 처리되는 시점에서의 순간적인 기억.

패스트 포워드

Fast ForWord®

Used in over 40 countries

47 Countries
47 countries across the world including USA, UK, Germany, Japan, China, Korea 5900 schools across the US

5900 Schools : 5900여개의 미국 전역 학교

3,000,000 Students

Research Status

200 Studies : School-based research studies proving statistically significant gains.

80 Patents

[패스트 포워드 사용 현황]

 뇌과학과 만난 1:1영어 – Fast ForWord

- 특허 받은 음향기술을 통해 한국인에게 생소한 영어 소리 값 훈련
- 영어 소리를 빠르고 분명하게 구별하며, 44개 음소를 편하게 들을 수 있도록 훈련
- ⟨Science⟩, ⟨News Week⟩, ⟨Times⟩, ⟨The New York Times⟩, ABC 방송 등 美 주요 언론에 소개
- 미국 내 연구결과 1~2년이 지나야 가능했던 읽기능력 성취 향상 결과를 단 8~12주만에 달성
- 소리 값부터 비교,은유,순서 배열 등 최고급 독해기술까지

학습권 구입 neuromall.co.kr

리딩 어시스턴트

Your Personal Reading Coach

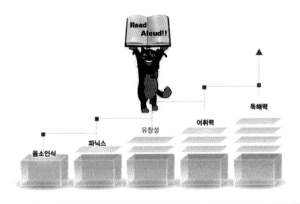

[美국립읽기위원회에서 추진하는 효과적인 읽기지도 5단계]

영어 낭독부터 다독까지 – reading assistant

- 美국립읽기위원회(NRP)에서 추천하는 효과적인 읽기지도방법에 근거한 설계
- 소리내어 읽고, 지도 받으면서 읽고, 반복해서 읽는 방법으로 읽기 유창성 향상
- 미국 수천여 개의 공교육에서 활용
- 미국 특허 받은 최첨단 음성인식기술을 통해 실시간 발음 교정으로 1:1 읽기지도교사 역할 수행
- 유아~성인까지 다양한 장르의 스토리, 미국 학년기준의 읽기난이도 Library
- 체계적인 학습관리 시스템으로 세밀한 학습평가 및 피드백

뉴로사이언스러닝 nslearning.co.kr 1544-3377

스마티앤츠

학년	레벨	레슨	학습 요약
Pre K	1~2	1, 2	대소문자, 알파벳 규칙, 음소/음운 인식
Kinder	3~4	3~28	문자-소리 연결, 기초 단어, 단/장모음
	5~6	29~39	묵음, 복합 자음, 이중 자음
1st Grade	7~9	40~58	r소리조합, "ng, nk, c, g" 비교/발음
	10~11	59~69	합성어, 접미사, 접두사, 축약, 소유격

 스마티앤츠 영어 책 읽기
즐거운 경험으로 시작됩니다.

- 유아부터 초등 저학년까지, Achieve3000의 프로그램
- 97단계의 알파벳, 파닉스, 읽기와 쓰기 기초
- 스탠포드, UC버클리의 최고 교수진 개발
- (미)Leapfrog 설립자 Mike Wood 개발 3D 체험형 학습
- 477곡의 영어 동요, 음소, 음운, 8품사, 문장 성분 학습

학습권 구입 neuromall.co.kr

DynEd 코스웨어

DynEd®

30년 동안

| 멀티미디어 활용 영어 지도를 선도하고 있습니다 |

45개의
영어 교수법 분야 수상
International
Courseware Awards

2000만 명 이상의
DynEd 학습자
International Community of
English Learners

30여개의 다양한 연령과
수준의 학습과정
Variety of
English Programs

세계 50개국
Global
Coverage

70개국, 2500만 학습자가 선택한 영어 스피킹 – DynEd

- 30년 이상 축적된 경험과 50개국 2000만 이상 학습지로 효과성 검증
- 영어 듣기, 말하기 습득을 통한 문법 구조, 읽기, 쓰기까지
- 유럽 언어 공통 기준(CEFR)에 기초한 단계별 인증 과정
- 유치원 파닉스부터 비즈니스 현장 프레젠테이션 영어까지
- 낭독전 어린이 영어, DynEd kids, 영어 독해 훈련 전문 Reading for Success 등 30개 과정

뉴로사이언스러닝 nslearning.co.kr 1544-3377

How the ELL Brain Learns

미국으로
유학 간 윤서는
영어를 어떻게
배울까?

미국 학교에서 영어를 배우는 학생들

지은이 데이빗 소우사
옮긴이 이준용, 김성현 제임스
발행인 최인태
책임연구원 문영은
연구원 정연수, 강영인
디자인 롬디
발행처 ㈜뉴로사이언스러닝
출판신고 2011년 8월 10일 제2016-000078호
뉴로사이언스러닝 서울특별시 중구 남대문로 117, 11층 1110호
문의전화 1544-3377
홈페이지 nslearning.co.kr

한국어판 출판권 뉴로사이언스러닝
초판 2019년 1월 28일